Das große Buch vom **Kürbis**

HÄDECKE

Das große Buch vom Kürbis

200 Kürbissorten
Rund um den Kürbis
Kürbisküche

Michel Brancucci Erica Bänziger

Dr. Michel Brancucci studierte Biologie und spezialisierte sich auf Entomologie. Nebst seiner Tätigkeit im Naturhistorischen Museum in Basel beschäftigt er sich in seiner Freizeit am liebsten mit seinem Garten und entwickelte dabei eine große Leidenschaft für Kürbisse. Anfang der 90er-Jahre gründete er den kürbis-club.ch. Er ist verantwortlich für den Fachteil (Seiten 12–110).

Erica Bänziger, dipl. Ernährungs- und Gesundheitsberaterin; seit 1990 selbständige Referentin und Ausbilderin. Erste kulinarische Kontakte mit der Riesenbeere gehen Jahre zurück. Die Begeisterung und die Liebe zum Kürbis ist geblieben. In der vergangenen Zeit sind von ihr einige erfolgreiche Ratgeber erschienen, darunter bei Hädecke fünf Bücher. Sie ist verantwortlich für den Rezeptteil.

Lizenzausgabe für Hädecke Verlag, D-71526 Weil der Stadt
www.haedecke-verlag.de

5 6 7 8 | 2009 2008 2007 2006

Gestaltung Umschlag: Dora Eichenberger-Hirter, Birrwil
Gestaltung Inhalt: Ursula Mötteli, Grafikdesign, Aarau
Bildnachweis: Seite 173
Lithos: Neue Schwitter AG, Allschwil
Druck und Bindung: Druckerei Uhl, Radolfzell

Printed in Germany 2006
ISBN 978-3-7750-0395-7

inhalt

kürbisse

rezepte

Vorwort

Als die Speisekürbisse als Folge des Kolonialismus von Amerika nach Europa gelangten, wurden sie hier zwar angenommen, fanden aber keinen großen Anklang.
Sie wurden mehr oder weniger verachtet und nur in schwierigen Zeiten angebaut, etwa in Kriegszeiten. Gleichzeitig wurden sie auf anderen Kontinenten gepflegt und aktiv gezüchtet, zum Beispiel in den USA, in Japan, Südamerika, Australien oder Südafrika.

In den letzten Jahren haben die Kürbisse bei uns an Popularität gewonnen. Auch wir Europäer schätzen nun ihre vielseitige Verwendbarkeit, sei es als Nahrungs- und Heilmittel, zum Herstellen von Musikinstrumenten und Werkzeugen, für Dekorationen, zum Aushöhlen und Schnitzen usw.

Kürbisse fallen in verschiedener Hinsicht auf: Es ist ihre Vielfalt in Form, Gewicht und Farbe. Die Früchte können weiß, gelb, orange, rosa, rot, grün, grau usw. sein, einmal sind sie einfarbig, dann gestreift oder gesprenkelt. Die kleinsten Früchte wiegen weniger als 100 g, die größten bringen knapp 500 Kilogramm auf die Waage! Einmal ist der Kürbis kugelrund, dann birnen-, flaschen-, schlangen-, kreiselförmig usw.

Das Aufziehen und Züchten von Kürbispflanzen ist für jeden Naturliebhaber ein Vergnügen. Kürbisse sind nämlich dankbare Gewächse: sie wachsen schnell, gedeihen ohne Schwierigkeiten und bereiten somit der/dem unerfahrenen wie auch der/dem erfahrenen Gärtnerin/Gärtner viel Freude.

Mit diesem Buch möchten wir unsere Begeisterung und unsere Freude für die Riesenbeere mit allen Kürbisfans teilen, im Garten, in der Küche und überall dort, wo sie unser Auge erfreut.

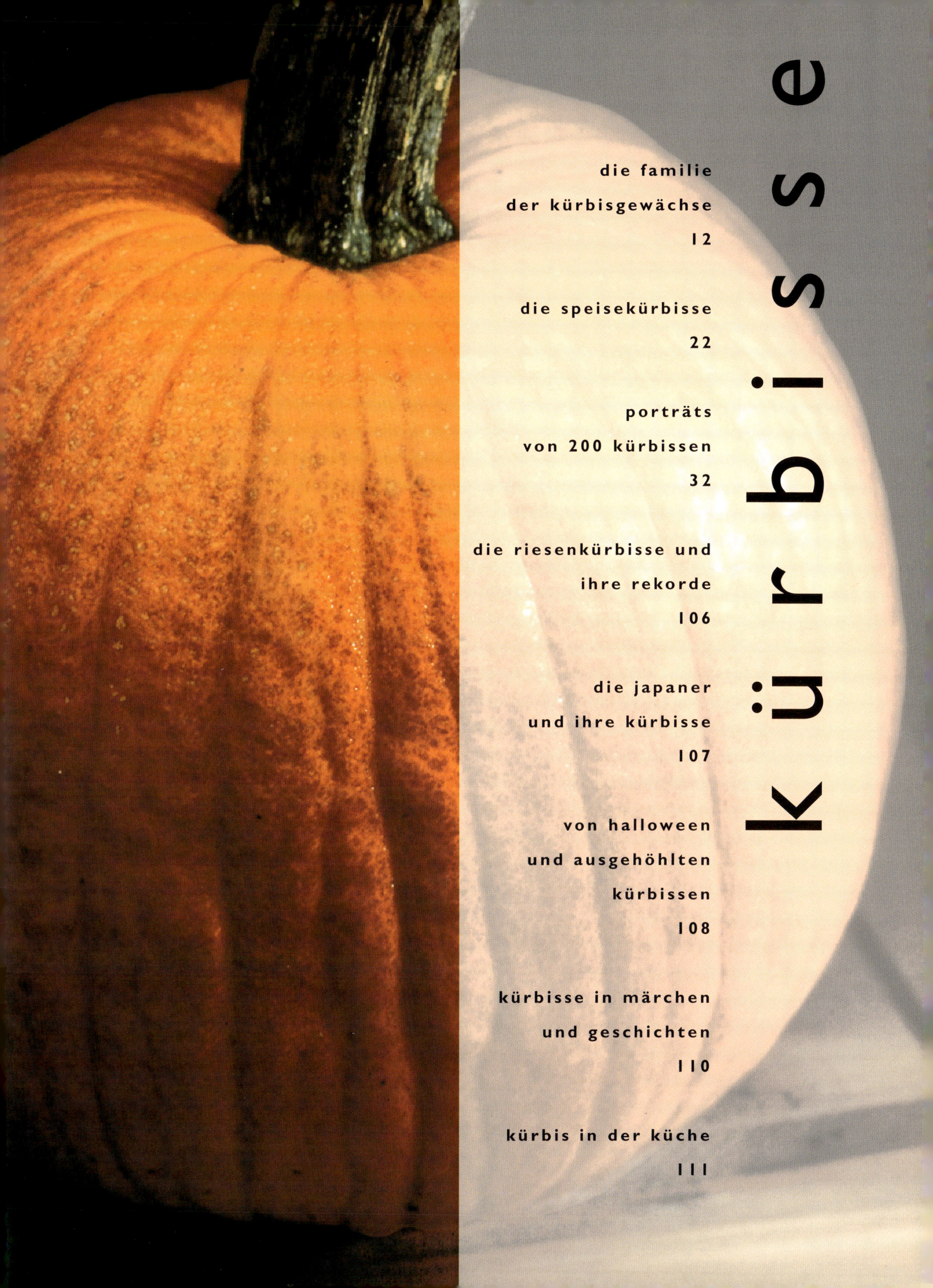

kürbisse

Die Familie der
Kürbisgewächse

Gurke

Die Familie der Kürbisgewächse, lateinisch *Cucurbitaceae*, ist nicht sehr groß, sie zählt aber immerhin 118 Gattungen mit insgesamt über 800 verschiedenen Arten. Man unterscheidet zwei Unterfamilien: die Cucurbitoideae (1 Griffel) mit 8 Tribus und die Zanonioideae (2–8 Griffel) mit nur einer Tribus.

Kürbisgewächse sind auf allen Kontinenten heimisch. In Australien und in den gemäßigten Regionen sind sie jedoch nur schwach vertreten. Als wärmeliebende Pflanzen sind sie in den Tropen weit verbreitet. Häufig sind sie als Kletterpflanzen mit spiraligen Ranken ausgebildet. Die Blätter sind wechselständig, das heißt am Stängel alternierend angeordnet. Die Blüten sind normalerweise eingeschlechtlich, sie enthalten entweder männliche oder weibliche Anlagen. Die Pflanzen sind oft zweihäusig (nur ein Geschlecht auf derselben Pflanze), seltener einhäusig (beide Geschlechter auf derselben Pflanze), so bei kultivierten Gruppen wie Wassermelone oder Kürbis. «Einhäusig» ist eine primitive Pflanzenstufe und weist auf eine sehr alte Art hin. Die meisten Gurken sind einhäusig, wenige zweihäusig mit einem hohen Anteil an weiblichen Pflanzen. Die schönen Zitronengurken sind ein Spezialfall, sie tragen männliche und zweigeschlechtliche Blüten auf der gleichen Pflanze. Gewisse Wassermelonen haben sogar drei verschiedene Blüten auf einer Pflanze, nämlich männliche, weibliche und zweigeschlechtliche.

Der Stängel besteht aus Leitbündeln. Viele Arten wachsen kontinuierlich, sind mehrjährig und bilden oft einen grossen knolligen Wurzelstock, der ganz oder nur teilweise unterirdisch ist *(Momordica lobata, Secchium edule usw.)*. Andere Arten sind jedoch einjährig wie zum Beispiel die Speisekürbisse.

In Europa, vor allem in Südeuropa, kommen zwei Gattungen mit insgesamt drei Arten wild vor. Es sind dies die Spritzgurke *(Ecballium elaterium)*, die weiße Zaunrübe *(Bryonia alba)* und die zweihäusige Zaunrübe *(Bryonia dioica)*. Alle drei Arten sind ungenießbar und enthalten giftige Bitterstoffe. Kürbisgewächse sind in den Tropen eine sehr bedeutende Nahrungsquelle für Mensch und Tier. Zahlreiche Arten wurden zum Teil bereits während Jahrtausenden gezüchtet, so dass ihr Weg zurück zur Wildform nur schwer zu verfolgen ist.

Obwohl das Buch primär den Speisekürbissen gewidmet ist, scheint es uns sinnvoll und interessant zu sein, die ganze Familie vorzustellen.

Beliebte Gurke *(Cucumis sativus)*

Die Urform aller Gurken stammt aus Nordindien. Im Iran wurden 5000 Jahre alte Reste von Gurken gefunden. Kultiviert wird die Pflanze schon seit über 3000 Jahren in ganz Indien und seit 2000 Jahren in China, so dass die Wildform nur vermutet werden kann. Es handelt sich dabei wahrscheinlich um *Cucumis hardwickii*, die in den subtropischen Himalaja-Tälern vorkommt. Die Gurken dürften sich im mediterranen Raum schon vor rund 3000 Jahren akklimatisiert haben. Sie wurden bereits im 5. Jahrhundert vor Christus von den Römern geschätzt. Aber erst im 16. und 17. Jahrhundert stießen sie in unseren Breitengraden auf ein größeres Interesse. Offensichtlich führte Christoph Kolumbus diese Pflanze um 1494 in der Neuen Welt in Haiti ein. Inzwischen ist sie auf der ganzen Welt verbreitet, und zwar in zahlreichen und vielfältigen Sorten, wie zum Beispiel als meterlange Chinagurke, als Cornichon oder auch als runde weiße Lemon-Gurke. Viele Sorten sind mehr als 100 Jahre alt und wurden Mitte des 19. Jahrhunderts in Frankreich und in ganz Europa, später auch in den USA gezüchtet.

Die Gurkenpflanzen klettern gerne oder kriechen am Boden. Sie sind einjährig. Ursprünglich waren sie einhäusig, inzwischen gibt es auch zweihäusige Pflanzen. Der Stängel ist vierkantig und mit zahlreichen steifen Haaren besetzt. Die Blüten sind klein und gelb. Die Pflanzen sind auf Mehltau anfällig. Die Früchte können bitter werden wie die meisten anderen Kürbisgewächse (Speise-

Melone

Zackengurke

kürbisse, Wassermelonen, usw.). Die Bitterstoffe hatten die Aufgabe, die Wildpflanzen vor Tierfraß zu schützen.

Zur Gattung *Cucumis* zählen noch weitere Früchte, die von landwirtschaftlicher Bedeutung sind, z. B. die Zuckermelonen *(Cucumis melo)*. Ein Vergleich der Samen mit denjenigen der Gurke macht dies deutlich. Gurken und Melonen sind zwar nahe verwandt, lassen sich jedoch nicht kreuzen. Entsprechende Versuche sind bislang trotz modernster Technik nicht gelungen.

Im 19. Jahrhundert wurden in Frankreich die weißen Gurken für die Herstellung von Kosmetika verwendet, und noch heute werden sie für Parfums und Shampoos angepflanzt.

In unserer Küche wird die Gurke stets unreif gegessen, in Asien liebt man sie gegart als Gemüse. In Nepal und Indien dient sie zum Beispiel der Zubereitung von Curries und Chutneys. In den USA wird 70% der Ernte (ca. 1 Mio. Tonnen pro Jahr) zu Süßsaurem eingekocht. Die Cornichons sind eine Züchtung des 20. Jahrhunderts, mit dem Ziel, mehr und kleinere Früchte für industrielle Zwecke zu erhalten (Konserven). In Asien werden die Samen gegessen, in Frankreich gelegentlich zu Öl verarbeitet und in Südostasien werden die jungen Blätter und Triebe als Gemüse zubereitet.

Süße Melone *(Cucumis melo)*

Der Ursprung der aromatischen Zuckermelone ist nach wie vor umstritten. Oft werden Vorderasien (Armenien), Iran oder gar Indien genannt. Andere Wissenschaftler betrachten Afrika als ihre Heimat, da die anderen Arten dieser Gattung auch von diesem Kontinent stammen. Reste von Melonen aus der Zeit von 3000–2000 v. Chr. stammen vor allem aus Ägypten. Später fanden die Melonen auch großen Anklang in asiatischen Ländern wie China, Indien, Iran und Afghanistan. Im 15. Jahrhundert gelangten die Melonen von Armenien nach Cantaluppe bei Rom und breiteten sich von dort über ganz Europa aus. Christoph Kolumbus brachte sie in die Neue Welt. Die Zuckermelonen werden heute in allen wärmeren Gebieten angepflanzt. China hält mit rund 20 Mio. Tonnen pro Jahr den Rekord.

Die Melonen waren ursprünglich rankende Pflanzen, inzwischen gibt es jedoch Buschformen. Die einhäusige Pflanze produziert längliche Früchte. Der Stängel ist rund und die Blüten gelb. Die Pflanze ist nicht sehr ergiebig, meistens trägt sie 2 bis 3 Früchte, kleinere Sorten etwas mehr. Heute gibt es auf dem Markt viele Varietäten, die sich in Form und Farbe unterscheiden, vom satten Dunkelgrün bis zum Hellgelb oder gar Weiß. Das Fruchtfleisch kann rosa, grün oder weißlich sein. Die lange «Armenische Gurke» gehört übrigens auch zu den Melonen.

Die Melonen werden vor allem roh gegessen. Für die Konservenindustrie haben die Japaner und Chinesen eine ganze Reihe interessanter Sorten gezüchtet, zum Beispiel verschiedene «ouri», wie Numame Shirouri oder Sanouki Shirouri mit einem weißlichem Fruchtfleisch und einem leichten Melonenaroma. Einzelne Sorten werden als Gemüse zubereitet. In Indien isst man geröstete Melonensamen, in anderen Ländern wird aus ihnen Öl für die Lichtproduktion gewonnen. Stängel und Blätter werden dem Vieh verfüttert.

Stachlige Zackengurke *(Cucumis metuliferus)*

Auch die aus Afrika stammenden Zackengurken oder Kiwanos, wie sie in Neuseeland genannt werden, stoßen bei uns auf zunehmendes Interesse. Ermutigt durch diesen Erfolg versuchen Züchter durch Kreuzungen noch besser schmeckende Früchte zu bekommen. Die stark stacheligen Früchte erreichen eine Länge von 10 bis 13 cm. Unreif ist die Haut grün gemustert, im reifen Stadium ist sie gelborange. Rohe Kiwanos sind sehr erfrischend. Wildwachsende Früchte

Westindische Gurke

Balsambirne

schmecken bitter, gezüchtete haben ein feines Bananen-Zitronen-Aroma, vor allem wenn sie gut ausgereift sind.

Kiwanos haben eine interessante Methode der Selbstverteidigung: Die Frucht ist in der Wachstumsphase mit starken, spitzigen Stacheln ausgerüstet, welche die Tiere fern halten; im reifen Stadium werden sie brüchig.

Elegante Westindische Gurke *(Cucumis anguria)*

Die Westindische Gurke, auch Antillen-Gurke genannt, kann bei uns kaum gefunden werden. Die Frucht schmeckt köstlich und ist auch in jedem Garten eine Augenweide. Die Pflanze wurde viele Jahrhunderte lang fast ausschließlich auf den Antillen kultiviert und galt lange Zeit als eine mittelamerikanische Art. Bereits im letzten Jahrhundert wurde das angezweifelt. Vor 40 Jahren beobachteten zwei Wissenschaftler, dass im Gegensatz zu den meisten anderen Gurkengewächsen die Westindische Gurke und eine afrikanische wilde Art, *Cucumis longipes*, nicht von Fliegenlarven befallen werden. Das spricht für eine sehr enge Verwandtschaft der beiden Arten. Schließlich wurde auch ihr langer Weg nach Mittelamerika aufgedeckt: Vor rund 400 Jahren gelangten Samen einer bitterstofffreien Frucht mit Sklaven nach Mittelamerika. Aufgrund dieser Erkenntnis wird jetzt *C. longipes* aus Afrika als die Wildform der Antillen-Gurken anerkannt. Inzwischen wird die Westindindische Gurke, auch «West Indian Gherkin» genannt, in vielen tropischen Ländern angebaut.

Bittere Balsambirne *(Momordica charantia)*

Die Gattung *Momordica* umfasst nicht weniger als 45 Arten. Sie kommt in Afrika und in den tropischen und subtropischen Regionen Asiens vor. Der Name «Momordica» (lateinisch) bringt zum Ausdruck, dass die Samen wie «angeknabbert» aussehen. Die Balsambirne ist sicherlich die meist kultivierte Art dieser Gattung. Allein in Indien und Nepal, wo sie den Namen «Korela» trägt, gibt es zahlreiche Lokalformen. Sie ist mittlerweile so verwildert, dass sie mit ihrem starken Wuchs in Orangen-Plantagen großen Schaden anrichtet. Die Pflanze sieht wunderschön aus. Die Blätter sind fein und tief eingeschnitten. Die nach Vanille duftenden Blüten sind leuchtend gelb und die Früchte farbig.

Nebst den Früchten werden auch die Sprosse und die jungen Blätter gegessen. In Indien verwendet man vor allem die jungen Früchte als Curry-Gemüse oder als Curry-Ersatz, da sie extrem bitter sind. Der Bitteranteil kann reduziert werden, wenn man die Früchte vor dem Kochen in Salzwasser einlegt. Der Bitterstoff *(Momordicin)* gehört zu den Alkaloiden (verdauungsfördernd) und hat nichts mit dem in Kürbis-Gewächsen häufig vorhandenen giftigen Cucurbitacin zu tun. Die Früchte sind reich an Vitamin A. In der Medizin werden die Samen als Abführmittel und die Früchte gegen Durchfall, Rheuma, Husten, Magen- und Menstruationsbeschwerden sowie als Wurmmittel eingesetzt.

Ein anderes ebenfalls weit verbreitetes Gemüse ist der Balsamapfel *(Momordica balsaminea)*. Reife Früchte sind rot und werden gelegentlich gegessen. Meistens werden sie jedoch für medizinische Zwecke genutzt. *Momordica grosvenori* wird in China wegen ihres grossen Zuckergehalts angebaut. Die Süßkraft der 10 cm langen Früchte ist ca. 150 Mal stärker als die von Zucker. Der Wurzelstock von *Mormordica rostrata* enthält Saponin und wird als Seifenersatz verwendet.

Schlangengurke

Wachsgurke

Schlanke Schlangengurke oder Haarblume *(Trichosanthes cucumerina var. anguina)*

Auf den Märkten Indiens oder Nepals fällt eine Frucht immer wieder durch ihre merkwürdige Form auf. Es handelt sich um die Schlangengurke, die eine Länge von über 1,5 Meter erreichen kann. Diese Frucht ist in Indien eines der wichtigsten Gemüse und wird «Chichinda» genannt. Die Einheimischen hängen Steine an die reifenden Früchte, damit sie noch mehr in die Länge wachsen. In den Spezialitätenläden sind die Früchte meistens auch bei uns erhältlich und werden wegen der Länge in Stücke geschnitten und gebündelt angeboten. Es existieren mehrere Sorten, darunter auch solche mit kurzen Früchten.

Die Pflanze ist stark rankend und kann ohne weiteres an Gittern gezogen werden. Da sie gegen Trockenheit empfindlich ist, wird sie in den Tropen zu Beginn der Regenzeit angebaut. Die schlanke Schlangengurke braucht Temperaturen von über 25 °C. Die Blüten sind von seltener Schönheit und Eleganz. Aus den Rändern der Blütenblätter entspringen zahlreiche federartige weiße Haare; sie wird deshalb häufig auch «Haarblume» genannt. Die Pflanze blüht in der Nacht.

In der asiatischen Küche werden junge Früchte oft als Gemüse oder als Zutat für Curries verwendet. Ältere Früchte werden gerne bitter.

Wenig bekannte Wachsgurke *(Benincasa hispida)*

Ursprünglich stammt die Wachsgurke von der Insel Sunda im Indischen Ozean. Sie hat sich dann über weite Gebiete des subtropischen und tropischen Asiens ausgebreitet, bis nach Afrika und Südamerika. Der lateinische Gattungsname *«Benincasa»* ist dem italienischen Botaniker Graf Benincasa gewidmet.

Wachsgurken können auch in unseren Breitengraden angebaut werden. Obwohl sie viel Wärme brauchen, reifen sie dank des raschen Wachstums gut aus.

Die Pflanzen ranken gerne und werden in Asien über Häuser oder Bäume geführt. Sie können längere Zeit ohne Wasser auskommen und eignen sich so auch für trockene Standorte. Die großen Blüten werden von Insekten bestäubt. Die walzenförmigen Früchte erreichen eine Länge von ca. 40 cm und ein Gewicht von etwa 10 kg. Inzwischen gibt es verschiedene Züchtungen, die sich vor allem in der Größe und in der Form der Früchte unterscheiden. Reife Früchte sind mit einer Wachsschicht überzogen, deshalb der Name Wachsgurke.

Die Wachsgurke kann reif und unreif gegessen werden. In China heißt sie «Fuzzi Gourd» oder «Winter Melon» und ist sehr beliebt. Offensichtlich wird sie dort seit 2300 Jahren angebaut und vor allem für die Zubereitung von Suppen verwendet. In Indien braucht man sie für Süßspeisen. Auch die jungen Triebe und die gerösteten Samen sind genießbar.

In der Medizin wird die Pflanze als Wurmmittel und bei Störungen des Gleichgewichts eingesetzt. Bei uns wird sie häufig für die Veredlung von Melonen gebraucht, da ihre Wurzeln sehr widerstandsfähig sind. Die Chinesen höhlen die Früchte für besondere Festmahle aus und verzieren die Haut mit feinen Schnitzereien mit Sujets von Vögeln oder Drachen. Eine wunderschöne Suppenschüssel! Schliesslich wird das Wachs vereinzelt für die Herstellung von Kerzen verwendet.

Erfrischende Wassermelone *(Citrullus lanatus)*

Im Gegensatz zur Zuckermelone stammt die Wassermelone aus Afrika, nämlich aus Bechuanaland. Die Wildform ist seit eh und je eine wichtige Nahrungs- und Flüssigkeitsquelle für die Buschmänner in der Wüste. Obwohl sie die Wasser-

Wassermelone

Spritzgurke

melone nie richtig gezüchtet hatten, spürten sie die Früchte immer wieder auf und konnten die bitteren von den «abartigen» bitterstofffreien unterscheiden. Später haben sie damit begonnen, die Samen der milden Früchte zu sammeln und in ihren Gärten anzupflanzen. Aus diesen wildwachsenden Früchten wurden schließlich die Dessert-Wassermelonen gezüchtet. Vor rund 4000 Jahren waren sie in Ägypten ein wichtiges Nahrungsmittel und später, vor ca. 3000 Jahren, gelangten sie nach China und Russland. In den USA wurden sie erst im 16. Jahrhundert von den Spaniern eingeführt und von den Eingeborenen sofort einverleibt. Die Wassermelonen werden heute in fast allen warmen Regionen auf unserem Planeten angepflanzt.

Wassermelonen sind an Trockenheit gewohnt, sie wachsen gerne auf fertilen und sandigen Böden und lieben Wärme und Sonne. Die Blüten sind hellgelb und die Blätter tief eingeschnitten. Das Fruchtfleisch ist normalerweise rot, kann aber je nach Sorte auch grün oder weiß sein. Die Samen sind braun, rot, weiß und grün. Die Literatur zitiert 100 kg schwere Wassermelonen, die meisten wiegen aber je nach Sorte zwischen 3 und 15 kg. Laut FAO (Food and Agriculture Organization) übersteigt die weltweite Produktion der Wassermelonen diejenige aller übrigen Kürbisgewächse. Sie beträgt ca. 32'000'000 Tonnen, auf einer Fläche von 2'000'000 ha.

Die Wassermelone ist eine erfrischende Frucht und wird vor allem roh gegessen. Sie eignet sich aber auch für Süßsaures und Marmeladen/Konfitüren. In Südfrankreich wird aus einer gelbfleischigen Sorte die berühmte und wohlschmeckende «confiture de citre» hergestellt. In Russland entsteht aus dem Saft ein vergorenes Getränk. Die Inder mahlen die Samen und machen daraus eine Art Brot. In Asien werden die Samen geröstet.

Wunderschöne Koloquinte *(Citrullus colocynthis)*

Eine weitere Art der Gattung *Citrullus* ist die Koloquinte *(Citrullus colocynthis)*. Sie wächst in Nordafrika und in Südwestasien wild. In Australien und in Südeuropa ist sie verwildert. Diese extrem trockenheitsresistente Pflanze ist mehrjährig und bildet einen Wurzelstock. Die Früchte sind ursprünglich etwa so groß wie ein Hühnerei. Die ganze Pflanze enthält einen starken Bitterstoff. Bereits im Mittelalter war sie als hochgiftiges Gewächs bekannt und wurde vor allem von Ärzten als Abführmittel eingesetzt. Eine frühere Beschreibung lautet: «Coloquint öffnet alle Adern im Leib, treibt das Blut unten und oben gewaltig, schabt die Gedärm und Gänge des Harns». Heute werden die Früchte gelegentlich zur Zierde angebaut.

Erstaunliche Spritzgurke *(Ecballium elaterium)*

Die im Mittelmeerraum häufig vorkommenden Spritzgurken haben für eine starke Verbreitung der Samen gesorgt. In den reifenden Früchten staut sich eine Flüssigkeit und gleichzeitig werden die Samen größer, sodass der Innendruck bis auf 14 Atmosphären steigt. Bei voller Reife lösen sich die Gurken vom Stiel und die Samen spritzen explosionsartig aus dem Loch und verteilen sich in einem Umkreis von 12 Metern. Die Gurken enthalten Bitterstoffe. Vereinzelt wurde diese Pflanze im Mittelalter als Heilpflanze kultiviert. Der Saft unreifer Früchte war früher als Medizin geschätzt.

Vielfältiger Flaschenkürbis oder Kalebasse *(Lagenaria siceraria)*

Kaum einer anderen Pflanze hat der Mensch so viel zu verdanken wie dem Flaschenkürbis. Er wird auf allen Kontinenten gezüchtet und für die ver-

Flaschenkürbis

Schwammgurke

Koloquinte

schiedensten Zwecke gebraucht, und dies seit Jahrtausenden!

Reste von Kalebassen wurden bereits in 3000 Jahre alten ägyptischen Gräbern gefunden. In Thailand (Siam) wurden Fragmente gefunden, die 7000 Jahre alt sind. Auf den beiden amerikanischen Kontinenten waren die Flaschenkürbisse bestimmt lange vor der Ankunft der spanischen Seefahrer heimisch. Mehrere sehr alte Funde von *Lagenaria* stammen aus Peru und dürften 13'000 bzw. 7000 Jahre alt sein. Überreste aus Mexiko sind ebenfalls 7000 Jahre alt. Da der Flaschenkürbis weit verbreitet ist, konnte seine Herkunft lange Zeit nicht eruiert werden. Man geht heute aber davon aus, dass er aus Afrika stammt. Da die Recherchen ein ganzes Buch füllen können, wollen wir uns auf das Wesentliche beschränken. Die am meisten diskutierte Frage war sicher die, wie der Flaschenkürbis vor über 10'000 Jahren nach Amerika gekommen ist. Man hat festgestellt, dass er durchaus in der Lage ist, über ein Jahr auf dem Meereswasser zu treiben, ohne dass die Samen verderben. Die Zeit reicht also aus, um den Atlantik zu überqueren. Aber dann bedarf es noch einiger Zufälle, dass die Früchte erst einmal gefunden, dann beachtet und schließlich gepflanzt werden. Es ist wahrscheinlicher, dass sie irgend einmal durch den Menschen von Afrika nach Amerika gebracht worden sind.

Die Flaschenkürbisse sind stark rankend, die Triebe erreichen eine Länge von 10 Metern und mehr. Die Stängel sind eckig. Die süß und üppig schmeckenden Blätter sind fein behaart. Die kleinen weißen Blüten öffnen sich in der Nacht und werden von Insekten bestäubt. Die Früchte haben verschiedene Formen und Grössen (siehe auch Zierkürbisse, Seiten 102–105). Die kleinsten messen nur ein paar Zentimeter und die größten können bis zu 3 Meter lang werden. Die Samen sind braun und länglich.

Die Flaschenkürbisse als Wasserbehälter scheinen zu gewissen Zeiten so wertvoll gewesen zu sein, dass sie gar geflickt wurden, wie 3000 Jahre alte Funde in Peru belegen. Die Indianer Südamerikas benutzten sie als Flaschen, aber auch als kleine flache Behälter oder als große Löffel. In Tansania wurden sie als Blutgefäß verwendet, in Japan füllte man sie mit Wein, in China dienten sie als Käfig für Grillen und andernorts als Vogelnester oder auch als Pfeife. In Peru werden daraus heute noch kleine Gefäße oder Spielzeuge hergestellt und mit Brandmalereien geschmückt. In Neuguinea und Afrika benutzen sie die Männer als Penis-Bekleidung. Auf der ganzen Welt entstehen aus den Flaschenkürbissen Instrumente: in Lateinamerika ist es das Reibinstrument «Güiros», in Afrika das «Daumen-Klavier» oder auch das bekannte «Ballophon».

In Indien und Nepal sind junge Früchte eine Zutat für Curries. Die Sorte Lunga Serpente di Sicilia hat in Italien eine große Tradition. Die 1 bis 2 Meter langen Früchte werden noch jung – wenn sie ca. 30 cm messen – gepflückt und zu einem sehr feinen und wohlschmeckenden Gemüse verarbeitet. Das feuchte Fruchtfleisch wird gelegentlich als Glasur für Cakes verwendet. Die Japaner verwenden die an der Sonne getrockneten Fruchtstreifen als essbare «Verpackung» für Häppchen. In vielen Ländern isst man die jungen Triebe als Gemüse.

Nützliche Schwammgurke *(Luffa aegyptiaca)*

Die Schwammgurke, auch «Loofah» genannt, ist eine sehr schöne Schlingpflanze, die viel Wärme und Sonne braucht. Die fünfeckigen, fein behaarten Triebe können ohne weiteres 10 bis 15 Meter lang werden. Die Blätter sind tief eingeschnitten. Die Pflanze hat gelbe Blüten. Die zylindrischen Früchte erreichen eine Länge von 40–45 cm. Das Ursprungsland dürfte Indien sein, wo die Schwammgurke seit Jahrtausenden gezüchtet wird. Sie erreichte China

Spitzgurke

Gelappte Igelgurke

ca. 600 Jahre v. Chr. Heute wird sie in praktisch allen tropischen Ländern kultiviert.

In Indien isst man die jungen Früchte wie Gurken oder verwendet sie als Gemüse. Für die Chinesen sind sie Beilage zu Chop Suey.

Wenn man die Früchte gut ausreifen lässt und sie danach ein paar Tage in fließendem Wasser «verfaulen» können, entsteht daraus ein fibröses und elastisches Gewebe, das zum Beispiel als Filter oder als Schwamm verwendet werden kann. In letzter Zeit sind bei uns gelegentlich in Scheiben oder zu Waschlappen verarbeitete Schwammgurken im Handel erhältlich.

Aufgrund dieser Eigenschaften werden sie in der englischen Sprache «dishcloth gourd» oder «sponge gourd» genannt. In unserem Klima kann sich die Schwammgurke nicht ganz entwickeln. Die jungen Früchte erreichen im Oktober lediglich eine Länge von 15–20 cm und sind als Schwamm nicht geeignet.

Eine zweite in Asien sehr beliebte Art ist die Gerippte Gurke (*Luffa acutangula*). In der englischen Sprache wird sie «angled loofah», «silk gourd» und «ribbed gourd» genannt. Die Früchte erreichen je nach Standort und Sorte eine Länge von über einem Meter, andere werden nicht größer als ein paar Zentimeter. In Indien und Nepal werden die Gerippten Gurken als Gemüse und für Curries verwendet. Die Pflanze gedeiht auch in unserem Klima.

Exotische Spitzgurke *(Cyclanthera pedata)*

Die verschiedenen Arten der Gattung *Cyclanthera* bilden an den Waldrändern in Mittel- und Südamerika grüne Teppiche und dominieren die Buschvegetation. Exotische Spitzgurken werden nur lokal angepflanzt. Die Früchte sind zwar essbar, haben aber praktisch keinen Nährwert. Die einhäusige Pflanze produziert unzählige Früchte, oft wie Zwillinge angeordnet. In Nepal tragen die Gurken den schönen Namen «Borela» und sind häufig in den Gärten oder auf dem Markt anzutreffen.

Exotische Spitzgurken können wie Gurken zubereitet werden. Die Blätter können roh gegessen oder gekocht werden. Auch die Samen sind essbar.

Eine weitere Art dieser Gattung ist die Explodiergurke *(Cyclanthera explodens)*. Die Pflanze wächst ähnlich wie die Exotische Spitzgurke, sie bildet aber 5 bis 6 cm lange asymmetrische Früchte, die wie breite, nach oben gerichtete Keulen aussehen. Wenn die Früchte reif sind, wachsen die Seitenteile asynchron zum Mittelteil, was zu einer enormen Spannung führt. Sie entlädt sich explosionsartig, wobei der Mittelteil und damit auch die darauf sitzenden Samen nach hinten geschleudert werden. Die Samen gelangen, unterstützt durch die aerodynamisch flache, geflügelte Form, in einigen Metern Entfernung von der Mutterpflanze auf neuen Boden.

Überraschende Gelappte Igelgurke *(Echinocystis lobata)*

Die nordamerikanische Igelgurke ist eine stark und schnell rankende Pflanze, ideal für Zäune. Sie ist einhäusig mit eingeschlechtlichen Blüten, das heißt auf einer Pflanze finden sich sowohl rein männliche als auch rein weibliche Blüten. Tausende kleiner weißer Blüten erfüllen die Luft mit einem äußerst feinen und leichten Duft. Im Spätsommer erscheinen dann plötzlich die 5 cm großen stacheligen Früchte. Sie enthalten giftiges Cucurbitacin und sind daher nicht essbar. Bei dieser Pflanze fällt auf, dass sich die Triebe nicht einigeln können, da sie sich bei Berührung der Mutterpflanze nicht krümmen können. Wenn die Früchte reif sind, bildet sich auf der Unterseite eine Öffnung: das Gewebe rollt sich auf und macht den Samen den Weg nach außen frei. Die Gelappte Igelgurke ist in Mitteleuropa bereits an mehreren Orten heimisch, so zum Beispiel am unteren Neckar.

Chayote

Scheinzaunrübe

Lebend gebärende Chayote oder Cristofine *(Secchium edule)*

Die Chayote stammt ursprünglich aus Südamerika, wo sie ganze Hänge überdeckt. Heute ist sie fast auf der ganzen Welt zuhause. Ihr Name stammt vom Indionamen «chayotl» ab. In der Wildnis kann eine einzige Pflanze bis zu 30 Meter lang werden und Hunderte von bis zu einem Kilogramm schweren Früchten produzieren, die Mensch und Tier als Nahrung dienen. Auch in einem Hausgarten wächst die Pflanze sehr schnell und lässt sich gut an Gittern hochziehen. Die Chayote ist mehrjährig und braucht mindestens sechs Monate warmes Wetter, damit die Früchte essbar sind. In kälteren Regionen sollte der Wurzelstock während des Winters sehr gut zugedeckt werden. Die Pflanze trägt im Spätsommer die ersten Blüten. Bereits nach einem Monat können die vielen Früchte geerntet werden.

Chayoten sind besonders in Zentralamerika und in asiatischen Ländern, z.B. in Indien und Japan, sehr beliebt. Gelegentlich werden sie auch bei uns angeboten. Bei einer Temperatur von 15 °C können sie ohne weiterers mehrere Wochen gelagert werden. Im frühen Stadium werden sie wie Zucchetti, später wie Kartoffeln zubereitet. Das süße Fruchtfleisch eignet sich auch als Füllung, für die Zubereitung von Ketschup und als Babynahrung. In Südamerika werden nebst den Früchten auch der bis zu 10 kg schwere Wurzelstock sowie die jungen Blätter und Triebe gegessen. Man sagt, eine einzige gut entwickelte Pflanze könne mit ihren Früchten und Knollen den Jahresbedarf an Kohlenhydraten einer vierköpfigen Familie decken.

In der Kräutermedizin werden die Blätter bei Bluthochdruck verschrieben. Alle Teile können zudem dem Vieh verfüttert werden. Aus den Ranken werden Hüte, Säcke und Bienenkörbe hergestellt.

Interessant ist, wie sich die Pflanze vermehrt: Sie ist lebend gebärend. Die Frucht enthält nur einen einzigen Samen, der im Fruchtinnern keimt und heranwächst. Sobald die Frucht auf den Boden fällt, bilden sich Wurzeln.

Weitere interessante Kürbisgewächsarten

Einige Arten können lediglich zu Dekorationszwecken oder zur Begrünung angepflanzt werden:

Die Kantige Haargurke *(Sicyos angulatus)* beispielsweise stammt aus den USA. Sie klettert gerne und bildet 8 bis 10 Meter lange Triebe. Sie wächst und gedeiht auch bei uns sehr gut und pflanzt sich von Jahr zu Jahr selber fort. Die trockenen Früchte werden 2 cm gross und tragen lange, wollige Haare. Die Haargurke ist giftig.

Die Quetschblume *(Thladiantha dubia)* klettert gerne. Die Triebe erreichen eine Länge von über 9 Metern. Die ganze Pflanze und die Früchte sind dicht behaart. In unseren Breitengraden kann man die frostempfindliche kartoffelähnliche Knollenwurzel mit Laub bedecken, damit sie gut überwintert.

Auch das Haarweibchen *(Melothria scabra)* mit seinen zahlreichen olivengroßen Beeren, die Scheinzaunrübe *(Diplocyclos palmatus)* mit ihren wunderschön gestreiften 2 cm grossen Früchten oder *Echinopeppon wrighti* sind Pflanzen, die sich für eine Veranda oder gar für den Balkon gut eignen. Schließlich sind auch die in Südeuropa heimischen Zaunrüben *(Bryonia alba* und *Bryonia dioica)* zu erwähnen. Sie sind ideal für eine schnelle Begrünung, allerdings unter dem Vorbehalt, dass die beerenartigen Früchte giftig sind. Ihren Namen verdanken sie ihrer rübenartigen Wurzel, aus welcher früher Alraunmännchen-Imitationen geschnitzt und zum gleich hohen Preis wie diejenigen aus echten Alraunpflanzen *(Mandragora)* verkauft wurden.

Leckere Speisekürbisse
(Cucurbita sp.)

Die unter dem Namen Speisekürbisse aufgeführten Arten gehören der Gattung *Cucurbita* an. Sie stammen alle aus den subtropischen und tropischen Regionen Amerikas, vor allem aus Zentral- und Südamerika. Sie wurden von Christoph Kolumbus im Jahre 1492 in Kuba entdeckt und im 16. Jahrhundert nach Europa gebracht. Bereits einige Jahrzehnte später war der Kürbis in ganz Süd- und Mitteleuropa verbreitet. In seinen Ursprungsländern genießt er seit Jahrtausenden einen unvergleichlichen Ruhm und zählt zu den wichtigsten Pflanzen der vorkolumbischen Kulturen. Dies bezeugen Ausgrabungen verschiedener Lagerstätten der Indianerzeit in Mittel- und Südamerika. Beim Indianer-Stamm Navahos gehört er zu den vier heiligen Pflanzen. Bei den Indianern Mexikos wird der Kürbis bis heute noch zusammen mit Mais und Bohnen gemeinsam auf demselben Feld angebaut (aztekische Trilogie).

Die Gattung *Cucurbita* umfasst auf der westlichen Hemisphäre nach neusten Erkenntnissen 15 Arten. Die Systematik dieser Gattung ist allerdings noch nicht endgültig geklärt, vor allem wegen der Schwierigkeit, die Einflüsse der Kultivaren auf die Wildformen im Laufe der Zeit abzuschätzen. Nebst den Wildarten, die weitgehend bitter und ungenießbar sind, zählen dazu die fünf Speisekürbisarten: der Gartenkürbis *(C. pepo)*, der Riesenkürbis *(C. maxima)*, der Moschuskürbis *(C. moschata)*, der Feigenblattkürbis *(C. ficifolia)* und die Ayote *(Cucurbita argyrosperma = C. mixta)*, die keinen deutschen Namen trägt, weil sie nur selten angepflanzt wird. Alle bekannten Sorten (total über 300) stammen einzig und allein von diesen fünf Arten ab und wurden durch Züchtungen und Kreuzungen erzielt. Die Wildformen waren allesamt bitter; durch Züchtung entstanden allmählich bitterstofffreie Früchte.

Der Gattungsname stammt aus dem Lateinischen und heisst «Kürbis». Er hatte auch die Bedeutung von «Dummkopf», «Idiot» und «Ehe-

Riesenkürbis / *C. maxima*

Ranken: weich und rund, wenig behaart -
Blätter: behaart, groß und rund, grün, einfarbig, -
Rand oft gewellt
Fruchtstiel: rund, weich und korkig -
Samen: weiß bis braun, groß, 13–30 mm, dick, -
Oberfläche meist glatt, manchmal gekörnt

Feigenblattkürbis / *C. ficifolia*

Ranken: hart, gerillt -
Blätter: tief gelappt, etwas rauhaarig -
Fruchtstiel: weichkantig, dünn und hart -
Samen: pechschwarz, manchmal braun, -
etwas gekörnt

Gartenkürbis / *C. pepo*
- Fruchtstiel: scharfkantig und hart
- Ranken: kantig und hart, rauhaarig bis stachelig
- Blätter: rauhaarig, eckig, deutlich 5-lappig, oft sehr tief eingeschnitten, grün, oft marmoriert
- Samen: cremefarbig, meist klein, 8–20 mm, flach bis bauchig, deutlich gerandet. Wenn die Testa fehlt (sogenannte nackte Samen) oder dünn ist, sind sie braun bis dunkelgrün

Moschuskürbis / *C. moschata*
- Ranken: hart, kantig
- Blätter. gerundet bis leicht gelappt
- Fruchtstiel: weichkantig, an der Basis deutlich verbreitet, hart
- Samen: hellbraun, Oberfläche meist filzig, deutlich gerandet

Ayote / *C. argyrosperma*
- Ranken: kantig, gerillt
- Blätter: mäßig gelappt, weich behaart
- Fruchtstiel: kantig, hart
- Samen: groß, weiß, kräftig, manchmal breit und silbrig gerandet

brecher». «Ehebrecher» dürfte auf die Tatsache zurückzuführen sein, dass bei Ehebruch eine Frau schwanger wird und ihr wachsender Bauch die Form eines Kürbisses bekommt! Alle Arten der Gattung sind einhäusig. Die Blüten sind breit und leuchtend gelb; eine Ausnahme bildet *C. okeechobeensis,* eine Wildart, die cremefarbige Blüten hat. Die 5 kultivierten Arten lassen sich eigentlich einfach unterscheiden (siehe nebenstehende Kurzbeschriebe).

C. foetidissima

Erwähnenswert ist hier sicherlich noch *Cucurbita foetidissima,* die in der Wüste unter extremen Bedingungen leben kann. In Missouri, Nebraska, Texas und Kalifornien wächst sie wild. Ihren lateinischen Artnamen verdankt sie ihren schlechtriechenden Pflanzenteilen.
Aufgrund dieser Eigenschaft ist es nicht ratsam, diese Art als Zierde anzubauen. Die 7 cm großen Früchte sind bitter und giftig. Die Indianer kultivierten sie, aßen die Samen und benutzten Frucht- und Wurzelstücke als Seife für Körper und Kleider. Es wird allerdings berichtet, dass dieser Seifenersatz (Saponin) sehr ätzend ist. Heutzutage werden großflächige Anbauversuche sowohl in den USA als auch im Nahen Osten getätigt, da die bis zu 50 kg schwere Wurzel eine hochwertige Stärke liefert. Aus den Samen können Öl und Protein gewonnen und aus den Blättern Viehfutter hergestellt werden. Das anfänglich große Interesse an dieser Frucht lässt heute offensichtlich nach, denn auch Kreuzungen von verschiedenen Formen ergaben keine befriedigenden Ergebnisse und wurden inzwischen fallen gelassen.

C. texana

Diesen allgemeinen Teil möchten wir nicht abschließen, ohne *Cucurbita texana* erwähnt zu haben. Diese wilde Art spielt nicht nur deshalb eine Rolle, weil sie die mutmaßliche Urform von *C. pepo* ist, sondern auch, weil sie benutzt wurde und immer noch benutzt wird, um Zierkürbisse zu züchten.

Die Speisekürbisse

Als Speisekürbisse werden in diesem Buch alle genießbaren Arten der Gattung *Cucurbita* bezeichnet. Dazu gehören: *C. pepo* (Gartenkürbis), *C. maxima* (Riesenkürbis), *C. moschata* (Moschuskürbis), *C. ficifolia* (Feigenblattkürbis) und *C. argyrosperma* (Ayote). Auch die sogenannten «Sommerkürbisse» wie Zucchetti/Zucchini und Pâtissons gehören dieser Gattung an. Sie werden jedoch im Unterschied zu den anderen Kürbissen unreif geerntet.

Welcher Begriff wofür?

Citrouilles, Pumpkins, Kürbis…

Vor allem im Französischen und im Englischen herrscht eine große Verwirrung bezüglich Kürbis-Bezeichnungen.

Die Amerikaner unterscheiden zwischen «pumpkins», «summer squashes» und «winter squashes». Der Begriff «pumpkin» ist keine botanische Klassierung, er wurde als Sammelbegriff der für Halloween geeigneten Kürbisse geschaffen. In vielen amerikanischen Katalogen findet man unter der Bezeichnung «pumpkin» Gartenkürbisse (z. B. Aspen, Frosty), Riesenkürbisse (z. B. Lumina, Atlantic Giant) oder Moschuskürbisse (z. B. Buckskin). «Pumpkin» stammt aus dem altenglischen Wort «pompion», das dem griechischen «pepon» entspringt und ist nichts anderes als eine «große, runde Melone». Das Wort «squash» hingegen finden wir bei den Ureinwohnern Amerikas: «askutasquash» bedeutet «roh essen». «Summer squash» umfasst diejenigen Früchte, die unreif gegessen werden können, z. B. Zucchini und Pâtissons. Alle anderen Kürbisse zählen im englischen Sprachgebrauch zu den «winter squashes». «Scallop» ist das englische Wort für Pâtisson und «marrow» für Zucchini. Das englische Wort «gourds» ist der Sammelbegriff für alle Kürbis-Gewächse einschließlich der Kürbisse. Oft wird das Wort aber auch für die Kürbisse verwendet, die in den Hauptgruppen nicht vorkommen, z. B. für den Flaschenkürbis, den Schwammkürbis, die Wachsgurke usw. Der südamerikanische Kürbisbaum *(Crescentia cujete)*, aus dessen Früchten hauptsächlich Rasseln hergestellt werden, ist kein Kürbisgewächs. Er gehört zur Familie der Bignoniaceae.

Auch im Französischen werden verschiedene Begriffe verwendet, die irreführend sein können. Grundsätzlich wird zwischen «courge» (Kürbis), «courgette» (Zucchini) und «pâtisson» (Bischofsmütze) unterschieden. Die immer wieder auftauchende Bezeichnung «citrouilles» wird für Riesenkürbisse gebraucht und kommt vor allem in lyrischen Texten oder in Märchen vor. Große Kürbisse werden «potiron» genannt. Der Ursprung von «potiron» ist umstritten. Mit größter Wahrscheinlichkeit setzt er sich aus den französischen Wörtern für «groß» und «rund» zusammen. Das Wort «giraumon», das oft falsch verwendet wird, bezeichnet eigentlich nur den Turk's Turban. Es kommt aus dem französischen «girer» = «tourner».

Auch im Deutschen hat die Bezeichnung «Kürbis» eine lange Geschichte, die schon vor der Verbreitung der Speisekürbisse in Europa begonnen hat. Im Althochdeutschen gab es bereits das Wort «churpiz», abgeleitet vom lateinischen *«cucurbita»*, später wird «Kürbse» verwendet, dann «dass Kürbiss» im Mittelhochdeutschen und schließlich «der Kürbis». Ursprünglich wurde das Wort für Flaschenkürbisse verwendet. Als dann die Speisekürbisse aus der Neuen Welt kamen, nannte man sie ebenfalls Kürbis. So kommt es, dass heute das gleiche Wort für verschiedene Früchte verwendet wird.

Anbau

Platzbedarf

Kürbispflanzen sind bezüglich Platzbedarf recht anspruchsvoll. Wenn man ihnen den notwendigen Raum zur Verfügung stellt, werden sich nicht nur das Blattwerk und die Wurzeln optimal entwickeln, man darf auch mit einer guten Ernte rechnen. Bei weniger Platz wird die Pflanze weniger oder kleinere Früchte produzieren.

Standort Die Kürbispflanzen lieben einen sonnigen Platz. Im Halbschatten oder Schatten verkümmern sie und produzieren vor allem Blätter und Blüten und im besten Fall kleine Früchte, die meistens abfallen.

Boden Die Kürbispflanzen fühlen sich in humusreicher Erde am wohlsten. Ideal ist ein Hügel aus Komposterde. Oder man verteilt etwas Kompost breitflächig auf den Boden, da die Pflanzen an fast allen Knoten zusätzliche Triebe bilden, die sehr lang werden können und entsprechend weit kriechen und Wurzeln schlagen. Dass die Kürbisse nur auf Kompost- oder Misthaufen wachsen, gehört schon lang ins Reich der Märchen. Richtig ist wohl eher, dass bis anhin niemand bereit war, ihnen mehr Raum zu geben oder ihnen einen nobleren Ort zur Verfügung zu stellen. Auch wird immer noch geglaubt, dass Kürbisse für ihr Wachstum viel Wasser brauchen. Sie kommen im Gegenteil mit wenig Wasser aus. Zu viel Wasser und Staunässe fördern die Wurzelfäulnis. Etwas anders verhält es sich bei der Züchtung von Rekordgrößen: hier muss regelmäßig gegossen werden. Kürbisse sind zwar keine stark stickstoffzehrenden Pflanzen wie etwa Blumenkohl, sie brauchen aber viel Kalium, Phosphor und diverse andere Mineralstoffe. Aus diesem Grund sollte der Standort alle 2 bis 3 Jahre gewechselt werden. Dies bewahrt sie vor Krankheiten und Mangelerscheinungen.

Aussaat

Die Keimzeit hängt von der Qualität des Samens und der Sorte ab. In der Regel brauchen die Samen 1 bis 2 Tage, bis sie sich öffnen und kleine Wurzeln bilden. Bei älteren Samen kann dies 7 Tage dauern. Und es vergehen weitere 3 bis 5 Tage, bis die Keimblätter stoßen. Die Keimfähigkeit lässt sich leicht testen: man legt die Samen 6 bis 7 Stunden in kaltes Wasser. Samen, die an die Oberfläche steigen, sind keimfähig.

Die Kürbissamen können ohne weiteres direkt in die Erde gesteckt werden. Das hat gewisse Nachteile: Die Vögel lieben die Samen, die Schnecken die Jungpflanzen. Aus diesem Grund ist das Vorziehen in Töpfen ideal. Und das hat wiederum den Nachteil, dass durch das Umpflanzen die Setzlinge in eine Stresssituation versetzt werden und es dadurch zu einem Wachstumsunterbruch von 7 bis 10 Tagen kommt.

Vorkultur in Plastik-, Ton- oder Torftopf Etwa 4 Wochen vor dem Pflanzen ins Freiland, also Ende April, kann man in Plastik-, Ton- oder Torftöpfen (mindestens 7 cm x 7 cm) Vorkulturen ziehen. Dazu eignet sich Aussaaterde, die reich an Humus ist und mit etwas Sand gelockert wird. Auf jeden Topf kommen 2 bis 3 Samen, die mit etwa 15 mm Erde bedeckt werden. Die Saat nur mäßig wässern, damit sie nicht zu faulen beginnt. Die Töpfe an einem warmen (20 bis 25 °C) und nach Möglichkeit hellen Ort aufstellen, z. B. in der Nähe des Fensters/auf einem Fenstersims. Sobald die Samen zu keimen beginnen, sollten die Töpfe an einen kühleren aber gut belichteten Ort gebracht werden, um zu verhindern, dass die Setzlinge zu stark in die Länge wachsen. Nur die kräftigsten Sprossen werden weitergezogen.

Wenn kein Frost mehr zu befürchten ist – bei uns nach den Eisheiligen (Mitte Mai) –, können die Pflänzchen ins Freie gesetzt werden. Sie sollten nun kräftig genug sein und nebst den Keimblättern bereits 2 bis 3 Blätter haben. Ältere Pflanzen erleiden durch das Umpflanzen einen zu großen Wachstumsunterbruch. Außerdem sind sie anfälliger gegen Trockenheit, da die in diesem Stadium mit der Erde bereits verfilzten Wurzeln verletzt werden und wieder neu gebildet werden müssen (weniger Wurzeln = schlechtere Versorgung der Pflanze mit Wasser). Bodenbeschaffenheit: siehe Boden, linke Spalte. Die Pflänzchen dürfen tief in die Erde eingegraben werden; der ganze Stängel bildet unterhalb der Keimblätter neue Wurzeln. Beim Pflanzen ist der Abstand zu beachten: siehe einzelne Steckbriefe Seiten 34 – 101. Wenn man den Pflanzen den beanspruchten Raum nicht zur Verfügung stellt, werden sie weniger und kleinere Früchte produzieren.

Kultur auf Plastik- und Papierfolien Mit dieser Methode gewinnt man bis zu einem Monat und spart zudem Wasser und unterbindet das Aufkommen von Unkraut. Die Folien auf den Boden legen und den Rand mit Erde beschweren. In regelmässigen Abständen 15 cm große Löcher schneiden, in welche die Setzlinge eingepflanzt werden. Die Folie mit zusätzlichen kleinen Löchern versehen, damit das Wasser versickern kann.

Kultur auf Gitter Speisekürbisse sind mehrheitlich rankende Pflanzen, die nicht gerne klettern. Eine Ausnahme bilden zum Beispiel die Rondini. Die Feigenblattkürbisse klettern zwar auch, aber wegen ihrer enorm langen Ranken sind sie dazu weniger geeignet. Gute Kletterer sind viele Zierkürbisse, speziell die *Lagenaria*-Züchtungen (Pinguin, Marenka usw.), aber auch die Gelappten Igelgurken und die Explodiergurke, die ganze Hänge oder Bäume überwachsen können. Sie sind auch zum Begrünen einer Pergola geeignet.

Aussaat ins Freie Viele Kürbis-Großproduzenten säen direkt ins Feld. Die Vorteile liegen auf der Hand: kein Umpflanzen, kein Ausdünnen und damit ein großer Zeitgewinn. Die Keimlinge werden im Frühling jedoch gewissen Risiken ausgesetzt, etwa Frostgefahr oder stark anhaltenden Regenfällen. So kann der Schaden eines leichten Frosts in Grenzen gehalten werden: Samen unterschiedlich tief pflanzen und zeitlich staffeln. Sollten die weniger tief liegenden Samen erfrieren, können immer noch die tiefer liegenden keimen. Wenn alle überleben, wird es eine gestaffelte Ernte geben.

Kultur unter Folie Wenn sich die Pflanzen rasch entwickeln sollen, aber auch für Spätsorten, ist es von Vorteil, die Samen bereits Anfang April unter einer Plastikfolie auszusäen. Sobald die Temperaturen steigen und die Frostgefahr gebannt ist, sollte die Folie unmittelbar nach dem Keimen entfernt werden.

Mondphase beachten Ungeachtet der gewählten Methode hat die Erfahrung gezeigt, dass die besten Ernteergebnisse erwartet werden dürfen, wenn die Samen 2 bis 3 Tage vor dem Vollmond ausgesät werden.

Töpfe beschriften Um die Sorten später auseinander halten zu können, sind die einzelnen Töpfe mit wasserfestem und lichtechtem Filzstift zu beschriften. Etiketten haben sich nicht bewährt, da sie häufig von Vögeln weggepickt werden. Mit einem Gartenplan behält man die Übersicht.

Mischkultur – die idealen Drillinge Kürbisse vertragen sich im allgemeinen gut mit anderen Pflanzen. In Mexiko werden sie oft zusammen mit Bohnen und Mais angepflanzt. In dieser Pflanzengemeinschaft ist für alle gut gesorgt: die Kürbisse breiten sich auf der Erde aus. Der Mais wächst in die Höhe und dient den Bohnen als Kletterstange. Auch in der Erde ergänzen sie sich ideal. Die Maiswurzeln brauchen wenig Raum, sodass sich die Kürbiswurzeln breit machen können. Die Bohnenwurzeln speichern Stickstoff und geben diesen nach der Ernte dem Boden wieder zurück: eine willkommene Stickstoffspritze für Kürbis und Mais!

links
Blatt von *C. maxima*
(Riesenkürbis),
Emu

rechts
Blatt von *C. maxima*
(Riesenkürbis),
Houkon Aokawakuri

links
Blatt von *C. pepo*
(Gartenkürbis),
Aspen

rechts
Blatt von *C. moschata*
(Moschuskürbis),
Butternut (ital.)

links
Blatt von *C. ficifolia*
(Feigenblattkürbis)

rechts
Blatt von *C. argyro-
sperma* (Ayote),
Cushaw

Die Pflanzenpflege

Jäten leicht gemacht Solange die Pflanzen noch klein sind, kann das Unkraut mit einem geeigneten Gartengerät entfernt werden. Bei größeren Pflanzen muss von Hand gejätet werden, zum Schutz der flachen Wurzeln. Als Bodendecker eignet sich getrocknetes Gras, das einesteils einen Wasserverlust verhindert und andernteils das Wachstum von Unkraut unterbindet. Stroh eignet sich nicht, da es für seinen Abbau dem Boden Stickstoff entzieht.

Wässern ja, aber mit Maß Die Pflanzen regelmäßig gießen, damit sie kontinuierlich wachsen können und es zu keinem Wachstumsstillstand kommt. Direkt am Wurzelstock gießen und nicht über die Blätter; sie sind anfällig auf Mehltau. Am besten wird gestandenes Wasser verwendet, je nach Bodenbeschaffenheit ca. 2 Liter pro Pflanze/Tag. Bei manchen Böden, z. B. Lössböden, muss nicht so häufig gewässert werden.

Wohltuender Dünger Kürbisse lieben humusreiche Erde. Siehe «Boden», Seite 23. Das Wachstum kann zusätzlich gefördert und das Blattwerk vor Krankheiten geschützt werden, wenn man diverse in Wasser gelöste Stoffe am Morgen bei noch nicht allzu hoher Lufttemperatur auf die Blätter spritzt. Infrage kommen Präparate aus Kalkalgen oder anorganische Dünger wie Kalziumnitrate, später Kaliumnitrate.

Häufige Krankheiten Kürbisse sind robuste Pflanzen, und doch gibt es Krankheiten, welche die Freude des Kürbiszüchters trüben können.

- Wenn die Samen in einen zu nährstoffreichen Boden oder in einen zu feuchten Kompost gesetzt werden, keimen sie schlecht und verfaulen.
- Ein nasskalter Frühling kann für frisch gepflanzte Setzlinge den Tod bedeuten.
- Bei extensiven Kulturen ist es von Vorteil, die Reihen durch andere Pflanzen zu trennen und in der Zusammensetzung der Kulturen zu alternieren, um Viruskrankheiten vorzubeugen. Bei Virusbefall bekommen die Blätter Flecken, verkümmern und sterben bald ab. Bereits bei ersten Anzeichen sollten die befallenen Stellen entfernt werden.
- Im Herbst, wenn die Temperaturen sinken und die Luftfeuchtigkeit steigt, sind die Blätter auf Mehltau anfällig. Um einen Befall möglichst lang hinauszuzögern, sollten die Blätter nicht mit Wasser bespritzt werden. In der Regel befällt der Mehltau diejenigen Pflanzen, die im Herbst am Ende ihres Zyklus stehen und nicht solche, die zu diesem Zeitpunkt noch voll im Wachstum sind, wie z. B. die Moschuskürbisse. Den Mehltau kann man mit einem Schwefelpulver oder anderen natürlichen Präparaten (Fenchelöl, Algenkalkmehl, Sojalecithin) behandeln.
- Eher selten befällt ein Pilz den Wurzelstock, der dadurch geschwächt wird und später abstirbt.

Ungeliebte Parasiten

- *Schwarze Blattläuse (Aphis fabae)*: Die kleinen Blattläuse befallen vor allem die Blätter, sie stechen sie an und saugen den Saft heraus. Nebst den handelsüblichen Insektiziden gibt es auch biologische Methoden, um den Tieren den Garaus zu machen. Es können zum Beispiel Substanzen auf pflanzlicher Basis wie etwa Pyrethroide eingesetzt

links: schnelles Wachstum der Pflanze. Weibliche Blüte mit kleinem Fruchtansatz

unten: kranke Pflanze mit Mangelerscheinung

werden. Eine altbewährte Methode ist das Spritzen mit einer schwachen Seifenlösung (200 g Seife auf 10 Liter Wasser). Auch die Brennnesseljauche bringt gute Resultate. Dazu werden 1,5 kg Brennnesselblätter während 10 Tagen in 10 Liter Wasser eingelegt.

- *Wurzelblattläuse (Pemphigus)*: Die kleinen Blasenläuse befallen vor allem die Basis der Pflanze. Behandlung: siehe schwarze Blattläuse.

- *Weiße Fliegen (Allyrodina)*: Die kleinen Homopteren leben in Gruppen auf den Kürbisblättern; sie stechen sie an und saugen den Saft heraus. Sobald sie gestört werden, fliegen sie zu Hunderten davon. Bekämpfung: siehe Blattläuse.

- *Schnecken:* Eine ganze Kolonie von Schnecken und Nacktschnecken ernährt sich von den Kürbisgewächsen. Zuerst fressen sie die frischen Setzlinge kahl, später die ganze Pflanze. Das Bestäuben der Blätter mit Tabakstaub, Sägemehl oder Asche hält die Tiere fern.

- *Hase und Kaninchen:* ein Netz schafft Abhilfe.

- *Kleinsäuger:* Feldmäuse sind unerwünschte Gäste. Häufig können sie sich bis zur Ernte versteckt halten. Dann ist aber die Überraschung gross, wenn die Früchte mit Zahnspuren dekoriert sind. In diesem Fall hält sich der Schaden normalerweise in Grenzen, da die Wunden vernarben und es zu keiner Qualitätseinbusse kommt. Die Nagetiere können aber auch ganze Früchte von unten aushöhlen. Eine wirksame, aber eher unschöne Methode ist das Auslegen von Fallen wie zum Beispiel zur Hälfte mit Wasser gefüllte Büchsen. Die Tiere ertrinken.

Vom Keimling zur Frucht

Rasantes Wachstum

Die große Vitalität und die Kraft der Pflanzen versetzen uns immer wieder ins Staunen. Bei stark rankenden Sorten wachsen die Ranken täglich 15 bis 20 cm oder noch mehr. Schon bald tragen sie Blüten, zuerst die männlichen und ein paar Tage später die weiblichen. Die weiblichen Blüten sitzen auf einem kleinen Fruchtansatz, der bereits in diesem Stadium die Form der endgültigen Frucht hat, etwas länglich, oval oder eher rundlich ist. Die männlichen Blüten verbergen zwischen ihren Blütenblättern 5 breite Staubfäden, die mit großen runden, stacheligen Pollenkörnern bedeckt sind. Sobald die Temperaturen sommerliche Werte erreichen, die Insekten aktiv werden und die Pflanzen pyhsiologisch bereit sind, ist Zeit für die Befruchtung und später für die Fruchtbildung. Bei ungenügender Befruchtung, etwa während einer Schlechtwetterperiode, entwickeln sich die Früchte noch während ein paar Tagen – sie können zum Teil sogar recht groß werden – und werden dann plötzlich abgestoßen.

Die Früchte erreichen innerhalb kürzester Zeit ihre endgültige Größe, meist genügen 2 bis 3 Wochen. Da können wir immer wieder staunen, wie aus einem Fruchtansatz von einem Zentimeter Durchmesser innerhalb von vierzehn Tagen eine stattliche Frucht mit einem Durchmesser von 50 cm heranwächst! Dies ist nur deshalb möglich, weil Kürbisse eine Methode entwickelt haben, rasch alle Ressourcen zu mobilisieren. Viele bilden an den Knoten sekundäre Wurzeln, welche die Pflanzen zusätzlich mit Nahrung versorgen.

Reifen – gut Ding will Weile haben

Die Reifezeit der Frucht kann sich über Wochen, ja sogar Monate erstrecken. Rein äußerlich verändert sich nur noch die Farbe. Im Fruchtinnern tut sich aber einiges. Das Fruchtfleisch nimmt Farbe an, es wird dunkler und bekommt sein Aroma. Aus der Samenanlage entwickeln sich richtige Samen.

Mit Spannung erwartet – die Ernte

Für eine lange Haltbarkeit ist es ist wichtig, dass sich die Früchte nicht kurz vor der Ernte noch mit Wasser volltanken. Am besten durchschneidet man den Hauptstängel 5 bis 10 Tage vor der Ernte, damit das überflüssige Wasser durch die Blätter verdunsten kann.

An den Kürbissen haften oft Erdkrümel, in denen sich Bakterien und Pilze verstecken und die sich bei Schwachstellen auf der Fruchtoberfläche rasch entwickeln. Die Früchte werden deshalb nach der Ernte sorgfältig unter fließendem Wasser gewaschen. Dazu ist ein schöner, sonniger Tag ideal, damit die Früchte innert kürzester Zeit trocknen können. Mit den Früchten behutsam umgehen; Verletzungen verkürzen die Haltbarkeit. Den Kürbis nie am Fruchtstiel tragen, da er leicht abbricht und die Wunde rasch zu faulen beginnt.

Richtig lagern

Lagerort Die Früchte sind an einem gut belüfteten und trockenen Ort flach zu lagern. Die optimale Lagertemperatur liegt zwischen 12 und 17 °C. Die Früchte können auch ohne weiteres bei Zimmertemperatur aufbewahrt werden. Sie werden jedoch in diesem Fall früher reif und entsprechend rascher mehlig oder fasrig. Moschuskürbisse müssen in unseren Breitengraden normalerweise nachreifen; da ist Zimmertemperatur zumindest am Anfang von Vorteil.

Nicht selten kann eine Sorte ein Jahr (Butternut) oder gar bis zwei Jahre (Feigenblattkürbis) gelagert werden. Folgende zwei Faktoren beeinflussen die Haltbarkeit: die Hautbeschaffenheit und die in der Frucht enthaltene Substanz, die das Keimen der Samen unterdrückt. Die Wirksamkeit der keimhemmenden Substanz ist von Sorte zu Sorte verschieden und wird durch das Lagern bei allen Sorten abgebaut. So kann ein Kürbis plötzlich in sich zusammenfallen und eine ganze Menge Wasser verlieren oder die Frucht platzt.

oben: weibliche
Kürbisblüte

Mitte: 3 Tage alte
Frucht

unten: 10 Tage alte
Frucht

Fruchthaut – wichtig für die Lagerung Die Haut ist ein wichtiger Schutz gegen äußere Einwirkungen. Da die Kürbisse nach der Ernte «weiterleben», kann eine oberflächliche Verletzung meistens problemlos vernarben. Vor einigen Jahren wurde an einer Ausstellung ein 40 kg schwerer «Prizewinner» präsentiert, der nicht nur die Blicke der Besucher magisch auf sich zog. Die Festigkeit der Haut wurde mit Fingernägeln und Schlüsseln ergiebig getestet. Den Veranstaltern bereitete dies zu Beginn große Sorgen. Aber siehe da, der Kürbis reagierte: jede einzelne Verletzung vernarbte innert kürzester Zeit. Und der Kürbis stand auch nach mehreren Monaten immer noch im Ausstellungsraum: er war vollständig mit Narben «geschmückt»... Hubbard-Früchte schützen sich mit einer mehreren Millimeter dicken, sehr harten und kompakten Hautschicht. Und die Haut der Butternut ist zwar dünn und relativ weich, aber außergewöhnlich dicht und wie bei anderen Moschuskürbissen mit einer feinen weißen Wachsschicht überzogen, ebenfalls ein guter Schutz.

Gewichtsverlust Die Frucht verliert infolge Verdunsten des Wassers über die mehr oder weniger durchlässige Haut an Gewicht. Die Haut der mit den Speisekürbissen nahe verwandten Gattung *«Lagenaria»* (Flaschenkürbis) ist so porös, dass die Früchte innerhalb von 4 bis 6 Monaten ihre ganze Flüssigkeit verlieren und völlig austrocknen. Bei Speisekürbissen ist dies eher selten der Fall. Der Gewichtsverlust ist kontinuierlich und regelmäßig, wie Messungen bei einer relativ konstanten Temperatur von 22 °C und einer Luftfeuchtigkeit von 60% ergeben haben. Es ist erstaunlich festzustellen, dass die relative Gewichtsabnahme bei verschiedenen Sorten der drei Hauptarten bei vielen Messungen anfänglich bei 6% liegt. Dies geschieht offensichtlich unabhängig von der Beschaffenheit der Schale. Die Erklärung dafür ist, dass die Früchte sofort nach der Ernte nachreifen und sich die Haut zuerst für eine lange Konservierung vorbereiten muss. Sie verdichtet sich also. Später, nach zwei oder mehr Monaten, verlangsamt sich die Gewichtsabnahme etwas. Bei idealen Lagerbedingungen (Temperatur 15 °C und Luftfeuchtigkeit 70%) verläuft die Gewichtsabnahme in den ersten Wochen etwa gleich, später jedoch stabilisiert sie sich.

Samenzucht

Offene Befruchtung Die Speisekürbisse sind im Laufe von Jahrtausenden auseinander gezüchtet worden. Sie sind aber botanisch gesehen immer noch sehr nahe verwandt.
Wenn mehrere Arten auf dem gleichen Feld angepflanzt werden, kreuzen sich insbesondere die Sorten der gleichen Art, aber auch verschiedene Arten untereinander. Dies ist im Grunde genommen nicht weiter schlimm, die Früchte sind trotzdem essbar. Allerdings sollte die Gärtnerin/der Gärtner bedenken, dass jede Sorte wegen bestimmter Eigenschaften gezüchtet worden ist und diese durch Kreuzungen verschwinden können. Die Kürbisse werden von diversen Insekten wie Bienen und Hummeln befruchtet, sie besuchen die Pflanzen rein zufällig.

Gezielte Befruchtung Um aus reinen Sorten Samen zu gewinnen, muss einiges berücksichtigt werden. Bei genügend Platz werden die Pflanzen isoliert, d. h. keine andere Sorte der gleichen Art darf in ihrer Nähe stehen. Vermutlich reichen 800 bis 1000 m, besser und sicherer sind 1500 m. Da in den allerwenigsten Fällen so viel Boden zur Verfügung steht, gestaltet sich die künstliche Befruchtung aufwändiger. Die männlichen und die weiblichen Blüten werden am Abend vor dem Aufgehen mit einem Band zugeklebt, damit keine Insekten mit fremden Pollen eindringen können. Der richtige Zeitpunkt der Befruchtung lässt sich zum Beispiel an einer deutlichen Verfärbung der Blüte und auch an deren Spitze erkennen, die etwas aufgeht. Die Blüten öffnen sich normalerweise am frühen Morgen. Nun wer-

Riesenkürbis
(Queensland blue)
Cucurbita maxima

den die Staubblätter einer ausgewählten männlichen Blüte sorgfältig an die Narbe einer weiblichen Blüte gerieben. Damit genügend Pollen aufgetragen werden können, ist der Vorgang mit einer zweiten oder gar dritten männlichen Blüte zu wiederholen. Danach werden die weiblichen Blüten wieder verschlossen. Die Temperatur darf bei der Befruchtung nicht allzu hoch sein, weshalb der von der Natur gewählte Zeitpunkt beachtet werden sollte, also am Morgen. Eine Inzucht führt zu Degenerationen und damit zu schwächeren Pflanzen und in der Folge zu weniger und kleineren Früchten. Mit männlichen Blüten einer anderen Pflanze kann vorgebeugt werden.

Saatgutgewinnung Nach der Ernte der vollreifen Früchte müssen die Samen genügend Zeit zum Ausreifen haben. Deshalb sollten die Früchte möglichst lange gelagert werden, 3 bis 4 Wochen. Im Winter wird der Kürbis angeschnitten und die Samen herausgenommen. Damit die Samen sauber werden und nachweislich eine bessere Keimfähigkeit erreichen, lässt man sie mit etwas Fruchtfleisch 4 bis 5 Tage im Wasser gären. Danach spült man sie ab und lässt sie während eines Monats auf Küchenpapier oder besser auf einem luftdurchlässigen Sieb trocknen. Sie benötigen viel Luft, die Wärme ist nicht so entscheidend. Während der ersten Tage die Samen regelmäßig schütteln. Trocken gelagerte Samen sind mindestens 3 bis 7 Jahre keimfähig, oft sogar länger. Eine Regel besagt, dass jedes Prozent weniger Feuchtigkeit das Leben der Samen verdoppelt. Das Saatgut kann im Tiefkühler noch wesentlich länger aufbewahrt werden.

Kürbiskernprodukte

Kürbiskerne und Kürbiskernsprossen Kürbiskerne sind ein interessantes Nahrungs- und Heilmittel, das roh und geröstet schmeckt. Die Samen enthalten reichlich Zink und Selen. Das Öl besteht zu einem großen Teil aus mehrfach ungesättigten Fettsäuren. Es hat eine grosse Verjüngungskraft und ist gut für die Nieren und die Blase. Samen und daraus gezogene Sprossen enthalten viel Vitamin E, Symbol der Fruchtbarkeit, sowie Vitamin A und Eisen. Bei Prostatabeschwerden sind Samen und Sprossen ein beliebtes Heilmittel. Die Volksmedizin verschreibt Kerne gegen Bandwürmer. Dazu werden 40 g Kerne gemahlen, mit Honig und Milch zu einem Brei verarbeitet und auf nüchternen Magen eingenommen.

Für die Sprossenzucht nimmt man die schalenlosen grünen Samen des Ölkürbis. Es braucht etwas Geduld, bis sie sprießen. Das Resultat hängt auch stark von der Sorte ab. Am besten legt man die Samen maximal 3 Stunden in kaltes Wasser; bei längerer Einweichzeit werden sie zu nass und faulen rasch. Kürbissprossen können bereits nach 1 bis 2 Tagen gegessen werden, also wenn sie gerade zu sprießen begonnen haben. Bereits nach dieser kurzen Zeit ist der Vitalstoffgehalt deutlich gestiegen. Sprossen innerhalb einer Woche konsumieren, nachher sind sie bitter und ungenießbar.

Frische oder geröstete Samen sind eine Bereicherung für Gratins, Salate, Suppen, Backwaren, Müslis und Desserts.

Kürbiskernöl wird aus den Samen des Ölkürbisses gewonnen. Dazu werden die Samen zwischen Stahlplatten unter enormem Druck (ca. 359 bar) kalt gepresst. Um einen Liter Kürbiskernöl zu gewinnen, braucht es rund 2,3 kg getrocknete und gedarrte Samen, also die Samen von rund 20 Kürbissen. Das grün-bräunliche Öl hat einen feinen, nussigen Geschmack.

Kürbiskernöl ist reich an den Vitaminen A, B_1, B_2, B_6, C, D und E. Es enthält reichlich Zink, Kupfer, Eisen, Mangan und Kalium. Es ist aufgrund seiner Zusammensetzung nicht nur ein köstliches Speiseöl, sondern auch ein Heilmittel bei vielerlei Beschwerden (siehe Kürbiskerne und Kürbiskernsprossen).

Steirischer Ölkürbis: Seite 61.

Porträts von
200 Kürbissen

Die Auswahl der Kürbissorten

In diesem Buch werden rund 200 Kürbissorten vorgestellt. Es wurden vorwiegend diejenigen Sorten berücksichtigt, die auf dem Markt am häufigsten angeboten werden. Wie auch bei anderen Gemüsen und Früchten gibt es sehr viele alte Sorten, die inzwischen nicht mehr gezüchtet werden oder ganz in Vergessenheit geraten sind. Es handelt sich meistens um bewährte Sorten, die nicht das Resultat zufälliger Phantasien eines Züchters sind, sondern wegen bestimmter Eigenschaften gezüchtet worden sind. Da die spezifischen Eigenschaften äußerlich nicht unbedingt erkennbar sind und auch an der Frucht nicht in Erscheinung treten, ist die Sortenbestimmung nicht immer einfach, selbst wenn die Sorte stabil und während längerer Zeit genetisch isoliert worden ist.

In der Pflanzenzucht kann das Anforderungsprofil sehr verschieden sein: Aussehen der Pflanze, Fruchtbeschaffenheit, Ertrag, Lagerfähigkeit usw. Bei den Kürbissen können Größe, Schalen- und Fleischfarbe, Qualität des Fruchtfleisches, Ertrag und Platzbedarf wichtige Kriterien sein. Aus diesem Grund haben wir uns für die Auflistung nach Gruppen und Verwandtschaftsgrad entschieden. Wir empfehlen, für eine zuverlässige Bestimmung zuerst das Aussehen zu definieren und erst dann die anderen Merkmale zu vergleichen.

Sommerkürbisse

Zucchetti-Kürbisse und Pâtissons sind Sommerkürbisse, die wir in der Küche unreif verwenden. Sie sind in diesem Stadium noch zart und fruchtig und gegart butterzart. Die diskusförmigen Pâtissons sollten beim Pflücken nur wenige Zentimeter lang sein. Ausgereifte Früchte eignen sich allenfalls noch zum Füllen. Kleine Zucchetti-Kürbisse (5–10 cm lang) werden Zucchini genannt, grössere Zucchetti. Um die Einheit zu gewährleisten, werden in den einzelnen Steckbriefen (Seiten 34–44) auch die Sommerkürbisse als vollreife Früchte vorgestellt.

Winterkürbisse

Zu den Winterkürbissen zählen Sorten mit harten oder dichten Schalen, wie zum Beispiel «Hubbard» und «Butternut», welche zum Teil mehr als ein Jahr gelagert werden können. Aber auch «Acorn», «Delicata» und weitere Vertreter von *Cucurbita pepo*, die nicht so rasch fasrig werden, gehören in diese Gruppe.

Buschige und rankende Kürbisse

Zwischen den Buschformen und den rankenden Pflanzen gibt es alle möglichen Zwischenformen. Rondini und Feigenblattkürbisse zählen zu den stark rankenden Pflanzen. Zucchetti, Pâtissons und einige Acorn hingegen sind Buschformen mit Ranken, die kaum mehr als 1,5 m lang werden. Bei den Acorns gibt es auch Züchtungen von Halb-Buschformen, also Pflanzen, die etwas mehr in die Länge wachsen.

Begriffserklärungen

Reifezeit

Die Zeit von der Keimung bis zur Reife der ersten Frucht wird Reifezeit genannt. Bei Sorten, die unreif geerntet werden, z. B. Zucchini, beziehen sich die Tage auf den ungefähren Erntezeitpunkt. Die Reifezeit ist abhängig vom Zeitpunkt der Aussaat, von Standort, Klima und Wetter. Aus diesem Grund kann es sein, dass die Angaben in diesem Buch mit den amerikanischen Werten nicht übereinstimmen.

Fruchtform

Wir haben uns bemüht, die Kürbisse (Frucht) möglichst genau zu beschreiben. Begriffe wie kugel-, flach- und hochrund mögen in der Umgangssprache nicht allzu vertraut sein, bei den Kürbissen sind sie sehr nützlich und hilfreich.

Blattform

Die Blätter der einzelnen Kürbissorten können sehr unterschiedlich aussehen. Riesenkürbisse haben meist vollständig abgerundete Blätter. Anders bei den Gartenkürbissen. Hier herrscht ein richtiger Formenreichtum. Die Blätter der Acorn-Gruppe sind länglich und haben drei deutlich abgerundete Lappen. Mehrere Zucchetti-Kürbisse wiederum haben marmorierte und stark gelappte bis tief ausgeschnittene Blätter. Die Blätter der Rondini sind klein, eckig und spitz. Für mehr Informationen siehe einzelne Steckbriefe.

Fruchthaut

In den Steckbriefen wird die Haut der reifen, frisch geernteten Frucht beschrieben. Manche Kürbisse verändern während des Lagerns ihr Aussehen (Verfärbung). Die Haut wird in allen Fällen dichter und dadurch wasserundurchlässig (für die Lagerung ideal). Die Haut ist meist dünn und fest. Eine «weiche» Haut ist leicht verletzlich. Sie kann im gegarten Zustand ohne weiteres gegessen werden.

Fruchtfleisch

Normalerweise kann eine Kürbissorte für die verschiedensten Gerichte verwendet werden, wobei zwischen mehligen und wässrigen Kürbissen unterschieden werden muss. Für eine Kürbissuppe eignet sich grundsätzlich jeder Kürbis, auch eine minderwertige Qualität, da man immer noch die Möglichkeit hat, mit Gewürzen, Kräutern, Rahm und vielem mehr zu variieren und zu verfeinern. Bei vielen Kürbisspeisen ist jedoch die Sortenwahl wichtig. Wässrige Früchte wie zum Beispiel viele Garten- und Moschuskürbisse zerfallen beim Kochen rasch. Meist sind sie auch fasrig. Das Fruchtfleisch der Riesenkürbisse hingegen ist trocken, feinkörnig und fest. In der Küche entscheidet vor allem der Wassergehalt über die Verwendung der Frucht. Mit zunehmender Erfahrung lassen sich die Kürbisse leicht klassieren. Aufschluss über die Beschaffenheit des Fruchtfleisches gibt das Trockengewicht. Eine japanische Cup (Kabocha) enthält beispielsweise bis zu 20% Trockensubstanz, unsere europäischen Sorten hingegen, etwa der Gelbe Zentner oder der Rouge Vif d'Etampes, enthalten nur 5%.

Entgegen dem allgemeinen Vorurteil kann die Haut vieler Kürbissorten mitgekocht werden, ohne dass die Speise an Güte einbüsst. Dies bedeutet einesteils einen Zeitgewinn bei der Vorbereitung und andernteils weniger Abfall, vor allem bei runzeligen Sorten. Und die Nahrung wird erst noch ballaststoffreicher.

Die Inhaltsstoffe

Der Wassergehalt der Speisekürbisse ist sehr hoch und liegt je nach Reife zwischen 80 und 96%. Spitzenreiter sind die Riesenkürbisse, besonders die japanischen Kabocha oder Cups (Seite 76). Der Kürbis ist mit 20 Kalorien/100 g Fruchtfleisch ein absolutes Leichtgewicht. Der Anteil an Ballaststoffen (1,5 g Fasern/100 g) ist relativ hoch; pflanzliche Fasern sorgen für eine gute Verdauung. Der Kürbis enthält zudem wichtige Vitalstoffe: Oligo-Elemente (hoher Anteil), Kalium (600–700 mg/100 g Fruchtfleisch), Spuren von Phosphor, Kalzium, Chlor, Magnesium, Schwefel, Natrium, Eisen, Zinn und Mangan, die Vitamine A, B, E und C (10–15 mg/100 g Fruchtfleisch) und Provitamin A. Vor allem die orangefleischigen Sorten, z. B. die Moschuskürbisse, enthalten viel Beta-Karotin (Provitamin A), das in den USA Programm einer ganzen Ernährungslinie ist. Beta-Karotin lindert nachweislich Herzprobleme, beugt Arteriosklerose vor und unterstützt das Immunsystem. Es fördert auch die Verdauung. Ein regelmässiger Konsum soll vor gewissen Krebsarten wie Lungen- und Larynxkrebs schützen. In der Forschung wird die Substanz auch zur Krebsprävention eingesetzt.

Verwendete Abkürzungen

D Durchmesser
H Höhe
L Länge

1. Die Gartenkürbisse (Cucurbita pepo)

Mexiko und das nördliche Zentralamerika gelten als das Ursprungsgebiet des Gartenkürbisses. Er wird dort seit eh und je gezüchtet und vor allem in höheren Gebieten angebaut. Die ältesten Funde stammen aus dem südlichen Mexiko und sind 10'000 Jahre alt. In asiatischen Gebirgsländern wird der Gartenkürbis bis auf 2500 m ü. M. angepflanzt. Inzwischen ist er eine der weit verbreitesten Kürbisarten überhaupt.

Die Urform unseres Gartenkürbisses ist inzwischen bekannt. Es handelt sich um die in Texas vorkommende *Cucurbita texana*, die manchmal auch als Zierkürbis gezüchtet wird. Es gab viele, harte und lange Kontroversen.
Einige Botaniker, die noch bis vor kurzem an einem asiatischen Ursprung von *C. pepo* festgehalten haben, sahen in *C. texana* nur einen gewöhnlichen Gartenflüchtling.

Zu den Gartenkürbissen gehören zahlreiche Züchtungen, z. B. Zucchetti/Zucchino, Pâtisson, Acorn, Ölkürbis, die meisten sogenannten «Pumpkins», Spaghetti-Kürbis usw.

Alberello di Sarzana

Zucchini/Zucchetti

Sommerkürbisse

Zucchini-Kürbisse ranken nicht und bilden nur kurze Triebe: der Platzbedarf ist entsprechend gering. Die dunkelgrünen Blätter haben silbrige Flecken; die 5 Lappen sind unterschiedlich tief eingeschnitten, der Rand ist stark gezähnt und hat Einkerbungen.

Zucchini-Kürbisse haben die Form einer gerippten Keule. Unreife Früchte sind meist etwas heller und blasser als ausgereifte, welche grün marmoriert, grün gestreift, gelb oder weiß sein können. Ein regelmäßiges Pflücken steigert den Ertrag.

Das Fruchtfleisch kann grünlich bis cremefarben sein. Für die Küche werden die Früchte unreif geerntet, d. h. wenn sie 10–20 cm lang sind. In dieser Wachstumsphase sind sie zart und haben dennoch Biss. Durch den Garprozess bekommt das Fleisch ein dezentes nussiges Aroma. Überreife Früchte werden schwammig und fasrig. Zum Lagern eignen sich nur reife Früchte.

Alberello di Sarzana

Das «Bäumchen von Sarzana» ist eine beliebte italienische Sorte, die weltweit angebaut wird. Es ist eine der schmackhaftesten Zucchinisorten überhaupt. Die Pflanze produziert zudem viele Blüten, die in der Küche ebenfalls verwendet werden können.

Fruchtform: gerippte Keule
Fruchtgröße (L): 30–40 cm
Gewicht: 1–2 kg
Oberfläche: glatt; hellgrün, später dunkelgrün marmoriert mit kleinen graugrünen Flecken
Haut: dünn
Fruchtstiel: grün, kurz, kantig
Fruchtzahl/Ertrag: hoch, wenn laufend geerntet wird
Verwendung: roh und blanchiert für Salat, als Gemüse, zum Füllen
Pflanze: buschförmig; Platzbedarf 1–1,5 m^2
Samen: cremefarben; bauchig, länglich, oval, 14 mm x 8 mm, scharf abgegrenzter Rand
Reifezeit: 52 Tage
Lagerzeit: 2–3 Monate (reife Früchte)

Diamant F1

Diamant wird auf unseren Märkten häufig angeboten.

Fruchtform: lang gestreckte Keule
Fruchtgröße (L): 30–40 cm
Gewicht: 1–2,5 kg
Oberfläche: schwach gerippt, glatt, glänzend; intensiv grün marmoriert
Haut: dünn
Fruchtstiel: grün, kurz, kantig
Fruchtzahl/Ertrag: hoch, wenn laufend geerntet wird
Verwendung: wie Alberello di Sarzana
Pflanze: buschförmig; Platzbedarf: 1–1,5 m^2
Samen: cremefarben; breit, oval, 13 mm x 9 mm, fein gerandet
Reifezeit: 52 Tage; für die Küche ernten, wenn die Früchte 15–20 cm lang sind
Lagerzeit: 2–3 Monate (reife Früchte)

Striato d'Italia

Eine in Italien, aber auch weit über die italienischen Grenzen hinaus beliebte Sorte. Ihr Name bezieht sich auf die Rippen der Früchte.

Fruchtform: lang gestreckte Keule
Fruchtgröße (L): 60 cm
Gewicht: 1,5–3 kg
Oberfläche: gerippt, glatt, glänzend; dunkelgrün marmoriert, den Rippen entlang hellgrüne Streifen
Haut: dünn, im reifen Stadium mittelhart
Fruchtstiel: grün, kurz, kantig
Fruchtzahl/Ertrag: hoch, wenn laufend geerntet wird
Verwendung: wie Alberello di Sarzana
Pflanze: buschförmig; Platzbedarf 1–2 m^2
Samen: cremefarben; breit-oval, 15 mm x 10 mm, scharf abgegrenzter Rand
Reifezeit: 55 Tage
Lagerzeit: 2–3 Monate (reife Früchte)

Lungo Fiorentino

Der Name dieser italienischen Sorte besagt, dass sie aus Florenz oder der Umgebung stammen muss.

Fruchtform: lang gestreckte Keule
Fruchtgröße (L): 55–60 cm
Gewicht: 1,5–3 kg
Oberfläche: gerippt, glatt, glänzend; hellgrün marmoriert, mit hellgrünen Streifen
Haut: dünn, im reifen Stadium mittelhart
Fruchtstiel: grün, kurz, kantig
Fruchtzahl/Ertrag: hoch, wenn laufend geerntet wird
Verwendung: wie Alberello di Sarzana
Pflanze: buschförmig; Platzbedarf 1–1,5 m^2
Samen: cremefarben; länglich-oval, 16 mm x 10 mm, feiner Rand
Reifezeit: 55 Tage
Lagerzeit: 2–3 Monate (reife Früchte)

Caserta

Caserta ist eine beliebte Sorte, die vor allem in Südafrika und Südamerika verbreitet ist. In den USA wurde sie 1949 von der landwirtschaftlichen Versuchsanstalt in Connecticut eingeführt und erhielt im gleichen Jahr den Preis «All America Selections Winner».

Fruchtform: lang gestreckte Keule
Fruchtgröße (L): 35–40 cm
Gewicht: 1,5–2 kg
Oberfläche: gerippt, glatt, glänzend; hellgrün marmoriert, mit dunkelgrünen Streifen
Haut: dünn, im reifen Stadium mittelhart
Fruchtstiel: grün, kurz, kantig
Fruchtzahl/Ertrag: hoch, wenn laufend geerntet wird
Verwendung: wie Alberello di Sarzana
Pflanze: buschförmig; Platzbedarf 1–2 m^2
Samen: cremefarben; länglich-oval, 18 mm x 10 mm, scharf abgegrenzter Rand
Reifezeit: 55 Tage
Lagerzeit: 2–3 Monate (reife Früchte)
Besondere Eigenschaften: Produziert schon früh einen hohen Anteil an weiblichen Blüten. Sie wird deshalb oft als Mutterpflanze für die Züchtung von Hybriden verwendet.

Cocozelle von Tripolis

Bei diesem Zucchini-Kürbis handelt es sich um eine italienische Sorte, die weltweit sehr beliebt ist. In Amerika ist sie bereits 1934 von der Asgrow Seed Company eingeführt worden.

Fruchtform: lang gestreckte Keule
Fruchtgröße (L): 40–60 cm
Gewicht: 1,5–3 kg
Oberfläche: gerippt, glatt, glänzend; dunkelgrün marmoriert, mit hellgrünen Streifen
Haut: dünn, mäßig hart
Fruchtstiel: grün, kurz, kantig
Fruchtzahl/Ertrag: hoch, wenn laufend geerntet wird
Verwendung: wie Alberello di Sarzana
Pflanze: buschförmig; Platzbedarf 1–2 m^2
Samen: cremefarben; breit-oval, 14 mm x 9 mm, feiner Rand
Reifezeit: 52 Tage
Lagerzeit: 2–3 Monate (reife Früchte)
Andere Namen: Coucourzelle, Courgette verte d'Italie, Italian Vegetable Marrow, Cocozella di Napoli

Bianca Goriziana

Dieser schöne Zucchini-Kürbis trägt den Namen «Weiße von Görz», ein Ort in der Nähe von Triest (Gorizia).

Fruchtform: lang gestreckte Keule
Fruchtgröße (L): 35–45 cm
Gewicht: 1–2 kg
Oberfläche: gerippt, glatt, glänzend; hellgrün, leichte Marmorierung
Haut: dünn, im reifen Stadium mittelhart
Fruchtstiel: grün, kurz, kantig
Fruchtzahl/Ertrag: hoch, wenn laufend geerntet wird
Verwendung: wie Alberello di Sarzana
Pflanze: buschförmig; Platzbedarf 1–2 m^2
Samen: cremefarben; oval, 14 mm x 8 mm, deutlicher Rand
Reifezeit: 50 Tage; für die Küche die Früchte ernten, sobald sie einige Zentimeter groß sind, dann sind sie am besten.
Lagerzeit: 2–3 Monate (reife Früchte)
Anderer Name: Zucchino Bianco di Trieste

Long White Bush

Diese Sorte ist vor allem in den USA und im Osten Europas verbreitet. Es handelt sich um eine alte englische Sorte, die vor 1824 in den USA eingeführt worden ist.

Fruchtform: fast zylindrisch, abgerundet
Fruchtgröße (L): 40–50 cm
Gewicht: 1,5–2,5 kg
Oberfläche: fast rippenlos, glatt, glänzend; zuerst cremefarben, später gelblich
Haut: dünn, hart
Fruchtstiel: grün, kurz, kantig
Fruchtzahl: 4–5, wenn die Früchte reif geerntet werden, sonst wesentlich mehr
Verwendung: wie Alberello di Sarzana
Pflanze: buschförmig; Platzbedarf 1–2 m^2
Samen: cremefarben; oval, 14 mm x 8 mm, deutlicher Rand
Reifezeit: 55 Tage; für die Küche die Früchte ernten, sobald sie einige Zentimeter lang sind, dann sind sie am besten
Lagerzeit: 3–4 Monate (reife Früchte)
Anderer Name: White Bush Vegetable Marrow

Lungo Bianco

Italienische Sorte.

Fruchtform: lang gestreckte Keule
Fruchtgröße (L): 50–60 cm
Gewicht: 2–3,5 kg
Oberfläche: gerippt, glatt, glänzend; cremefarben, später gelblich
Haut: dünn, hart
Fruchtstiel: grün, kurz, kantig
Fruchtzahl: 4–5, wenn die Früchte reif geerntet werden, sonst wesentlich mehr
Verwendung: wie Alberello di Sarzana
Pflanze: buschförmig; Platzbedarf 1–2 m^2
Samen: cremefarben; 16 mm x 8 mm, feiner, aber scharf abgegrenzter Rand
Reifezeit: 50 Tage
Lagerzeit: 3–4 Monate (reife Früchte)

Goldfinger F1

«Goldener Finger» heißt diese wunderschöne und gut schmeckende amerikanische Sorte.

Fruchtform: lang gezogene Keule
Fruchtgröße (L): 35–45 cm
Gewicht: 0,9–1,8 kg
Oberfläche: glatt, glänzend; hellgelb, später leuchtend goldgelb
Haut: dünn
Fruchtstiel: grün, kurz, kantig
Fruchtfleisch: bei jungen Früchten butterzart
Fruchtzahl/Ertrag: hoch, wenn laufend geerntet wird
Verwendung: wie Alberello di Sarzana
Pflanze: buschförmig; Platzbedarf 1–1,5 m^2
Samen: cremefarben; bauchig, kurz, oval, 13 mm x 9 mm, deutlicher Rand
Reifezeit: 52 Tage
Lagerzeit: 3–4 Monate (reife Früchte)

Gold Rush F1

«Goldrausch» heißt diese feine Sorte. In Amerika wurde sie 1980 mit dem Preis «All America Selections Winner» ausgezeichnet. Inzwischen ist sie auch in ganz Europa erhältlich.

Fruchtform: lang gezogene Keule
Fruchtgröße (L): 40–50 cm
Gewicht: 1–2 kg
Oberfläche: glatt, glänzend; leuchtend goldgelb, später leicht dunkler
Haut: dünn
Fruchtstiel: grün, kurz, kantig
Fruchtfleisch: bei jungen Früchten butterzart
Fruchtzahl/Ertrag: hoch, wenn laufend geerntet wird
Verwendung: wie Alberello di Sarzana
Pflanze: buschförmig; Platzbedarf 1–1,5 m^2
Samen: cremefarben; bauchig, kurz, oval, 13 mm x 9 mm, deutlicher Rand
Reifezeit: 52 Tage
Lagerzeit: 3–4 Monate (reife Früchte)

Crookneck – Straightneck

Sommerkürbis

Die Pflanzen sind nicht rankend und machen nur kurze Triebe. Der Platzbedarf ist entsprechend klein. Die Blätter sind dunkelgrün und am Rande undeutlich gezähnt. Die Früchte sehen wie gekrümmte oder lang gestreckte Keulen aus. Im Wachstum sind sie leuchtend gelb, später werden sie dunkelgelb bis gelb-orange. Das Fruchtfleisch ist gelblich bis cremefarben. Für die Küche werden die Kürbisse unreif geerntet, sobald sie 8 bis 10 cm lang (Straightneck 10–15 cm) sind. In diesem Stadium sind sie fest und butterzart und haben ein dezentes nussiges Aroma. Später wird das Fruchtfleisch fasrig. Wenn die Früchte reif gepflückt werden, liegt der Ertrag bei 5 bis 6 Früchten, im unreifen Stadium ist er wesentlich höher. Zum Lagern müssen die Früchte reif gepflückt werden.

Sundance F1

Diese Kürbissorte sieht nicht nur schön aus, sie hat auch einen schönen Namen: «Sonnentanz».

Fruchtform: gekrümmte Keule
Fruchtgröße (D x L): 7 cm x 20 cm
Gewicht: 400–700 g
Oberfläche: glatt, glänzend; leuchtend gelb, später dunkelgelb
Haut: dick, hart
Fruchtzahl: 5–6; bei regelmäßiger Ernte über 30
Verwendung: wie Yellow Summer Crookneck
Pflanze: buschförmig; Patzbedarf 1,2 m^2
Samen: cremefarben; oval, 11 mm x 9 mm
Reifezeit: 52 Tage
Lagerzeit: 5 Monate (reife Früchte)

Pic-n-Pic F1

Eine sehr schöne amerikanische Sorte; ihr Name «Pflück und Pflück» bezieht sich auf ihre Ergiebigkeit.

Fruchtform: gekrümmte Keule
Fruchtgröße (D x L): 7 x 18 cm
Gewicht: 400–700 g
Oberfläche: glatt, glänzend; leuchtend gelb, später dunkelgelb
Haut: dick, hart
Fruchtzahl: 5–6; bei regelmäßiger Ernte bis 30
Verwendung: wie Yellow Summer Crookneck
Pflanze: buschförmig; Platzbedarf 1,2 m^2
Samen: cremefarben; oval, deutlich länger als breit, 14 mm x 8 mm
Reifezeit: 50 Tage
Lagerzeit: 5 Monate (reife Früchte)

Yellow Summer Crookneck

Diese Züchtung stammt aus den USA und wurde dort bereits vor 1828 angepflanzt.

Fruchtform: gekrümmte Keule
Fruchtgröße (D x L): 7–10 cm x 15–25 cm
Gewicht: 400–700 g
Oberfläche: warzig; leuchtend gelb, später gelb-orange
Haut: dick, hart
Fruchtstiel: kurz, kräftig, kantig
Fruchtzahl: 5–6
Verwendung: roh für Salate, als Gemüse (gebraten, gedünstet, gedämpft)
Pflanze: buschförmig; Platzbedarf 1–1,2 m^2
Samen: cremefarben; oval, 13 mm x 8 mm
Reifezeit: 55 Tage
Lagerzeit: 5 Monate (reife Früchte)
Andere Namen: Early Golden Summer Crookneck, Summer Crookneck

Early Prolific Straightneck

Wahrscheinlich ist diese Sorte der erste «Geradehals» (Straightneck) und wurde vermutlich aus Yellow Summer Crookneck gezüchtet. Die sehr beliebte Sorte wurde 1938 von der berühmten Firma Ferry Morse Seed Company auf den Markt gebracht. Im gleichen Jahr erhielt sie den Preis «All America Selections Winner». Eine ähnliche Sorte, «Yankee Hybrid», kam ein paar Jahre später (1942) auf den Markt und war der erste Kürbis-Hybrid.

Fruchtform: lang gestreckte Keule
Fruchtgröße (L): 30 cm
Gewicht: 700–900 g
Oberfläche: glatt, glänzend; hellgelb, später leuchtend goldgelb
Haut: dünn
Fruchtzahl: ergiebig, wenn regelmäßig geerntet wird
Verwendung: wie Yellow Summer Crookneck
Pflanze: buschförmig; Platzbedarf 1 m^2
Samen: cremefarben; bauchig, kurz-oval, 12 mm x 8 mm, sehr fein gerandet
Reifezeit: 50 Tage
Lagerzeit: 5 Monate (reife Früchte)

Goldbar F1

«Goldbarren» ist eine nahe Verwandte von Crookneck, ihr Hals ist jedoch nicht gebogen.

Fruchtform: lang gestreckte Keule
Fruchtgröße (D x L): 7 cm x 20 cm
Gewicht: 400–800 g
Oberfläche: glatt, glänzend, einige Warzen; zuerst goldgelb, später dunkelgelb
Haut: dünn
Fruchtzahl: ergiebig, wenn regelmäßig geerntet wird
Verwendung: siehe Yellow Summer Crookneck
Pflanze: buschförmig; Platzbedarf 1,2 m^2
Samen: cremefarben; bauchig, kurz-oval, 12 mm x 8 mm, sehr fein gerandet
Reifezeit: 53 Tage
Lagerzeit: 5 Monate (reife Früchte)

Sunbar F1

Sunbar ist eine nahe Verwandte von Goldbar und gehört ebenfalls zu den Straightnecks.

Fruchtform: lang gestreckte Keule
Fruchtgröße (L): 30 cm
Gewicht: 500–900 g
Oberfläche: glatt, glänzend, einige Warzen; zuerst goldgelb, später dunkler
Haut: dünn
Fruchtzahl: ergiebig, wenn regelmäßig geerntet wird
Verwendung: wie Yellow Summer Crookneck
Pflanze: buschförmig; Platzbedarf 1 m^2
Samen: cremefarben, kurz-oval, 12 mm x 7 mm
Reifezeit: 50 Tage
Lagerzeit: 5 Monate (reife Früchte)

Sun Drops F1

«Sonnentropfen» nennt sich diese eigenartige Sorte, die 1990 den Preis «All America Selections Winner» erhielt.
Wenn die Früchte regelmäßig gepflückt werden, produziert die Pflanze immer wieder neue Früchte. Sun Drops sollten für die Küche unreif geerntet werden.

Fruchtform: walzenförmig, abgerundet
Fruchtgröße (D x L): 6–9 cm x 8–15 cm
Gewicht: 300–700 g
Oberfläche: glatt, glänzend; zuerst hellgelb, später dunkelgelb
Haut: dünn, hart
Fruchtstiel: kurz, gelb, am Ansatz sehr breit
Fruchtfleisch: hellgelb; fest; butterzart, nussiges Aroma
Verwendung: für Salate, zum Frittieren, als Gemüse
Pflanze: kurze Triebe; längliche dunkelgrüne Blätter, wenige leichte silbrige Flecken, deutlich fünflappig, vor allem beidseitig des mittleren Lappens tief eingeschnitten, Blattrand gezähnt; Platzbedarf 1,2 m^2
Samen: cremefarben; deutlich länger als breit, 12 mm x 7 mm
Reifezeit: 50 Tage
Lagerzeit: 2–3 Monate

Ronde de Nice

Sommerkürbis

Diese europäische Sorte kann wie Zucchini verwendet werden. Die Früchte sollten unreif geerntet werden, d. h. wenn sie maximal 10 cm lang sind; in diesem Stadium sind sie am zartesten und die Pflanze macht immer wieder neue Früchte. Überreife Früchte werden fasrig, trocken und schwammig.

Fruchtform: rund, leicht abgeflacht
Fruchtgröße (D x H): 15–21 cm x 14–16 cm
Gewicht: 2–3 kg
Oberfläche: glatt, glänzend; 10 enge, aber deutliche Rippen; Runzeln am Stielansatz, die in Richtung Blütenansatz allmählich verschwinden; dunkelgrün, regelmäßig marmoriert mit kleinen helleren Flecken
Haut: dünn, mittelhart
Fruchtstiel: grün, kurz, kantig, kräftig
Fruchtfleisch: cremefarben; fest; feines Aroma
Verwendung: für Salate, als Gemüse, zum Füllen
Pflanze: nicht rankend, kurze Triebe; dunkelgrüne Blätter, den Adern entlang mit silbrigen Spiegeln, 5 deutlich getrennte Lappen, stark gezähnter Rand; Platzbedarf 1,2 m^2
Samen: cremefarben, doppelt so lang wie breit, 14 mm x 7 mm; feiner, scharf abgegrenzter Rand
Reifezeit: 45 Tage
Lagerzeit: 2–3 Monate; gilt nur für reife Früchte
Anderer Name: Tondo di Nizza

Rondini

Rondini und verwandte Sorten gehören in Südafrika zu den beliebtesten Früchten. Sie sind kugelrund und können hellgrün bis fast schwarz sein. Die stark rankenden Pflanzen lassen sich leicht an einem Gitter hochziehen. Sie sind sehr ergiebig und produzieren bei sonniger Lage 10 bis 20 Früchte, nicht selten sogar mehr.

Rondini werden wie Zucchini verwendet. Jung und mit cremefarbenem zartem Fruchtfleisch und weichem Kern schmecken sie am besten. Nach ein paar Wochen Lagerung werden die Früchte heller und die Streifen verfärben sich orange. Das Fruchtfleisch verfärbt sich dunkel, es wird fasrig und bekommt einen unangenehmen Geschmack.

Rolet

Die Rolets gehören in Südafrika zu den beliebtesten Früchten und werden entsprechend häufig angepflanzt. Ihren Name verdanken sie wahrscheinlich ihrer runden Form. Bei uns in Europa werden diese kugelrunden Kürbisse stets unter dem Namen «Rondini» angeboten.

Fruchtform: kugelrund
Fruchtgröße (D): 7–10 cm
Gewicht: 100–200 g
Oberfläche: glatt; hell- bis dunkelgrün, mit goldenen Streifen
Haut: hart
Fruchtstiel: dunkelgrün
Fruchtzahl: bis 20
Fruchtfleisch: dünn; im unreifen Zustand gelblich; dezentes Nussaroma
Verwendung: zum Füllen, als Gemüse
Pflanze: stark rankend, 3 m lange Triebe; kleine, eckige Blätter, dreilappig, deutlich eingeschnitten und den Adern entlang mit spärlichen silbrigen Flecken; Platzbedarf: 3 m^2
Samen: klein, etwa 1,5 Mal so lang wie breit
Reifezeit: 80 Tage
Lagerzeit: 3–4 Monate
Anderer Name: Rondini

◁ Little Gem

Diese südafrikanische Züchtung ist im Ursprungsland ähnlich stark verbreitet und so populär wie Rolet. Der englische Name heißt übersetzt «kleiner Edelstein».

Fruchtform: kugelrund
Fruchtgröße (D): 8–12 cm
Gewicht: 100–200 g
Oberfläche: glatt, dunkelgrün bis fast schwarz
Haut: hart
Fruchtzahl: 15–16
Fruchtfleisch: wie Rolet
Verwendung: wie Rolet
Pflanze: wie Rolet
Samen: klein, etwa 1,5 Mal so lang wie breit
Reifezeit: 80 Tage
Lagerzeit: 3–4 Monate

Pomme d'Or

«Goldapfel» wird vor allem in Frankreich angepflanzt.

Fruchtform: kugelrund
Fruchtgröße (D): 6–8 cm
Gewicht: 100–200 g
Oberfläche: glatt; zuerst gelblich, dann einheitlich orange
Haut: hart
Fruchtzahl: 15–20
Fruchtfleisch: gelb; dünnschichtig, fasrig; mit diskretem nussigem Geschmack
Verwendung: wie Rolet
Pflanze: wie Rolet
Samen: beige; klein, 12 mm lang, etwas länger als breit
Reifezeit: 80 Tage
Lagerzeit: bis 1 Jahr (Dekoration)

Pâtissons
Sommerkürbisse

Die Pâtissons stammen aus dem östlichen Amerika, wo sie je nach Region einen anderen Namen tragen. Die älteste bekannte Abbildung eines Pâtisson findet sich im Werk «Plantarum Seu Stirpium Icones» von Matthias de l'Obel, einem berühmten Botaniker des Mittelalters. Inzwischen haben sich diese Früchte überall etabliert. Der Name «Pâtisson» stammt aus der

Pâtisson blanc

Fruchtform: diskusförmig
Fruchtgröße (D): 16–25 cm
Gewicht: 1–2 kg
Oberfläche: glatt; weiß
Haut: dünn
Fruchtstiel: lang, fünfkantig
Fruchtzahl: ergiebig, wenn regelmäßig geerntet wird
Fruchtfleisch: weiß; dick, wässrig, ziemlich fest; zu Beginn mäßig, später deutlich süß, dezentes Kürbisaroma
Verwendung: roh für Salate, zum Frittieren, Backen, Füllen und Einmachen
Pflanze: buschförmig, nicht rankend, 80 cm lange Triebe; langstielige dunkelgrüne Blätter, deutlich eckig gelappt, gezähnter Rand; Platzbedarf 1,5 m^2
Samen: cremefarben; oval, 14 mm lang, fein gerandet
Reifezeit: 90 Tage
Erntezeit: ab 55 Tagen
Andere Namen: Kaisermütze, Bischofsmütze, Ufos, White Bush Scallop, White Patty Pan, Bonnet de Prêtre, Bonnet d'Electeur, Artichaut d'Espagne

Butter Scallop F1

Neue amerikanische Züchtung. Der Name besagt, dass die Früchte cremefarben und butterzart sind.

Fruchtform: diskusförmig
Fruchtgröße (D): 9–12 cm
Gewicht: 300–400 g
Oberfläche: glatt; cremefarben, später weißlich
Haut: dünn
Fruchtstiel: lang, fünfkantig
Fruchtzahl: sehr ergiebig, wenn regelmäßig geerntet wird
Fruchtfleisch: cremefarben; ansonsten siehe Pâtisson blanc
Verwendung: wie Pâtisson blanc
Pflanze: wie Pâtisson blanc; Platzbedarf: 2 m^2
Samen: cremefarben; klein, oval, 11 mm x 7 mm
Reifezeit: 90 Tage
Erntezeit: ab 50 Tagen

Pâtisson Bennings' Green Tint

Dieser Pâtisson wird vor allem in Neuseeland und in Australien angepflanzt.

Fruchtform: diskusförmig
Fruchtgröße (D): 12–20 cm
Gewicht: 0,5–1,2 kg
Oberfläche: matt; blassgrün
Haut: dünn
Fruchtstiel: lang, fünfkantig
Fruchtzahl: sehr ergiebig, wenn regelmäßig geerntet wird; bis 10 kg
Fruchtfleisch: wie Pâtisson blanc
Verwendung: wie Pâtisson blanc; kann wie ein Apfel gegessen werden
Pflanze: wie Pâtisson blanc; Platzbedarf: 1,5 m^2
Samen: cremefarben; oval, länglich, 12 mm x 8 mm, deutlicher Rand
Reifezeit: 90 Tage
Erntezeit: ab 50 Tagen
Andere Namen: Green Button, Pâtisson vert pâle de Bennings'

Provence und lässt damit eine große Verbundenheit des Kürbisses mit der französischen Kultur erahnen. Pâtissons sind diskusförmig, manchmal etwas glockenförmig und sehen von vorn meist wie eine Blüte aus. Es gibt weiße, gelbe, orange, blassgrüne und dunkelgrüne Früchte. Junge Pâtissons haben ein feines, artischockenähnliches Aroma. Für die Küche sollten sie jung und regelmäßig geerntet werden, dann sind die Pflanzen sehr ergiebig und produzieren laufend neue Früchte. Junge Früchte brauchen nicht geschält und entkernt zu werden, da die Haut noch weich und die Kerne noch nicht ausgebildet sind. Pâtissons sind beliebte Dekorationsgegenstände. Für diesen Zweck müssen die Früchte reif gepflückt werden.

Scallopini F1

Diese relativ alte, bewährte grüne Pâtisson-Sorte hat 1977 die Auszeichnung «All America Selections Winner» erhalten.

Fruchtform: diskusförmig, leicht glockenförmig
Fruchtgröße (D): 9–12 cm
Gewicht: 300–500 g
Oberfläche: glatt; dunkelgrün, manchmal mit helleren Streifen
Haut: dünn
Fruchtstiel: lang, fünfkantig
Fruchtzahl: sehr ergiebig, wenn laufend geerntet wird
Fruchtfleisch: grünlich; fruchtig; siehe auch Pâtisson blanc
Verwendung: wie Pâtisson blanc
Pflanze: halb buschförmig; siehe auch Pâtisson blanc; Platzbedarf 2 m^2
Samen: cremefarben; breit-oval, 13 mm x 9 mm, fein gerandet
Reifezeit: 90 Tage
Erntezeit: ab 50 Tagen

Pâtisson orange

Diese alte französische Züchtung hat ähnliche Eigenschaften wie der weiße Pâtisson.

Fruchtform: diskusförmig
Fruchtgröße (D): 12–18 cm
Gewicht: 400–600 g
Oberfläche: glatt; leuchtend orange
Haut: dünn
Fruchtstiel: lang, fünfkantig
Fruchtzahl: sehr ergiebig, wenn regelmäßig geerntet wird; bis 10 kg
Fruchtfleisch: gelblich; siehe auch Pâtisson blanc
Verwendung: wie Pâtisson blanc
Pflanze: wie Pâtisson blanc; Platzbedarf: 1,5 m^2
Samen: cremefarben; oval, 13 mm x 8 mm, fein gerandet.
Reifezeit: 90 Tage
Erntezeit: ab 50 Tagen, sobald die Früchte einen Durchmesser von ca. 7 cm haben
Anderer Name: Yellow Bush Scallop

Sunburst F1

Diese relativ alte, bewährte goldgelbe Sorte hat 1985 die Auszeichnung «All America Selection Winner» erhalten.

Fruchtform: glockenförmig
Fruchtgröße (D): 10–13 cm
Gewicht: 200–300 g
Oberfläche: glatt; leuchtend gelb, mit dunkelgrünem Fleck um Stiel- und Blütenansatz
Haut: dünn
Fruchtstiel: lang, fünfkantig
Fruchtzahl: sehr ergiebig, wenn laufend geerntet wird
Fruchtfleisch: gelblich; fruchtig; siehe auch Pâtisson blanc
Verwendung: wie Pâtisson blanc
Pflanze: wie Pâtisson blanc; Platzbedarf: 1,5 m^2
Samen: cremefarben; breit-oval, 13 mm x 9 mm, sehr fein gerandet
Reifezeit: 90 Tage
Erntezeit: ab 55 Tagen, sobald die Früchte einen Durchmesser von ca. 7 cm haben
Küche: die Früchte können auch roh gegessen werden

Sunny Delight F1

Sunny Delight ist eine neue amerikanische Züchtung.

Fruchtform: diskusförmig
Fruchtgröße (D): 9–12 cm
Gewicht: 300–400 g
Oberfläche: glatt; einfarbig, leuchtend gelb
Haut: dünn
Fruchtstiel: lang, fünfkantig
Fruchtzahl: sehr ergiebig, wenn laufend geerntet wird
Fruchtfleisch: gelblich; siehe auch Pâtisson blanc
Verwendung: wie Pâtisson blanc
Pflanze: wie Pâtisson blanc; Platzbedarf 2 m²
Samen: cremefarben; oval, 11 mm x 7 mm, sehr fein gerandet
Reifezeit: 90 Tage
Erntezeit: ab 43 Tagen

Pâtisson blanc panaché de vert

Fruchtform: diskusförmig
Fruchtgröße (D): 20 cm
Gewicht: 1–2 kg
Oberfläche: glatt; anfangs schneeweiß, später grüne Streifen
Haut: dünn
Fruchtstiel: lang, fünfkantig
Fruchtzahl: 4–5, wenn reif geerntet
Verwendung: wie Pâtisson blanc
Pflanze: anfänglich buschförmig, später kurze Triebe; Platzbedarf 1,5 m²
Samen: cremefarben; lang-oval, 13–15 mm
Reifezeit: 90 Tage
Lagerzeit: 3–4 Monate

Pâtisson jaune panaché de vert

Diese schöne Sorte ist gegen 1850 in Frankreich durch Kreuzung eines weißen Pâtisson mit dem nordamerikanischen Yellow entstanden.

Fruchtform: diskusförmig
Fruchtgröße (D): 15–20 cm
Gewicht: 1–1,3 kg
Oberfläche: glatt; cremefarben bis gelblich, mit 10 ausgefransten dunkelgrünen Streifen
Haut: dünn
Fruchtstiel: lang, fünfkantig
Fruchtzahl: 4–5, wenn reif geerntet
Verwendung: für Dekorationen; zum Essen nicht zu empfehlen
Pflanze: anfänglich buschförmig, später kurze Triebe; Platzbedarf 1,5 m²
Samen: cremefarben, oval-lang, 14 mm
Reifezeit: 90 Tage
Lagerzeit: bis 5 Monate

Pâtisson verruqueux panaché

Dieser Pâtisson ist mit Bestimmtheit eine europäische Züchtung; vermutlich stammt er aus Frankreich.

Fruchtform: diskusförmig
Fruchtgröße (D): 15–20 cm
Gewicht: 1–1,3 kg
Oberfläche: gewarzt; weiß oder gelblich-weiß gefleckt, mit zehn dunkleren Streifen
Haut: dünn
Fruchtstiel: lang, fünfkantig
Fruchtzahl: 4–5
Verwendung: wie Pâtisson blanc
Pflanze: wie Pâtisson blanc; Platzbedarf 1,5 m²
Samen: cremefarben; oval-lang, 13–15 mm
Reifezeit: 100–110 Tage
Lagerzeit: 4 Monate

Acorn

Acorn-Früchte sind eichelförmig und haben meistens 10 deutliche Längsrippen. Die Oberfläche ist glatt und glänzend und normalerweise grün bis dunkelgrün. Es gibt aber auch Sorten mit weißlicher, cremefarbener und oranger Haut.

Die Reifezeit beträgt 70 bis 90 Tage. Die Früchte sollten reif geerntet und regelmäßig gepflückt werden. Für den Reifetest kann man den Spiegel prüfen, der durch das Aufliegen der Frucht auf dem Boden entsteht: wenn er orange ist, dann kann geerntet werden.

Die Acorn-Sorten sind nicht nur sehr dekorativ, sie sind auch wegen ihres Haselnussgeschmacks in der amerikanischen Küche sehr beliebt.

Ebony Table Queen

Die «Ebenholz-Tischkönigin» wurde von Dr. Henry Munger an der Cornell-Universität entwickelt.

Fruchtform: eichelförmig
Fruchtgröße (D x H): 10–14 cm x 15–18 cm
Gewicht: 0,6–1,2 kg
Oberfläche: glatt, glänzend, 10 Längsrippen; intensiv dunkelgrün
Haut: hart, knapp essbar
Fruchtstiel: dunkelgrün; sehr lang
Fruchtzahl: 5–6
Fruchtfleisch: wie Table Queen
Verwendung: wie Table Queen
Pflanze: wie Table Queen; Platzbedarf 2 m^2
Samen: beige, klein, 13 mm, nur wenig länger als breit
Reifezeit: 80 Tage
Lagerzeit: 3–6 Monate

◁

◁ Table Queen

Die «Tischkönigin» ist die älteste Acorn-Sorte. Sie stammt ursprünglich aus North Dakota, wo sie von den dortigen Indianern angebaut wurde. Sie wurde 1913 von der Iowa Seed Company in den USA eingeführt und ist inzwischen weit verbreitet und beliebt.

Fruchtform: eichelförmig
Fruchtgröße (D x H): 10–12 cm x 10–13 cm
Gewicht: 0,6–1,2 kg
Oberfläche: glatt, glänzend, 10 Längsrippen; grün, mit winzigen weißlichen Flecken
Haut: hart, knapp essbar
Fruchtstiel: dünkelgrün; sehr lang
Fruchtzahl: 5–8
Fruchtfleisch: cremefarben bis gelblich; dick, trocken, leicht fasrig; süß, feines dezentes Haselnussaroma
Verwendung: für Ofengerichte, Salat, zum Backen, Braten, Füllen, frisch zum Rohessen, auch für Süßspeisen
Pflanze: buschförmig, 2,5 m lange Triebe; langstielige, mittelgroße Blätter, länglich-sternförmig, deutlich fünflappig und tief eingeschnitten; Platzbedarf 2–3 m^2
Samen: beige, klein, 13 mm, 1,5 Mal so lang wie breit
Reifezeit: 90 Tage
Lagerzeit: 5–7 Monate
Andere Namen: Reine de la Table, Danish, Pepper Squash

Mesa Queen F1

«Dunkle Königin» ist eine neue amerikanische Hybrid-Sorte

Fruchtform: eichelförmig
Fruchtgröße (D x H): 13–15 cm x 13–15 cm
Gewicht: 700 g
Oberfläche: glatt, glänzend, 10 Längsrippen; einfarbig schwarz-grün
Haut: hart, knapp essbar
Fruchtstiel: dunkelgrün; sehr lang
Fruchtzahl: 5–6
Fruchtfleisch: wie Table Queen
Verwendung: wie Table Queen
Pflanze: halb buschförmig; siehe auch Table Queen
Samen: beige, klein, 13 mm, 1,5 Mal länger als breit
Reifezeit: 75 Tage, Frühsorte
Lagerzeit: 3–6 Monate

Autumn Queen

Die «Herbstkönigin» ist eine Frühsorte.

Fruchtform: länglich, eichelförmig
Fruchtgröße (D x H): 8–14 cm x 10–15 cm
Gewicht: 400–600 g
Oberfläche: glatt, glänzend, 10 Längsrippen; intensiv dunkelgrün, später stellenweise orange
Haut: hart
Fruchtstiel: dunkelgrün, sehr lang
Fruchtzahl: 8 und mehr
Fruchtfleisch: wie Table Queen
Verwendung: wie Table Queen
Pflanze: halb buschförmig; siehe auch Table Queen; Platzbedarf 2–3 m²
Samen: beige; länglich, fast doppelt so lang wie breit
Reifezeit: 75 Tage, Frühsorte
Lagerzeit: 4-6 Monate

Table King

«Tischkönig», wurde von Dr. Scarchuk an der Universität von Connecticut entwickelt und hat 1974 den Preis «All America Selections Winner» erhalten.

Fruchtform: eichelförmig
Fruchtgröße (D x H): 10–14 cm x 15–18 cm
Gewicht: 0,7–1,5 kg, durchschnittlich 1 kg
Oberfläche: glatt, glänzend, 10 Längsrippen; intensiv dunkelgrün, fast schwarz, mit sehr feinen weißlichen Flecken
Haut: hart, knapp essbar
Fruchtstiel: dunkelgrün, sehr lang
Fruchtzahl: 5–8; pro Pflanze bis 6 kg
Fruchtfleisch: wie Table Queen
Verwendung: wie Table Queen
Pflanze: stark buschförmig; siehe auch Table Queen; Platzbedarf: 2 m²
Samen: beige, klein, 13 mm, wenig länger als breit
Reifezeit: 80 Tage
Lagerzeit: 3–6 Monate

Early Acorn

Die «Frühe Eichel» ist von extrem dunkler Farbe.

Fruchtform: länglich, eichelförmig
Fruchtgröße (D x H): 12–14 cm x 15–18 cm
Gewicht: 0,5–1 kg
Oberfläche: glatt, glänzend, 10 Längsrippen; intensiv dunkelgrün, fast schwarz, mit sehr feinen weißlichen Flecken
Haut: hart
Fruchtstiel: dunkelgrün, sehr lang
Fruchtzahl: 5–8
Fruchtfleisch: wie Table Queen
Verwendung: wie Table Queen
Pflanze: halb buschförmig; siehe auch Table Queen; Platzbedarf: 2–3 m²
Samen: beige; 13 mm, etwas länger als breit
Reifezeit: 75 Tage, Frühsorte
Lagerzeit: 5–7 Monate

Table Ace F1

Fruchtform: länglich, eichelförmig
Fruchtgröße (D x H):
10–12 cm x 15–16 cm
Gewicht: 0,7–1,1 kg
Oberfläche: glatt, glänzend, 10 wenig ausgeprägte Längsrippen; intensiv dunkelgrün, fast schwarz
Haut: hart
Fruchtstiel: dunkelgrün, sehr lang
Fruchtzahl: 5–8
Fruchtfleisch: wie Table Queen
Verwendung: wie Table Queen
Pflanze: halb buschförmig; siehe auch Table Queen; Platzbedarf 2–3 m^2
Samen: beige; klein, 13 mm, 1,5 Mal länger als breit
Reifezeit: 80 Tage
Lagerzeit: 2–5 Monate

Table Gold

«Tafel-Gold» wurde mit dem Preis «All America Selections Winner» ausgezeichnet. Diese Sorte wurde unter dem Namen «Jersey Golden Acorn» von einem Forscher und Züchter namens O. Shifriss in der Rutgers University entwickelt.

Fruchtform: länglich, eichelförmig
Fruchtgröße (D x H):
8–11 cm x 10–12 cm
Gewicht: durchschnittlich 600 g
Oberfläche: glatt, glänzend, 10 Längsrippen; hellgelb, reife Früchte sind orange
Haut: hart
Fruchtstiel: dunkelgrün, sehr lang
Fruchtzahl: 5–8
Fruchtfleisch: orange, dick; süß, erinnert ein bisschen an Süßmais.
Verwendung: als Rohkost, wenn die hellgelben Früchte die Größe eines Tennisballs haben; siehe auch Table Queen
Pflanze: buschförmig; siehe auch Table Queen; Platzbedarf 2 m^2
Samen: beige; nur wenig länger als breit
Reifezeit: 90–95 Tage
Lagerzeit: 2–4 Monate

Tay Belle F1

Der Name ist wahrscheinlich ein Wortspiel und bedeutet «Ta-ble».

Fruchtform: länglich, eichelförmig
Fruchtgröße (D x H):
11–14 cm x 12–15 cm
Gewicht: 500–800 g
Oberfläche: glatt, glänzend, 10 Längsrippen; intensiv dunkelgrün, fast schwarz
Haut: hart
Fruchtstiel: dunkelgrün, sehr lang
Fruchtzahl: 5–8
Fruchtfleisch: wie Table Queen
Verwendung: wie Table Queen
Pflanze: halb buschförmig; siehe auch Table Queen; Platzbedarf 2–3 m^2
Samen: beige; klein, 13 mm, wenig länger als breit
Reifezeit: 70 Tage
Lagerzeit: 3–6 Monate
Besondere Eigenschaften: Frühsorte. Eine weitere Züchtung mit gleichem Namen, aber resistenter gegen Mehltau

Swan White Acorn

«Schwanenweiße Eichel» ist eine relativ junge Sorte.

Fruchtform: länglich, eichelförmig
Fruchtgröße (D x H):
11–15 cm x 13–16 cm
Gewicht: 0,5–1,1 kg
Oberfläche: glatt, glänzend, 10 Längsrippen; weiß bis cremefarben, später gelblich
Haut: hart, jedoch weicher als bei anderen Acorns
Fruchtstiel: dünn, meist sehr lang
Fruchtzahl: 5–6
Fruchtfleisch: wie Table Queen
Verwendung: wie Table Queen
Pflanze: halb buschförmig; siehe auch Table Queen; Platzbedarf 2–3 m^2
Samen: beige, klein, 13 mm, wenig länger als breit
Reifezeit: 90 Tage
Lagerzeit: 3–6 Monate
Besondere Eigenschaften: wird gegenüber dem Hybriden «Cream of the Crop» bevorzugt, da das Aroma abgerundeter ist

Cream of the Crop F1

Diese weiße Sorte ist bereits Ende der 80er Jahre auf den Markt gekommen. Ihr Name «Creme (= die Beste) der Ernte» tönt vielversprechend.

Fruchtform: länglich, eichelförmig
Fruchtgröße (D x H): 11–15 cm x 12–16 cm
Gewicht: 0,6–1,1 kg
Oberfläche: glatt, glänzend, 10 Längsrippen; weiß bis cremefarben, später gelblich
Haut: hart, jedoch etwas weicher als bei anderen Acorns
Fruchtstiel: dünn, meist sehr lang
Fruchtzahl: 4–6
Fruchtfleisch: wie Table Queen
Verwendung: wie Table Queen
Pflanze: halb buschförmig; siehe auch Table Queen; Platzbedarf 2–3 m^2
Samen: beige; klein, 13 mm, wenig länger als breit
Reifezeit: 90 Tage
Lagerzeit: 3–5 Monate
Bemerkung: diese Sorte wurde von Swan White Acorn verdrängt, taucht jetzt aber wieder in einigen Verkaufsangeboten auf

Heart of Gold F1

«Herz aus Gold» ist eine neue Züchtung und findet vor allem wegen des prächtigen Aussehens großen Anklang. Auch wenn die Farbe ausgefallen ist, zählt sie doch zur Acorn-Gruppe.

Fruchtform: eichelförmig, nur wenig breiter als lang
Fruchtgröße (D x H): 11–12 cm x 10–12 cm
Gewicht: 0,5–1,1 kg
Oberfläche: glatt, glänzend, 10 Längsrippen; weiß, mit dunkelgrünen Streifen auf den Rippen und einer dunkelgrünen Marmorierung in den Furchen
Haut: hart
Fruchtstiel: dünn, meist sehr lang
Fruchtzahl: 5–8
Fruchtfleisch: wie Table Queen
Verwendung: wie Table Queen
Pflanze: halb buschförmig; siehe auch Table Queen; Platzbedarf 2–3 m^2
Samen: beige, klein, nur wenig länger als breit
Reifezeit: 80 Tage
Lagerzeit: 3-6 Monate

Sucrière du Brésil

Sucrière de Brésil findet man in Zentralamerika und in den USA. Das süße Fruchtfleisch widerspiegelt sich im Namen. Leider sind die sehr schönen Früchte nur 2 bis 5 Monate haltbar.

Fruchtform: zylindrisch, in der Mitte verdickt
Fruchtgröße (D x L): 10–18 cm x 25–38 cm
Gewicht: 2–5 kg, durchschnittlich 4 kg
Oberfläche: glatt, vereinzelt große Warzen; zuerst grünlich, im reifen Stadium gelb-orange
Haut: hart
Fruchtstiel: kantig, dick
Fruchtzahl: 5–8; pro Pflanze ca. 34 kg
Fruchtfleisch: goldgelb; dick, leicht fasrig; süß, durchschnittliche Qualität
Verwendung: für Gratins, Suppen, Marmeladen/Konfitüren
Pflanze: stark rankend, relativ schmale Triebe; mittelgroße dunkelgrüne Blätter, sehr rau, fünflappig, tief ausgeschnitten
Samen: beige, länglich, 15 mm lang
Reifezeit: 90 Tage
Lagerzeit: 2–5 Monate

Melonette Jaspée de Vendée

Diese wunderschöne kugelrunde französische Kürbissorte erinnert mit ihren feinen, regelmäßigen Rissen an Netzmelonen. Das Wort «Jaspée» stammt von Jaspis, einem farbigen Mineral.

Die Früchte können laufend geerntet werden. Für kulinarische Zwecke sollten sie nicht älter als 2 Monate sein. Die Sorte ist sehr feuchtigkeitsempfindlich; an einem trockenen Ort kann die Lagerzeit etwas verlängert werden. Dank ihrer Größe und ihrer außergewöhnlichen Struktur ist Melonette Jaspée de Vendée auch ein beliebter Dekorationsgegenstand.

Fruchtform: kugelrund
Fruchtgröße (D): 15 cm
Gewicht: 1–2 kg
Oberfläche: feine Risse; gelb-orange
Haut: dünn, hart
Fruchtstiel: kantig, stark verholzt
Fruchtzahl: 5–8; ca. 11 kg pro Pflanze
Fruchtfleisch: orange; mitteldick; süß, feiner Kürbisgeschmack, gute Qualität
Verwendung: für Suppen, Marmeladen/Konfitüren
Pflanze: rankend, bis 3 m lange Ranken; mittelgroße, eingeschnittene Blätter; Platzbedarf 3 m^2
Samen: cremefarben; 1,5 Mal so lang wie breit, sehr fein gerandet
Reifezeit: 90–100 Tage
Lagerzeit: 2–4 Monate

Tonda Padana

Auf dem europäischen Markt wird diese Kürbissorte unter ihrem italienischen Namen verkauft. In ihrer Heimat in Südamerika heißt sie «Mongogo». «Tonda Padana» bedeutet die Runde von Padanien, der Po-Ebene. Die Pflanze braucht für ihr Gedeihen viel Wärme.

Die Früchte können unreif geerntet und wie Zucchini verwendet werden. Oder man lässt die Kürbisse ausreifen und verwertet sie noch im Erntejahr. Die mit starken Wülsten verstärkte Frucht ist auch eine ideale Suppenschüssel. Die Samen schmecken übrigens auch ausgezeichnet.

Fruchtform: kugelrund, oben und unten leicht abgeflacht
Fruchtgröße (D): 15–20 cm
Gewicht: 2–4 kg
Oberfläche: leicht rau; dunkelgrün, mit 10 gelb gefärbten Längswülsten
Haut: hart
Fruchtstiel: kantig, sehr hart, sehr lang
Fruchtzahl: 2–5
Fruchtfleisch: intensiv gelb; dick; zart, intensives Marroni-Aroma
Verwendung: für Suppen, zum Braten und Backen
Pflanze: rankend, 2–3 m lange Triebe; mittelgroße hellgrüne Blätter, stark ausgeschnitten, stachelig; Platzbedarf 3 m^2
Samen: cremefarben; länglich, fast doppelt so lang wie breit
Reifezeit: 120 Tage
Lagerzeit: 4–7 Monate
Anderer Name: wird oft unter dem Namen Kumi Kuri verkauft

Mogango Enrugado mineiro

Dieser sehr schöne, exklusive Kürbis ist in Brasilien weit verbreitet und beliebt. Der Name heisst soviel wie «Rauer Kürbis do mineiro» (Bergmann). Die Pflanze braucht für ihr Gedeihen viel Wärme.

Fruchtform: hochrund; starke, ausgeprägte Wülste an der Basis, gegen die Blütenseite weniger ausgeprägt und flacher
Fruchtgröße (D x L): 16–18 cm x 25–35 cm
Gewicht: 2–4 kg
Oberfläche: matt; gräulich-grün
Haut: dünn, hart
Fruchtstiel: stachelig, fünfkantig, sehr hart, übermäßig dick und sehr lang
Fruchtzahl: 3–4
Fruchtfleisch: gelblich; 3 cm dick; leicht fasrig, feines Marroni-Aroma
Verwendung: als Gemüse, für Gratins, Süßspeisen, für Konfitüren/Marmeladen
Pflanze: stark rankend, 5 m lange Triebe; mittelgroße hellgrüne Blätter, stark ausgeschnitten, Rand deutlich gewellt; Platzbedarf 4 m^2
Samen: beige; mehr als doppelt so lang wie breit, fein und deutlich gerandet
Reifezeit: 120 Tage
Lagerzeit: 3 Monate (Küche), 4–6 Monate (Dekoration)

Citrouille de Touraine – Evergreen

Die großen zylindrischen Kürbisse haben leichte, meist undeutliche Längsrippen. Sie sind entweder grünlich grau mit helleren Musterstreifen oder im unreifen Stadium einfarbig grau und im reifen Stadium gelblich mit dunkelgrünen Streifen.

Die Samen können mit keiner anderen bekannten Sorte verwechselt werden.

Die Kürbisse sind normalerweise im September reif und können geerntet werden. Dank ihrer Größe und ihrer ungewöhnlichen Farbe sind sie ein attraktives Ausstellungsobjekt. Leider sind sie nur 2 bis maximal 6 Monate haltbar.

Das Fruchtfleisch ist zwar genießbar, aber fasrig und für die menschliche Ernährung ungeeignet. Die Früchte werden meistens dem Vieh verfüttert. Obwohl Haus- und Nutztiere anfänglich keine grosse Lust auf die Kürbisse verspüren, kann man sie leicht an das Futter gewöhnen. So werden die Kürbisse im Winter zu einem willkommenen Nahrungsmittel für Kühe, Schweine, Kaninchen und auch Hühner. Für die Tiere sind die in den Samen enthaltenen Substanzen zudem ein natürliches Entwurmungsmittel.

Citrouille de Touraine

Typische alte französische Sorte

Fruchtform: zylindrisch
Fruchtgröße (D x L):
25–50 cm x 40–70 cm
Gewicht: 8–15 kg
Oberfläche: glatt, dünn; zuerst einfarbig grau, später gelblich, mit dunkelgrünen Streifen
Haut: dünn
Fruchtstiel: kantig, kurz, dick
Fruchtzahl: 4–6
Fruchtfleisch: cremefarben bis gelblich, 3 cm dick; leicht fasrig, schwammig; minderwertige Qualität;
Verwendung: als Tierfutter
Pflanze: stark rankend, 6–7 m lange Triebe; sehr grosse, abgerundete Blätter, 3 nicht deutlich eingeschnittene Lappen;
Platzbedarf 5 m^2
Samen: weißlich; sehr gross,
25 mm x 18 mm, 3 mm dick, breiter Rand
Reifezeit: 100 Tage
Lagerzeit: 3–6 Monate
Bemerkung: Verschiedene Autoren erwähnen Riesenfrüchte von bis 50 kg Gewicht, was bei einem Vertreter der Art C. pepo mit Vorsicht aufzunehmen ist.

Evergreen

Die Frucht ist auch im ausgereiften Stadium grün, deshalb der Name «Immergrün». Evergreen ist eine nahe Verwandte von Citrouille de Touraine.

Fruchtform: zylindrisch
Fruchtgröße (D x L):
25–30 cm x 40–60 cm
Gewicht: bis 25 kg
Oberfläche: leicht rau, dünn; einfarbig grünlich grau, hellere Musterstreifen
Haut: dünn
Fruchtstiel: kantig, kurz, dick
Fruchtzahl: 2–4
Fruchtfleisch: wie Citrouille de Touraine
Verwendung: als Tierfutter
Pflanze: wie Citrouille de Touraine
Samen: sehr groß,
25 mm x 18 mm, 3 mm dick, breiter Rand
Reifezeit: 110 Tage
Lagerzeit: 2–4 Monate

Spaghetti-Kürbis und Verwandte

Das hellgelbe Fruchtfleisch besteht aus langen, spaghetti-ähnlichen Fasern, die durch den Garprozess ein nussähnliches Aroma bekommen.

Es gibt buschförmige bis ziemlich stark rankende Pflanzen. Der Spaghetti-Kürbis ist keine Kletterpflanze, er lässt sich aber ohne weiteres an Gittern hochziehen.

Wenn die Früchte reif sind, stirbt die Mutterpflanze meist wegen Mehltau ab. Dies kann schon im Juli der Fall sein, was den Kürbis-Anbauer oft in Angst und Schrecken versetzt. Die Früchte selbst sind lange haltbar, mindestens 6 bis 10 Monate.

Der Spaghetti-Kürbis ist so vielseitig verwendbar, dass die Kanadierin Michèle P. Gendron ihm sogar ein ganzes Kochbuch gewidmet hat. Wenn die «Spaghetti» sehr lang werden sollen, schneidet man dem gekochten Kürbis lediglich einen Deckel ab und löst die kreisförmig angeordneten «Fäden» mit einer Gabel vorsichtig heraus. Teilt man die Frucht längs, bekommt man nur kurze Spaghetti.

Spaghetti-Kürbis

Der Spaghetti-Kürbis ist aufgrund seiner Eigenschaften sicherlich eine der interessantesten Sorten und – wie viele andere Kürbisse auch – der Experimentierfreudigkeit der Japaner entsprungen. Sein Vater, T. Sakata, ein berühmter Pflanzenzüchter, entdeckte die Urform in China (Mandschurei). Er war von ihm und seinen Verwendungsmöglichkeiten so fasziniert, dass er den Spaghetti-Kürbis züchtete. Bereits 1930 versuchte er mit der Firma Sakata Seed Company in Yokohama, Japan, die neue Züchtung auf den Markt zu bringen, 1934 unter anderem auch auf den amerikanischen Markt. Die Nachfrage blieb aber aus, und Herr Sakata nahm sie wieder aus seinem Katalog. Fast 30 Jahre später versuchte er es erneut unter dem Namen «Vegetable Spaghetti»; diesmal mit überwältigendem Erfolg! Der Spaghetti-Kürbis ist heute überall beliebt und wird häufig angepflanzt.

Fruchtform: zylindrisch
Fruchtgröße (D x L): 13–16 cm x 20–30 cm
Gewicht: 1,5–3 kg, durchschnittlich 1,7 kg
Oberfläche: glatt; im unreifen Zustand grünlich, später honiggelb und schließlich hellgelb
Haut: hart und undurchlässig
Fruchtstiel: kantig, lang, verholzt
Fruchtzahl: 4–8, manchmal mehr; es wurden schon 15 Früchte und total 30 kg geerntet
Fruchtfleisch: hellgelb; lange, spaghetti-ähnliche Fasern; nussähnliches Aroma, vor allem gekocht
Verwendung: gekocht als Salat, als ganze Frucht zum Dämpfen und Backen
Pflanze: rankend; mittelgroße Blätter, oval, fünflappig, tief eingeschnitten, stark gewellt; Platzbedarf 3 m^2
Samen: beige; länglich, 16 mm, 1,5 Mal so lang wie breit
Reifezeit: 85 Tage
Lagerzeit: 6–10 Monate, selten über 1 Jahr
Andere Namen: Spaghetti Squash, Vegetable Spaghetti

Tivoli F1

Diese amerikanische Züchtung, eine Buschform, ist dem Spaghetti-Kürbis sehr ähnlich. Sie erhielt 1991 den Preis «All America Selections Winner».

Fruchtform: zylindrisch
Fruchtgröße (D x L): 10–17 cm x 15–25 cm
Gewicht: 1–3 kg, durchschnittlich 2,3 kg
Oberfläche: glatt; im unreifen Zustand weißlich, später cremefarben
Haut: hart
Fruchtstiel: kantig, lang; zuerst grün, dann braun verholzt
Fruchtzahl: 4–8, manchmal mehr; es wurden schon 15 Früchte und total 40 kg geerntet
Fruchtfleisch: wie Spaghetti-Kürbis
Verwendung: wie Spaghetti
Pflanze: buschförmig; mittelgroße Blätter, oval, tief eingeschnitten, stark gewellt; Platzbedarf 2 m^2
Samen: beige; länglich, 15 mm, 1,5 Mal länger als breit
Reifezeit: 85 Tage
Lagerzeit: 5–7 Monate

Orangetti F1

Der orange Kürbis ist eine schöne israelische Züchtung, die 1986 lanciert worden ist. Sie stand einige Jahre hoch im Kurs, inzwischen ist sie weniger gefragt.

Fruchtform: zylindrisch
Fruchtgröße (D x L): 10–15 cm x 15–25 cm
Gewicht: 1–2,2 kg
Oberfläche: glatt; gelb-orange, hell marmoriert
Haut: hart
Fruchtstiel: kantig, lang, erstes Sechstel orange, Rest dunkelgrün
Fruchtzahl: 4–8; es wurden schon 13 Früchte und total 25 kg geerntet
Fruchtfleisch: gelb; siehe auch Spaghetti-Kürbis
Verwendung: wie Spaghetti
Pflanze: halb buschförmig; mittelgroße Blätter, länglich, fünflappig, tief eingeschnitten; Platzbedarf 2–3 m^2,
Samen: beige; länglich, 15 mm, 1,5 Mal so lang wie breit
Reifezeit: 85 Tage
Lagerzeit: 3–5 Monate

Stripetti F1

Diese wunderschöne amerikanische Züchtung ist aus der Kreuzung einer Delicata und eines Spaghetti-Kürbisses hervorgegangen. Die grünen Streifen auf cremefarbenem Grund haben zum Namen «Stripetti» geführt.

Fruchtform: zylindrisch
Fruchtgröße (D x L): 10–15 cm x 15–25 cm
Gewicht: 1,5–3 kg, durchschnittlich 2 kg
Oberfläche: glatt; cremefarben, mit grünen Streifen
Haut: hart
Fruchtstiel: kantig, lang; dunkelgrün
Fruchtzahl: 6–10
Fruchtfleisch: wie Spaghetti-Kürbis
Verwendung: wie Spaghetti
Pflanze: rankend; kleine Blätter, fünflappig, wenig ausgeschnitten; Platzbedarf 3 m^2
Samen: beige; länglich, 15 mm, 1,5 Mal so lang wie breit
Reifezeit: 90 Tage
Lagerzeit: 6–10 Monate

Delicata

Der Name hält, was er verspricht! Die Peter Henderson Company führte sie bereits 1894 in die USA ein. Exzellenter Speisekürbis.

Die Früchte können laufend geerntet werden. Der Kürbis sollte nicht länger als 3 Monate gelagert werden, da das Fruchtfleisch mehlig wird und an Qualität verliert.

Delicata ist in den USA auch heute noch sehr beliebt. Wegen ihres süßlichen Aromas, das den Süßkartoffeln ähnlich ist, nennen sie die Amerikaner «Sweet Potato».

Fruchtform: zylindrisch
Fruchtgröße (D x H):
6–8 cm x 20 cm
Gewicht: 400–800 g
Oberfläche: glatt; cremefarben, die dunkelgrünen Längsfurchen werden mit zunehmendem Alter orange
Haut: dünn; frisch verwendbar
Fruchtstiel: dünn, kantig
Fruchtzahl: ca. 10
Fruchtfleisch: cremig-gelb; überreif leicht mehlig, aber von ausgezeichneter Qualität; sehr süß; dezentes nussiges Aroma, fruchtig
Verwendung: für Ofengerichte, Süßspeisen und Eis, zum Füllen, Backen und Rohessen
Pflanze: leicht rankend, kurze Triebe; mittelgroße Blätter, eckig, Lappen deutlich sichtbar; Platzbedarf 2–3 m^2
Samen: beige; klein, 10 mm, rundlich, wenig länger als breit
Reifezeit: 100 Tage
Lagerzeit: 3 Monate für die Küche, 6–8 Monate für Dekorationen
Anderer Name: Sweet Potato

Sweet Dumpling

Diese wunderschöne kleine Kürbissorte kann mit «süßem Dickerchen» übersetzt werden. Sie stammt aus Mexiko und dem südöstlichen Teil der USA, von Texas bis Florida. Mit dem Alter werden die grünen Streifen orange.

Sobald die Früchte cremefarben sind, können sie gepflückt werden. Das Fruchtfleisch ist so fein, dass die Engländer diesem Kürbis den Namen «Edible» = «essbar» gegeben haben. Der ausgesprochen intensive Marroni-Geschmack ist für den Erfolg in den USA und in Europa verantwortlich.

Fruchtform: flachrund, oberer Durchmesser deutlich kleiner als unterer, Stiel vertieft
Fruchtgröße (D x H):
8–12 cm x 7–10 cm
Gewicht: 300–600 g
Oberfläche: creme- bis elfenbeinfarben; 10 dunkelgrüne kantig begrenzte Streifen
Haut: dünn, hart
Fruchtstiel: kantig, lang, verholzt
Fruchtzahl: 6–8, pro Pflanze 4–5 kg
Fruchtfleisch: leicht orange; knackig; süß, feines Marroni-Aroma
Verwendung: wie Delicata
Pflanze: rankend; mittelgroße Blätter, wenig eingeschnitten, Lappen deutlich sichtbar; Platzbedarf 2–3 m^2
Samen: beige; klein, 10 mm, rundlich
Reifezeit: 100 Tage
Lagerzeit: 3–5 Monate
Andere Namen: Little Dumpling, Patidou, Pâte d'Amande, Edible Pumpkin.

Puccini

Diese interessante neue japanische Sorte ist vermutlich dem italienischen Opernkomponist Puccini gewidmet worden.

Die Reifezeit beträgt 95 Tage. Die Früchte können laufend geerntet werden. In der Küche sollten sie noch im Erntejahr verwertet werden, da sie nach 4 bis 6 Monaten mehlig werden und an Aroma verlieren.

In Japan ist diese Sorte speziell wegen ihres eigenartigen Aussehens als Dekoration ein Renner.

Fruchtform: rund, Stiel deutlich vertieft, Blütenseite abgeflacht
Fruchtgröße (D x H):
8–10 cm x 6–7 cm
Gewicht: 200–300 g
Oberfläche: glatt; 10 breite hellgelbe Rippen, in den Furchen satt orange
Haut: dünn, weich
Fruchtstiel: kantig, dünn, lang; grün
Fruchtzahl: 10–20
Fruchtfleisch: cremefarben; süßlich, dezenter nussiger Geschmack, gute Qualität
Verwendung: wie Delicata
Pflanze: stark rankend, 2–3 m lange Triebe; kleine Blätter, spitz gezähnt, wenig eingeschnitten; Platzbedarf 3 m^2
Samen: cremefarben, 12 mm lang
Reifezeit: 95 Tage
Lagerzeit: 4–6 Monate

Mini-Halloween-Kürbisse

Mini-Halloweens können laufend geerntet werden. Vor allem ihrer Größe und ihrer Farbe wegen eignen sie sich besonders gut als Dekoration. Gut ausgereifte Früchte sind 4 bis 8 Monate haltbar, selten länger. In der Küche sollten die Kürbisse innert einiger Wochen verwertet werden, später wird das Fruchtfleisch mehlig, spröde und fasrig.

Jack Be Little

Das ist zweifelsohne der beliebteste und bekannteste Mini-Pumpkin. Sweetie Pie ist nahe verwandt.

Fruchtform: flachrund, vertiefter Stiel
Fruchtgröße (D x H): 7–12 cm x 3–4 cm
Gewicht: 150–300 g
Oberfläche: glatt; 10 deutliche Rippen; einheitlich dunkelorange
Haut: dünn
Fruchtstiel: kantig, sehr lang; dunkelgrün
Fruchtzahl: 10–20; in einem guten Jahr bis 30 Früchte oder 8 kg
Fruchtfleisch: orange, 1 cm dick; süß, knackig, feines Nuss- und Marroni-Aroma, leicht mehlig
Verwendung: zum Füllen, zum Frittieren und Backen
Pflanze: rankend, 2–3 m lange schlanke Triebe; kleine Blätter, eckig, deutlich ausgeschnitten; Platzbedarf 3 m^2
Samen: cremefarben, klein, wenig länger als breit
Reifezeit: 95 Tage
Lagerzeit: 4–8 Monate
Andere Namen: Mini Jack Be, Courge Liliput

Sweetie Pie

Der beliebte Mini-Pumpkin ist chinesischen Ursprungs. In seinem Heimatland ist er eine Delikatesse. Sweetie Pie fand Ende der 80er Jahre den Weg in die USA, wo er seither angebaut wird.

Fruchtform: flachrund
Fruchtgröße (D x H): ca. 8 cm x 5 cm
Gewicht: 150–250 g
Oberfläche: glatt; 10 breite Rippen; einheitlich orange
Haut: dünn
Fruchtstiel: kantig, sehr lang; dunkelgrün
Fruchtzahl: 10–20
Fruchtfleisch: wie Jack Be Little
Verwendung: wie Jack Be Little
Pflanze: wie Jack Be Little
Samen: cremefarben, klein, wenig länger als breit
Reifezeit: 110 Tage
Lagerzeit: bis 7 Monate
Besondere Eigenschaften: anfällig auf Viruserkrankungen, deshalb in einer gewissen Distanz zu Zucchini pflanzen, die ebenfalls sehr anfällig sind

Baby Boo

Diese wunderschöne Minisorte wurde Anfang der 90er Jahre von Sugar Hill Farms entwickelt und durch die Firma Stokes vertrieben. Heute ist die weiße Ausführung von Sweetie Pie weltweit sehr beliebt.

Fruchtform: flachrund
Fruchtgröße (D x H): 5–8 cm x 3–4 cm
Gewicht: 100–200 g
Oberfläche: glatt; 10 abgeflachte Rippen; einheitlich weiß bis cremefarben
Haut: dünn
Fruchtstiel: kantig, sehr lang; dunkelgrün
Fruchtzahl: 10–20
Fruchtfleisch: wie Jack Be Little
Verwendung: wie Jack Be Little
Pflanze: wie Jack Be Little
Samen: cremefarben, klein, nur wenig länger als breit
Reifezeit: 95 Tage
Lagerzeit: 3–7 Monate
Besondere Eigenschaften: exklusive Farbe, geeignet für Dekorationen; vor der vollen Reife sind die Früchte schneeweiß

Halloween-Kürbisse

Die Früchte sind fast kugelrund, flachrund oder hochrund. Die kleinsten wiegen 200–450 g (Wee-B-Little), die größten 7–14 kg (Tallman). Die Oberfläche ist orange bis dunkelorange mit meist sehr leichten oberflächlichen Rippen. Die meisten Sorten eignen sich sehr gut zum Schnitzen. Während der ersten 2 bis 3 Monate finden sie trotz des faden Geschmacks auch in der Küche Verwendung, z. B. für Suppen.

Wee-B-Little F1 (2)

Die neue amerikanische Züchtung erhielt 1999 den Preis «All America Selections Winner».

Fruchtform: flachrund
Fruchtgröße (D x H): 7–9 cm x ca. 6 cm
Gewicht: 200–400 g
Oberfläche: glatt; dunkelorange; leichte oberflächliche Rippen
Haut: mitteldick
Fruchtstiel: kantig, sehr lang (12 cm); grün, zweifarbig
Fruchtzahl: 6–10
Fruchtfleisch: orange; dick; gute Qualität
Verwendung: für Kuchen, Pumpkins, Pies, Suppen, Pürees, Marmeladen/Konfitüren; zum Schnitzen
Pflanze: buschförmig; mittelgroße Blätter, deutlich gelappt, beidseitig des Lappens eingeschnitten; Platzbedarf 2 m²
Samen: beige, klein, 12 mm, wenig länger als breit
Reifezeit: 105 Tage
Lagerzeit: 4–5 Monate

Baby Bear (1)

Die Pumpkin-Sorte wurde 1993 von der Firma Johnny‘s auf den Markt gebracht. Sie entstand aus der Kreuzung von New England Pie und einer kleinen Sorte mit halbnackten Samen. Baby Bear war sofort in ganz Nordamerika ein großer Erfolg.

Fruchtform: kugelrund, oben und unten leicht abgeflacht
Fruchtgröße (D x H): 10–12 cm x ca. 8 cm
Gewicht: 500–900 g
Oberfläche: glatt; dunkelorange; feine Längsfurchen
Haut: mitteldick
Fruchtstiel: kantig, sehr lang; grün, zweifarbig

1

Fruchtzahl: 5–10
Fruchtfleisch: dunkelgelb; dünn; gute Qualität
Verwendung: wie Wee-B-Little
Pflanze: rankend; siehe auch Wee-B-Little; Platzbedarf 3 m²
Samen: klein, länglich; halbnackt (Schale ist auf eine Membran reduziert), schmecken geröstet ausgezeichnet
Reifezeit: 105 Tage
Lagerzeit: 2–3 Monate

2

Little Lantern (3)

«Kleine Laterne» heißt diese wunderschöne amerikanische Sorte.

Fruchtform: fast kugelrund, nur wenig länger als breit
Fruchtgröße (D x H): 10–13 cm x 12–15 cm
Gewicht: 1–3 kg
Oberfläche: glatt; leichte oberflächliche Rippen; dunkelorange
Haut: mitteldick
Fruchtstiel: kantig, sehr lang; grün, zweifarbig
Fruchtzahl: 5–9
Fruchtfleisch: dick; dunkelorange; leicht schwammig, durchschnittliche Qualität
Verwendung: wie Wee-B-Little
Pflanze: rankend; siehe auch Wee-B-Little; Platzbedarf 3 m^2
Samen: weißlich, dick, fast doppelt so lang wie breit
Reifezeit: 100 Tage
Lagerzeit: 3–5 Monate

Peek-a-Boo F1 (4)

Diese Sorte ist bis jetzt wenig verbreitet. Ihr Name beruht sehr wahrscheinlich auf einem Wortspiel.

Fruchtform: kugelrund
Fruchtgröße (D): 10–15 cm
Gewicht: 1,5–1,8 kg
Oberfläche: glatt; feine Längsfurchen; orange
Haut: mitteldick
Fuchtstiel: kantig, sehr lang; grün, zweifarbig
Fruchtzahl: 4–5
Fruchtfleisch: gelb-orange, fest; ausgeprägtes Kürbis-Aroma
Verwendung: wie Wee-B-Little
Pflanze: rankend; siehe auch Wee-B-Little; Platzbedarf 3 m^2
Samen: beige; klein, oval, deutlich gerandet
Reifezeit: 95 Tage
Lagerzeit: 2–4 Monate

Small Sugar (5)

Diese bekannte und beliebte Sorte wurde bereits vor 1865 auf dem amerikanischen Markt eingeführt.

Fruchtform: fast kugelrund
Fruchtgröße (D x H): 20–25 cm x ca. 18 cm
Gewicht: 2–4 kg
Oberfläche: glatt; wenig ausgeprägte Längsrippen; im unreifen Stadium grün, später orange
Haut: mitteldick
Fruchtstiel: kantig, sehr lang; grün, zweifarbig
Fruchtzahl: 7–10
Fruchtfleisch: gelb-orange, dick; süß, etwas fasrig
Verwendung: wie Wee-B-Little
Pflanze: wie Wee-B-Little; Platzbedarf 3 m^2
Samen: cremefarben, 2 Mal länger als breit
Reifezeit: 100–110 Tage, die Frühsorten (Early Sugar) brauchen nur 90 Tage
Lagerzeit: 4–6 Monate
Andere Namen: vermutlich gleiche oder sehr nahe verwandte Sorten sind Sugar Pie, Small Sugar or Pie, New England Pie, Boston Pie, Early Small Sugar

Ghost Rider (6)

Eine weit verbreitete amerikanische Pumpkin-Sorte

Fruchtform: kugelrund
Fruchtgröße (D): 16–30 cm
Gewicht: 5–10 kg
Oberfläche: glatt; dunkelorange; feine Längsfurchen
Haut: mitteldick
Fruchtstiel: fünfkantig, sehr lang; grün, zweifarbig
Fruchtzahl: 2–4
Fruchtfleisch: hellorange; 3 cm dick; süß, feines Kürbisaroma
Verwendung: wie Wee-B-Little
Pflanze: rankend; siehe auch Wee-B-Little; Platzbedarf 3 m^2
Samen: cremefarben; länglich, 17 mm x 10 mm
Reifezeit: 115 Tage (Spätsorte)
Lagerzeit: 3–6 Monate

3

4

5

6

7

8

9

10

Spooktacular F1 (7)

Der Name der neuen amerikanischen Züchtung bezieht sich auf ihre Verwendung, nämlich Halloween: spook = Spuk.

Fruchtform: rund, oben und unten deutlich abgeflacht
Fruchtgröße (D x H): ca. 15 cm x 12 cm
Gewicht: 2–3 kg
Oberfläche: glatt; dunkelorange, nur leicht angedeutete Rippen
Haut: mitteldick
Fruchtstiel: kantig, sehr lang; grün, zweifarbig
Fruchtzahl: 4–6
Fruchtfleisch: orange; dick; durchschnittliche Qualität
Verwendung: wie Wee-B-Little
Pflanze: rankend, siehe auch Wee-B-Little; Platzbedarf 3 m^2
Samen: cremefarben; 1,5 Mal so lang wie breit
Reifezeit: 95 Tage
Lagerzeit: 4–7 Monate

Winter Luxury (8)

Winter Luxury ist ein attraktiver Winterkürbis, er zählt zu den Pumpkins.

Fruchtform: fast kugelrund
Fruchtgröße (D): 15–25 cm
Gewicht: 2–5 kg
Oberfläche: rau; leuchtend orange; oberflächliche Rippen
Haut: mitteldick
Fruchtstiel: fünfkantig, sehr lang; grün, zweifarbig
Fruchtzahl: 2–4
Fruchtfleisch: gelb-orange; nicht sehr dick; süß, feiner Kürbis-Geschmack
Verwendung: wie Wee-B-Little
Pflanze: rankend; siehe auch Wee-B-Little; Platzbedarf: 3 m^2
Samen: cremefarben; 1,5 Mal so lang wie breit, fein gerandet
Reifezeit: 100 Tage
Lagerzeit: 2–4 Monate

Spirit F1 (9)

Diese Sorte war vor einigen Jahren in den USA sehr beliebt und weit verbreitet. Sie gewann 1977 die höchste amerikanische Auszeichnung «All America Selections Winner».

Fruchtform: rund, oben und unten leicht abgeflacht
Fruchtgröße (D x H): 25–35 cm x 20–25 cm
Gewicht: 5–8 kg
Oberfläche: glatt; leuchtend orange; breite, deutliche Längsrippen
Haut: mitteldick
Fruchtstiel: fünfkantig, sehr lang; grün, zweifarbig
Fruchtzahl: 2–3
Fruchtfleisch: gelb-orange, 2–3 cm dick; leicht fasrig, durchschnittliche Qualität
Verwendung: wie Wee-B-Little
Pflanze: halb buschförmig; siehe auch Wee-B-Little; Platzbedarf 2–3 m^2
Samen: beige; oval, deutlich gerandet
Reifezeit: 100 Tage
Lagerzeit: 2–4 Monate
Halloween: die Kürbisse haben für Laternen eine ideale Größe

Aspen F1 (10)

Fruchtform: rund, oben und unten abgeflacht
Fruchtgröße (D x H): 24–33 cm x 21–32 cm
Gewicht: 5–10 kg, durchschnittlich 7 kg; Ertrag pro Pflanze bis 40 kg
Oberfläche: glatt; einheitlich orange; leichte Längsfurchen
Haut: mitteldick
Fruchtstiel: fünfkantig, sehr lang; grün, zweifarbig
Fruchtzahl: bis 6
Fruchtfleisch: orange; dick; gute Qualität
Verwendung: wie Wee-B-Little
Pflanze: wie Wee-B-Little; Platzbedarf: 3 m^2
Samen: cremefarben, länglich, 1,5 Mal so lang wie breit, stark gerandet
Reifezeit: 95 Tage
Lagerzeit: 3–5 Monate

Autumn Gold F1 (11)

Diese Sorte kommt aus den USA. Sie erhielt 1987 den Preis «All America Selections Winner». In Amerika hat ihr Erfolg etwas nachgelassen, während sie in Europa vor ein paar Jahren wieder entdeckt wurde.

Fruchtform: rund, unten und oben etwas abgeflacht
Fruchtgröße (D x H): 22–25 cm x 17–20 cm
Gewicht: 3,5–6 kg
Oberfläche: glatt; leuchtend orange; oberflächliche Längsfurchen
Haut: mitteldick
Fruchtstiel: fünfkantig, sehr lang, grün, zweifarbig
Fruchtzahl: 3–5
Fruchtfleisch: orange; dick, weich; süß, durchschnittliche Qualität
Verwendung: wie Wee-B-Little
Pflanze: rankend; siehe auch Wee-B-Little; Platzbedarf 3 m^2
Samen: cremefarben, 1,7 Mal so lang wie breit
Reifezeit: 90 Tage
Lagerzeit: 3–5 Monate
Halloween: ideal zum Schnitzen

Sankt Martin F1 (12)

Sankt Martin stammt vermutlich aus den USA. Die Kürbisse werden auf europäischen Märkten oft angeboten.

Fruchtform: fast kugelrund
Fruchtgröße (D): 20–35 cm
Gewicht: 5–7 kg
Oberfläche: glatt; einheitlich leuchtend orange; nur angedeutete Längsrippen
Haut: mitteldick
Fruchtstiel: fünfkantig, sehr lang; grün, zweifarbig
Fruchtzahl: durchschnittlich 3
Fruchtfleisch: gelb-orange; 2 cm dick; leicht fasrig, durchschnittliche Qualität
Verwendung: wie Wee-B-Little
Pflanze: rankend; siehe auch Wee-B-Little; Platzbedarf 3 m^2
Samen: beige; 17 mm x 10 mm, scharf gerandet
Reifezeit: 100 Tage
Lagerzeit: 2–4 Monate

Frosty F1 (13)

Die in den USA sehr beliebte Sorte wird den «Pumpkins» zugeordnet.

Fruchtform: rund, wenig länger als breit
Fruchtgröße (D x H): 20–25 cm x 25–30 cm
Gewicht: 6–10 kg
Oberfläche: glatt; einheitlich orange, sehr feine Längsfurchen
Haut: mitteldick
Fruchtstiel: fünfkantig, sehr lang; grün, zweifarbig
Fruchtzahl: 4–5
Fruchtfleisch: orange; süß, feines Kürbisaroma
Verwendung: siehe Wee-B-Little
Pflanze: halb buschförmig; siehe auch Wee-B-Little; Platzbedarf 2 m^2
Samen: beige; 1,5 Mal so lang wie breit, stark gerandet
Reifezeit: 95 Tage
Lagerzeit: 3–5 Monate
Halloween: ideal zum Schnitzen

Connecticut Field (14)

Wird in den USA seit der Kolonialzeit angebaut. Connecticut Field ist immer noch sehr beliebt und weit verbreitet.

Fruchtform: rund, oben und unten etwas abgeflacht
Fruchtgröße (D x H): ca. 40 cm x 30–35 cm
Gewicht: 7–12 kg
Oberfläche: glatt; im unreifen Stadium grün, dann einheitlich orange; breite, sehr leichte Längsrippen
Haut: mitteldick bis dick
Fruchtstiel: fünfkantig, sehr lang; grün, zweifarbig
Fruchtzahl: 2–6
Fruchtfleisch: gelb-orange; 3 cm dick; leicht fasrig, aber gute Qualität, leichtes Kürbisaroma
Verwendung: wie Wee-B-Little
Pflanze: rankend; siehe auch Wee-B-Little; Platzbedarf 3 m^2
Samen: cremefarben, länglich, fast 2 Mal so lang wie breit
Reifezeit: 115 Tage (Spätsorte)
Lagerzeit: 5–7 Monate

11

12

13

14

15

16

17

18

Big Autumn F1 (15)

Die mit Autumn Gold nahe verwandte Frühsorte unterscheidet sich in Größe und Form

Fruchtform: rund, etwas höher als breit
Fruchtgröße (D x H): 19–22 cm x 20–27 cm
Gewicht: 6–7,5 kg
Oberfläche: glatt; leuchtend orange, oberflächliche Längsfurchen
Haut: mitteldick
Fruchtstiel: fünfkantig, kräftig; zweifarbig
Fruchtzahl: 2–4
Fruchtfleisch: orange; dick; durchschnittliche Qualität
Verwendung: wie Wee-B-Little
Pflanze: halb buschförmig; siehe auch Wee-B-Little; Platzbedarf 2 m^2
Samen: beige; flach, länglich-oval, 19 mm x 10 mm, deutlich gerandet
Reifezeit: 100 Tage
Lagerzeit: 2–4 Monate

Triple Treat (16)

Die interessante Sorte hat den Namen «dreifacher Nutzen» aufgrund ihrer vielfältigen Verwendung bekommen. In den USA wird sie auch «no-waste pumpkin» genannt.

Fruchtform: rund, oben und unten etwas abgeflacht
Fruchtgröße (D): 17–22 cm
Gewicht: 3–4 kg
Oberfläche: glatt; dunkelorange; leichte oberflächliche Rippen
Haut: mitteldick
Fruchtstiel: grün, zweifarbig, sehr lang
Fruchtzahl: 3–5
Fruchtfleisch: hellorange; dick; gute Qualität, dezentes Kürbisaroma
Verwendung: wie Wee-B-Little
Pflanze: wie Wee-B-Little; Platzbedarf 3 m^2
Samen: grünlich, halbnackt, doppelt so lang wie breit; schmecken roh und geröstet ausgezeichnet
Reifezeit: 110 Tage
Lagerzeit: 4–7 Monate

Tallman (17)

Wie der Name schon sagt, handelt es sich um eine eher längliche Pumpkin-Sorte.

Fruchtform: hochrund
Fruchtgröße (D x H): 20–30 cm x 30–40 cm
Gewicht: 7–14 kg
Oberfläche: glatt; leuchtend orange; Längsrippen
Haut: mitteldick
Fruchtstiel: fünfkantig, sehr lang; grün, zweifarbig
Fruchtzahl: bis 3
Fruchtfleisch: hellorange; dick; gute Qualität
Verwendung: wie Wee-B-Little
Pflanze: rankend; siehe auch Wee-B-Little; Platzbedarf 3 m^2
Samen: cremefarben, länglich, deutlich gerandet
Reifezeit: 110 Tage
Lagerzeit: 5–8 Monate

Jack of all Trades F1 (18)

Die neue amerikanische Sorte ist wegen ihrer uniformen Früchte sehr beliebt, was übrigens bei den meisten Hybriden der Fall ist. Der Name bedeutet so viel wie der «Kürbis aller Märkte».

Fruchtform: hochrund, oben und unten deutlich abgeflacht
Fruchtgröße (D x H): durchschnittlich 20 cm x 25 cm
Gewicht: 6–9 kg
Oberfläche: glatt; leuchtend orange; leichte oberflächliche Rippen
Haut: mitteldick
Fruchtzahl: 4–5
Fruchtstiel: fünfkantig, sehr lang; grün, zweifarbig
Fruchtfleisch: hellorange; dick; gute Qualität, feines Kürbisaroma
Verwendung: wie Wee-B-Little
Pflanze: halb buschförmig; siehe auch Wee-B-Little; Platzbedarf 2–3 m^2
Samen: cremefarben; ca. 1,5 Mal so lang wie breit
Reifezeit: 95 Tage (Frühsorte); die kurze Reifezeit ist eine typische Hybrid-Eigenschaft
Lagerzeit: bis 7 Monate

Howden (19)

Die in den USA beliebte Sorte wurde von einem John Howden entwickelt.

Fruchtform: rund; oben und unten leicht abgeflacht
Fruchtgröße (D): ca. 35 cm
Gewicht: bis 10 kg
Oberfläche: glatt; orange; wenig ausgeprägte, aber deutliche Rippen
Haut: hart
Fruchtstiel: fünfkantig, sehr lang; grün, zweifarbig
Fruchtzahl: 2–4
Fruchtfleisch: hellorange; dick; gute Qualität, feines Kürbisaroma
Verwendung: wie Wee-B-Little
Pflanze: rankend; siehe auch Wee-B-Little; Platzbedarf 3 m^2
Samen: cremefarben, 1,7 Mal so lang wie breit
Reifezeit: 115 Tage (Spätsorte)
Lagerzeit: 5–8 Monate

Jack O'Lantern (20)

Das ist bestimmt die bekannteste und berühmteste Pumpkin-Sorte. Wegen der Größe, der Farbe und des Aromas wird diese Sorte häufig angepflanzt. Sie wurde als «Aushöhl-Kürbis» gezüchtet und ist durch Kreuzung der weit verbreiteten Connecticut Field mit Golden Oblong entstanden.

Fruchtform: hochrund
Fruchtgröße (D x H): 18–20 cm x 25 cm
Gewicht: 3,5–7 kg
Oberfläche: glatt; dunkelorange, sehr feine Längsfurchen
Haut: mitteldick
Fruchtstiel: fünfkantig, sehr lang; grün, zweifarbig
Fruchtzahl: 3–5
Fruchtfleisch: hellorange; dick; durchschnittliche Qualität
Verwendung: wie Wee-B-Little
Pflanze: wie Wee-B-Little; Platzbedarf 3 m^2
Samen: cremefarben, 1,5 Mal so lang wie breit, 17 mm x 10 mm, fein gerandet
Reifezeit: 110 Tage
Lagerzeit: 3–5 Monate

19

20

21

22

Trickster F1 (21)

Diese Sorte wurde vor 2 Jahren von der Firma Seneca auf den Markt gebracht. Auf deutsch heißt dieser Kürbis «Gauner» und steht sehr wahrscheinlich im Zusammenhang mit Halloween.

Fruchtform: fast kugelrund
Fruchtgröße (D): 12–15 cm
Gewicht: 1,3–1,5 kg
Oberfläche: glatt; leuchtend orange; oberflächliche Längsfurchen
Haut: mitteldick
Fruchtstiel: fünfkantig, sehr lang; grün, zweifarbig
Fruchtzahl: 5–6
Fruchtfleisch: orange; dick; leicht fasrig, minderwertige Qualität
Verwendung: Halloween
Pflanze: halb buschförmig; siehe auch Wee-B-Little; Platzbedarf 2–3 m^2
Samen: beige; nackt, klein, doppelt so lang wie breit
Reifezeit: 90 Tage (Frühsorte)
Lagerzeit: 2–4 Monate

Happy Jack (22)

Die beliebte amerikanische Sorte ist erst Anfang der 90er Jahre auf dem Markt aufgetaucht.

Fruchtform: hochrund
Fruchtgröße (D x H): ca. 25 cm x 30 cm
Gewicht: 8–11 kg
Oberfläche: glatt; intensiv dunkelorange; mehr oder weniger ausgeprägte Längsrippen
Haut: mitteldick
Fruchtstiel: fünfkantig, sehr lang; grün, zweifarbig
Fruchtzahl: 3–5
Fruchtfleisch: orange, 3 cm dick; süß, feines Kürbisaroma, gute Qualität
Verwendung: wie Wee-B-Little
Pflanze: stark rankend; siehe auch Wee-B-Little; Platzbedarf 3–4 m^2
Samen: cremefarben, länglich, 17 mm, deutlich gerandet
Reifezeit: 110 Tage
Lagerzeit: 3–5 Monate

Steirischer Ölkürbis

Der Steirische Ölkürbis wird vor allem in der Steiermark in Österreich und in jüngerer Zeit auch in der Schweiz (Jucker Farmart) angepflanzt. Unbekannt ist, ob diese Sorte spontan entstanden ist. In der Literatur wird behauptet, dass Mutanten seit 1880 unter der Habsburger Monarchie oder gar schon vorher in der Türkei aufgetreten sind. Es scheint aber wahrscheinlicher, dass solche Mutanten mit anderen Kürbissen unbemerkt aus Amerika nach Osteuropa gelangten und dass dort das rezessive Erbmerkmal «nackte Samen» zufällig wieder auftauchte. Die Samenschale des Ölkürbis ist auf eine feine Haut reduziert; der Samen unterscheidet sich darin von allen anderen Sorten.

Dank dem Ölkürbis floriert in der Steiermark seit einem Jahrhundert eine ganze Industrie. Die Samen sind ohne weitere Behandlung beliebt zum Knabbern. Oder man gewinnt aus ihnen durch Kaltpressung Öl. Dieses ist grünlich und hat ein nussiges Aroma. Es enthält mehr Fett und Protein als Sojabohnen (siehe auch Seite 31).

Das Fruchtfleisch ist zwar genießbar, aber nicht besonders aromatisch und wird meistens dem Vieh verfüttert.

Fruchtform: kugelrund, oben und unten leicht abgeflacht
Fruchtgröße (D): 25 cm
Gewicht: 3–5 kg
Oberfläche: glatt, beim Stielansatz grobe Falten; dunkelgelb-orange, mit grünen Längsstreifen
Fruchtstiel: kantig; dunkelgrün
Fruchtzahl: 10 und mehr
Fruchtfleisch: dick; hellorange; fasrig, schwammig, minderwertige Qualität
Pflanze: rankend, kurze Triebe; große Blätter, oval, stark gewellter Rand, beidseitig des mittleren Lappens deutlich eingeschnitten; Platzbedarf 3 m^2
Samen: dunkelgrün, nackt, doppelt so lang wie breit
Andere Namen: Courge à graines nues, Courge amande, Lady Godiva, Courge à huile

2. Die Riesenkürbisse (Cucurbita maxima)

Der Riesenkürbis ist die einzige ursprünglich aus Südamerika stammende Art. Wie Funde belegen, wurde er schon einige Jahrhunderte vor unserer Zeit gezüchtet. Entwickelt worden ist er aus der Wildart *C. andreana* aus den Pampas Argentiniens und Boliviens. Die Menschen nahmen dazu lokale bitterstofffreie Mutanten und züchteten sie weiter. Bald zeigten diese runden, abgeflachten und hartschaligen Früchte weitere interessante Eigenschaften, wie zum Beispiel ihre lange Haltbarkeit. Sie können im Freiland bis zu einem Jahr, in einem geschützten Raum sogar bis zu zwei Jahre unversehrt gelagert werden. *C. andreana* lässt sich problemlos mit allen Riesenkürbis-Varietäten kreuzen.

Bleu de Hongrie

Bleu de Hongrie oder Nagydobosi Sutötök ist eine interessante Sorte, die aus Ungarn stammt. Bei uns war sie bis vor ein paar Jahren unbekannt; inzwischen wird sie aber auch hier gezüchtet und ist geschätzt.

Fruchtform: unregelmäßig rund, abgeflacht
Fruchtgröße (D x H): 20–35 cm x 15–18 cm
Gewicht: 4–9 kg
Oberfläche: glatt, leichte Rillspuren; schön, regelmäßig sanft graublau
Haut: dünn und zart
Fruchtstiel: dick, kurz
Fruchtzahl: 3–5; ca. 45 kg pro Pflanze
Fruchtfleisch: gelb bis satt gelborange; 6 cm dick, fest, feinkörnig, süß
Verwendung: für Suppen, Marmeladen/Konfitüren, zum Braten im Ofen
Pflanze: rankend, 3–5 m lange Triebe; breit gerundete dunkelgrüne Blätter, nicht ausgeschnitten, leicht gewellt; Platzbedarf 3–4 m^2
Samen: weiß, wenig länger als breit
Reifezeit: 110 Tage
Lagerzeit: 4–7 Monate

Kiszombori

Kiszombori ist eine ungarische Züchtung und vermutlich nahe verwandt mit Bleu de Hongrie. Der Name bedeutet «Kleiner von Zombor».

Fruchtform: regelmäßig rund, deutlich länger als breit
Fruchtgröße (D x H): 20–25 cm x 28–35 cm
Gewicht: 5–7 kg
Oberfläche: glatt, leichte oberflächliche Rippen; schön regelmäßig graublau
Haut: dünn, zart
Fruchtstiel: relativ dick und lang
Fruchtzahl: 3–5
Fruchtfleisch: gelb bis satt gelb-orange; dick, fest, feinkörnig; süß, gute Qualität
Verwendung: für Suppen, Marmeladen/Konfitüren, zum Braten im Ofen
Pflanze: rankend, 4–5 m lange Triebe; dunkelgrüne Blätter, groß und breit gerundet; Platzbedarf 3–4 m^2
Samen: hellbraun; glatt, dick, oval, 1,5 Mal so lang wie breit
Reifezeit: 110 Tage
Lagerzeit: 4–6 Monate

Jarrahdale

Die wunderschöne Sorte aus Australien wird bei uns selten angeboten. Die Farbe der Früchte verändert sich während der Lagerung kaum.

Fruchtform: rund, abgeflacht
Fruchtgröße (D x H): 25–35 cm x 15–20 cm
Gewicht: 4–8 kg
Oberfläche: glatt, 10 tiefe, meist doppelte Rippen; graugrün bis blaugrau
Haut: dünn, dicht
Fruchtstiel: dick, kantig
Fruchtzahl: 2–4
Fruchtfleisch: gelb-orange; dick, fest; feinkörniger, ausgezeichneter Kürbisgeschmack, gute Qualität
Verwendung: für Gratins, Suppen, Kuchen
Pflanze: kräftig, stark rankend, über 4 m lange Triebe; breite, abgerundete Blätter; Platzbedarf 3 m^2
Samen: braun; dick, 1,5 Mal so lang wie breit
Reifezeit: 110–120 Tage
Lagerung: 5–9 Monate

Sweet Meat

Diese Sorte ist vor allem im Nordwesten der USA sehr beliebt. Züchter ist die Firma Gill Brothers Seeds Co. in Portland. Wie der Name zum Ausdruck bringt, handelt es sich um eine süße Kürbissorte.

Fruchtform: rund, abgeflacht, auf der Stielseite deutlich nach innen und auf der Blütenseite deutlich nach aussen gewölbt
Fruchtgröße (D x H): 20–25 cm x 10–12 cm
Gewicht: 3–6 kg
Oberfläche: glatt, zahlreiche leichte oberflächliche Rippen; blaugrau
Haut: dünn, fest, gut schälbar
Fruchtstiel: klein, zapfenförmig
Fruchtzahl: 3–5
Fruchtfleisch: orange; dick, fest; süß, gute Qualität
Verwendung: für Gratins und Aufläufe
Pflanze: stark rankend, mehrere Meter lange Triebe; abgerundete Blätter; Platzbedarf 3 m^2
Samen: braun; dick, etwas länger als breit
Reifezeit: 110 Tage
Lagerzeit: 6–9 Monate
Andere Namen: Oregon Sweet Meat

Tristar

Die alte, ursprünglich aus Australien stammende Sorte wurde 1932 in den USA eingeführt. Tristar (= dreieckig) hat in Frankreich unter dem Namen «Triamble» einen neuen Markt gefunden und ist weitverbreitet. Das metallische Graublau gibt der Frucht ein fast unwirkliches Aussehen. Tristar ist eine späte Sorte. Form, Farbe und Haltbarkeit machen sie zum beliebten Dekorationsgegenstand.

Fruchtform: dreieckig, untere Hälfte abgeflacht; mit deutlichem, bis 5 cm breitem Spiegel und verkorktem Blütenansatz
Fruchtgröße (D x H): 18–22 cm x 11–16 cm
Gewicht: 2–4 kg
Oberfläche: glatt; metallisches Grau
Haut: sehr dünn, untere Hälfte schwach gerippt
Fruchtstiel: korkig; so tief angesetzt, dass die drei deutlich getrennten Lappen ihn zum Teil verdecken
Fruchtzahl: 3–6, pro Pflanze 16–20 kg
Fruchtfleisch: gelb-orange; dick, fest; süß, feiner Kürbisgeschmack
Verwendung: für Gratins und Aufläufe sowie Pürees
Pflanze: stark rankend, 4–5 m lange Triebe; große sattgrüne Blätter, abgerundet, stark gewellter Rand; Platzbedarf 3 m²
Samen: braun; dick, etwas länger als breit
Reifezeit: 135–140 Tage
Lagerzeit: 1 Jahr

▽

Queensland Blue

Das ist die australische Kürbissorte par excellence! In den USA wurde sie bereits 1932 eingeführt. In Europa kennt man sie noch kaum.

Am Blütenansatz befindet sich häufig ein Spiegel in variabler Größe, ähnlich wie beim Buttercup. Die Sorte sieht nicht sehr einheitlich aus, es gibt eindeutige «Gugelhupf»-Formen und Varianten mit starken Rillen und Runzeln.

Fruchtform: meist flachrund, leicht vertiefter Stielansatz
Fruchtgröße (D x H): 18–23 cm x 12–15 cm
Gewicht: 2–4 kg, durchschnittlich 2,8 kg
Oberfläche: glatt, glänzend; blaugrau bis graugrün
Haut: sehr dünn
Fruchtstiel: kräftig, stark verkorkt
Fruchtzahl: 5–7; 20 kg pro Pflanze
Fruchtfleisch: gelb; auf der Stielseite und an der Peripherie besonders dick, fest, feinkörnig; süß, ausgezeichnete Qualität, feiner Kürbisgeschmack
Verwendung: für Gratins und Aufläufe sowie Suppen
Pflanze: stark rankend, meterlange Triebe; mittelgroße Blätter, abgerundet, langstielig; Platzbedarf 3–4 m²
Samen: weiß; dick, etwas länger als breit
Reifezeit: 110–120 Tage
Lagerzeit: 10 Monate

Lugnasad

Die neue, sehr schöne zweifarbige Züchtung ist zwar noch nicht marktreif, aber trotzdem erwähnenswert. Ihr Name bezieht sich auf ein Ernte- und Fruchtbarkeitsfest, das die Kelten im August zu Ehren des Gottes Lug abgehalten haben. Den eher kleinen Blütenansatz der Frucht schmückt ein strahlender grüner Stern. Auch um den langen korkigen Stiel ist die Frucht grün, ansonsten ist sie mehrheitlich orange-rosa. Die dekorative Frucht macht jedem Blumenstrauss Konkurrenz.

Fruchtform: flachrund, Stiel- und Blütenseite muldenartig vertieft
Fruchtgröße (D x H): 22 cm x 12 cm
Gewicht: 2,5–3,5 kg
Oberfläche: gerippt; mehrheitlich orange-rosa
Haut: glatt, dünn, seidiger Glanz; braucht nicht geschält zu werden
Fruchtstiel: lang, korkig
Fruchtzahl: 4–5
Fruchtfleisch: orange-gelb; 3–4 cm dick, feinkörnig, knackig; süß, ausgewogener Marroni-Geschmack
Verwendung: für Rohkost, zum Braten, für Gratins und Kuchen
Pflanze: robust, stark rankend; sattgrüne Blätter, Rand leicht gewellt; Platzbedarf 3–4 m²
Samen: hellbraun; deutlich länger als breit
Reifezeit: 110–120 Tage
Lagerzeit: 5–8 Monate

Greys

Greys sind rund und deutlich abgeflacht. Sie haben meist einen kleinen Spiegel und einen verkorkten Blütenansatz. Die Früchte müssen gut ausgereift geerntet werden, nur so können sie lange gelagert werden. Die Haltbarkeit variiert je nach Bedingungen zwischen 6 und 10 Monaten. Das Fruchtfleisch ist eines der besten überhaupt. Beim Garprozess zerfällt es nicht sofort.

Sweet Grey F1

Interessante australische und neuseeländische Züchtung. Sweet Grey heisst «Süßer Grauer».

Fruchtform: flachrund, meist kleiner Spiegel
Fruchtgröße (D x H): 20–35 cm x 12–20 cm
Gewicht: 3–8 kg
Oberfläche: breite oberflächliche Rippen; glatt und glänzend; graublau; verkorkter Blütenansatz
Haut: dünn, dicht
Fruchtstiel: kräftig, verkorkt
Fruchtzahl: 3–4
Fruchtfleisch: gelb-orange; dick, fest; zerfällt beim Kochen nicht sofort; extrem süß, fast neutraler Geschmack
Verwendung: für Aufläufe und Gratins, Kürbisreis, Kuchen, Cremes
Pflanze: stark rankend, 3–4 m lange Triebe; mittelgroße, abgerundete Blätter; Platzbedarf 3 m^2
Samen: weiß; breit-oval, 18 mm x 11 mm
Reifezeit: über 110 Tage; für lange Haltbarkeit Früchte gut ausreifen lassen
Lagerzeit: 6–10 Monate, je nach Lagerbedingungen
Besondere Eigenschaften: einer der besten Speisekürbisse

Crown Prince F1

Dies ist eine wunderschöne Sorte aus Australien und Neuseeland. Sie wird bei uns leider relativ selten angeboten.

Fruchtform: flachrund, meist kleiner Spiegel
Fruchtgröße (D x H): 25–35 cm x 15–20 cm
Gewicht: 4–8 kg
Oberfläche: breite oberflächliche Rippen, glatt; graublau; verkorkter Blütenansatz
Haut: dünn, dicht
Fruchtstiel: kräftig, verkorkt
Fruchtzahl: 3–4
Fruchtfleisch: wie Sweet Grey
Verwendung: wie Sweet Grey
Pflanze: wie Sweet Grey
Samen: weiß; breit-oval, nur wenig breiter als lang
Reifezeit: wie Sweet Grey
Lagerzeit: 6–8 Monate, je nach Lagerbedingungen
Besondere Eigenschaften: wie Sweet Grey

Whangaparoa Crown F1

Whangaparoa ist in Neuseeland und Australien sehr populär. Sie wurde 1932 in den USA eingeführt. Bei uns ist diese Sorte noch weitgehend unbekannt, obwohl Samen angeboten werden.

Fruchtform: flachrund, meist kleiner Spiegel
Fruchtgröße (D x H): 15–20 cm x 10–12 cm
Gewicht: 2–4 kg
Oberfläche: glatt, doppelte Rippen, graublau; verkorkter Blütenansatz
Haut: dünn, hart
Fruchtzahl: 3–4
Fruchtfleisch: nussig, siehe auch Sweet Grey
Verwendung: wie Sweet Grey
Pflanze: wie Sweet Grey
Samen: hellbraun; breit-oval, 19 mm x 13 mm
Reifezeit: wie Sweet Grey
Lagerzeit: 5–10 Monate
Andere Namen: Whangaparoa Maori, Potiron Couronné de Nouvelle-Zélande

Marina di Chioggia

Wie der Name vermuten lässt, stammt diese Sorte aus Italien. Marina ist ein Mädchenname und Marina di Chioggia ein Landstreifen und ein Ort an der Adriaküste, nur wenige Kilometer südlich von Venedig. Ein schöner, sonniger Name für eine prächtige Sorte! Marina di Chioggia war in der Jugendstilzeit sehr beliebt, wahrscheinlich wegen ihres schnörkelhaften Aussehens. Sie geriet dann in Vergessenheit und erlebt heute eine Renaissance.

Marina di Chioggia ist eine Spätsorte, die für ihre Entwicklung viel Wärme braucht. Die Früchte müssen gut ausgereift geerntet werden. Die Haltbarkeit kann etwas verlängert werden, wenn die Früchte gründlich gewaschen und gut getrocknet werden. Der einzige Nachteil dieser dekorativen Sorte sind die tiefen Runzeln, die das Schälen erschweren. Da die Haut aber nur dünn ist, kann sie bei den meisten Gerichten mitgekocht werden.

Fruchtform: rund, abgeflacht, in der Breite unterschiedlich großer Spiegel
Fruchtgröße (D x H): 20–35 cm x 15 cm
Gewicht: max. 8 kg
Oberfläche: zahlreiche tiefe Rippen und grobe, tiefe Runzeln, unregelmäßige Warzen; graugrün bis schwarzgrün, hellere Warzen; innerhalb der Krone einheitlich dunkelgrün oder weißlich-grün gefleckt, bei Reife wunderschön braunrot; verkorkter Blütenansatz
Haut: dünn, mittel hart, jung gerade noch essbar
Fruchtstiel: dick, verkorkt
Fruchtzahl: 3–5
Fruchtfleisch: dunkelgelb bis orange; dick, besonders auf der Blütenseite, ausgezeichnete Qualität
Verwendung: für Gnocchi, Risotto, Gratins und Aufläufe, auch für Suppen und zum Backen
Pflanze: stark rankend, über 5 m lange Triebe; langstielige Blätter, breit gerundet, Lappen mit gewelltem Rand angedeutet; Platzbedarf 3–4 m^2
Samen: weißlich; etwas länger als breit
Reifezeit: 120–130 Tage
Lagerzeit: 4–8 Monate

Türken-Turban

Die wunderschöne Pflanze ist meist von kräftigem Wuchs. Normalerweise sind die Samen weiß, dick und kaum länger als breit. Inzwischen gibt es aber auch glänzende längliche braune Samen – dies ist ein Beweis für die Vielfalt der Früchte.

Die Früchte sind unregelmäßig rund und auf der Stielseite abgeflacht, so dass sie die Form einer Halbkugel haben. Die Blüte setzt in der Mitte des Fruchtknotens an, während sie sich bei den meisten anderen Kürbissen am oberen Ende befindet. Der Blütenansatz bildet deshalb eine korkige Krone mit einem herausragenden Mittelteil: die Frucht hat die Form eines Turbans. Diese eher für Zierzwecke gezüchteten Sorten gehören ebenfalls der Art Cucurbita maxima (Riesenkürbis) an und sind somit absolut genießbar. Die Grundfarbe war ursprünglich rot, mit feinen helleren Längsstreifen; der Turban hell mit dunkleren Flecken beziehungsweise Streifen. Inzwischen wurden aber alle denkbar möglichen Farbvariationen gezüchtet: die Früchte können rot, gelb, grün, weiß gemustert sein, manchmal sind die Früchte bunt gemischt, manchmal einfarbig.

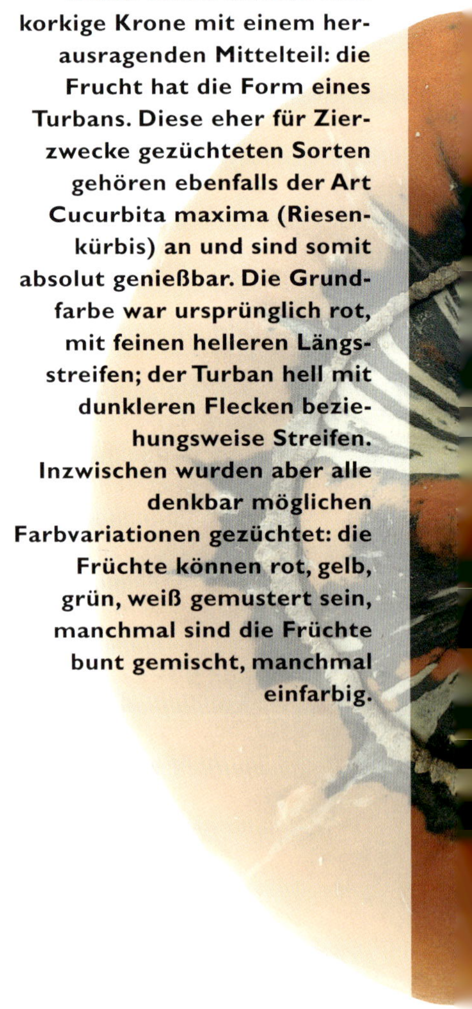

Das Fruchtfleisch ist nicht einheitlich ausgebildet, auf der Turbanseite ist es dickschichtig, auf der Stielseite dünner. Türken-Turbane sind leider nur 3 bis 5 Monate haltbar. Eine gute Unterlage verlängert die Haltbarkeit. Später fallen die Früchte meistens auseinander. Es wurde auch mehrmals berichtet, dass sie völlig austrocknen können, ähnlich wie Kalebassen. In der Küche eignet sich diese Sorte für Suppen und wegen der Form allenfalls auch zum Füllen. Türken-Turbane sind beliebte Dekorationsfrüchte!

Turk's Turban ▷

Turk's Turban

Diese Sorte wurde Anfang des 19. Jahrhundert in den USA eingeführt, vielleicht sogar schon früher.

Fruchtform: halbkugelig, vorstehendes Mittelteil
Fruchtgröße (D): 20–30 cm
Gewicht: 1,5–4 kg
Oberfläche: glatt; Grundfarbe rot, mit feinen helleren Längsstreifen; heller Turban mit dunkleren Flecken beziehungsweise Streifen
Haut: dünn, mittelhart
Fruchtstiel: dünn
Fruchtzahl: 6–8
Fruchtfleisch: fest, feinkörnig; süß, durchschnittliche Qualität
Verwendung: für Suppen und zum Füllen oder den Kürbis ganz im Ofen garen und das Fruchtfleisch danach auskratzen und zu Gnocchi verarbeiten (Seite 140)
Pflanze: rankend, mäßig lange Triebe; breite, abgerundete Blätter; Platzbedarf 3 m^2
Samen: weiß; breit und abgerundet
Reifezeit: über 110 Tage
Lagerzeit: 3–4 Monate
Besondere Eigenschaften: verschiedene Farbvariationen
Andere Namen: Giraumon Turban Turc, Bonnet Turc, Giraumon des Balkans

▽

Aladdin's Turban

Fruchtform: halbkugelig, vorstehendes Mittelteil
Fruchtgröße (D): 20–30 cm
Gewicht: 1,5–2,5 kg
Oberfläche: glatt; Farbe variiert von Frucht zu Frucht, z. B. grüne Frucht mit roten, gelben oder orangen Streifen
Haut: dünn, mittelhart
Fruchtstiel: dünn
Fruchtzahl: 8–10
Fruchtfleisch: wie Turk's Turban
Verwendung: wie Turk's Turban
Pflanze: wie Turk's Turban
Samen: weiß; breit und abgerundet
Reifezeit: über 110 Tage
Lagerzeit: 3–5 Monate

Mini Red Turban

Fruchtform: halbkugelig, vorstehendes Mittelteil
Fruchtgröße (D): 8–15 cm
Gewicht: 300–600 g
Oberfläche: glatt; Grundfarbe rot, einfarbiger weißer oder rot-weiß gestreifter Turban
Haut: dünn, mittelhart
Fruchtstiel: meist dünn
Fruchtzahl: 6–7
Fruchtfleisch: wie Turk's Turban
Verwendung: wie Turk's Turban
Pflanze: wie Turk's Turban
Samen: weiß; breit und abgerundet
Reifezeit: über 100 Tage
Lagerzeit: 5–6 Monate

◁

Lumina – Casper

Die Kürbisse sind rund und etwas abgeflacht. Die glatte Oberfläche weist ganz leichte Rippen auf. Die Früchte sind weiß, besonders wenn sie etwas zu früh geerntet werden, später werden sie meist cremefarben.

Die Früchte sollten immer gut ausgereift geerntet werden, nur so entfalten sie das feine Marroni-Aroma. Vorzeitig geerntete Kürbisse sind weniger lange haltbar. Die Früchte sind auch roh ein Genuss.

In den USA sind beide Sorten beliebte Halloween-Kürbisse.

Casper

Die neue amerikanische Sorte wurde 1996 als «Bianco» versuchsweise verteilt. Sie hat in Amerika ihren Platz bei den weißen Pumpkins und ist demzufolge für Halloween geeignet. Im Gegensatz zu Lumina ist sie schneeweiß.

Fruchtform: rund, etwas abgeflacht
Fruchtgröße (D x L): 15–23 cm x 13–18 cm
Gewicht: 3–5 kg
Oberfläche: glatt, weiß, manchmal mit blauer Tönung um den Stiel
Haut: dünn, leicht schälbar
Fruchtstiel: dünn, lang, korkig
Fruchtzahl: 2–4; pro Pflanze 30 kg
Fruchtfleisch: wie Lumina
Verwendung: wie Lumina
Pflanze: wie Lumina
Samen: hellbraun; dick, breit-oval, 20 mm x 13 mm
Reifezeit: 120–130 Tage
Lagerzeit: 4–9 Monate, ausnahmsweise bis 12 Monate

Lumina

Die neue amerikanische Sorte wird in den USA weißer Pumpkin genannt. Der Name deutet auf eine helle Hautfarbe hin. Lumina zählt zweifelsohne zu den besten und aromareichsten Sorten.

Fruchtform: rund, etwas abgeflacht
Fruchtgröße (D x L): 15–25 cm x 13–20 cm
Gewicht: 4–6 kg
Oberfläche: glatt; zuerst weiß, später cremefarben
Haut: dünn, leicht schälbar, essbar
Fruchtstiel: dünn, kurz, korkig
Fruchtzahl: 2–5; pro Pflanze 30 kg
Fruchtfleisch: schmutzig orange bis fast braun: sehr dick und fest; extrem feinkörnig und zart, süß, feiner Marroni-Geschmack
Verwendung: zum Rohessen, zum Braten, für Cremes; für Halloween
Pflanze: stark rankend, bis 3 m lange Triebe; große, nicht abgerundete Blätter, nicht ausgeschnitten; Platzbedarf 3 m^2
Samen: weiß; 1,5 Mal so lang wie breit, deutlich gerandet
Reifezeit: 120–130 Tage
Lagerzeit: 4–9 Monate, manchmal 12 Monate

Flat White Boer Van Niekerk

Die südafrikanische Sorte gibt keinen Anlass zu Verwechslungen. «Flat White Boer» bedeutet flacher weisser Kürbis, «van Niekerk» steht für die Sorte.

Inzwischen gibt es Züchtungen mit unterschiedlichen Fruchtgrößen und Wachstumseigenschaften. Die Früchte müssen gut ausgereift geerntet werden. Da sie nässeempfindlich sind, sollten sie nicht zu lange auf feuchtem Boden liegen bleiben. In Südafrika werden die Kürbisse oft auf die Dächer in die pralle Sonne gelegt.

Fruchtform: flachrund, sehr breit, stark abgeflacht
Fruchtgröße (D x H): 20–50 cm x 10–15 cm
Gewicht: 4–15 kg
Oberfläche: glatt; fast eingedrückt, deutlich gerippt; weiß
Haut: dünn, zart
Fruchtstiel: dünn, lang, korkig
Fruchtzahl: Pflanze 3–4, Ranken weitere 3–4
Fruchtfleisch: fast dunkelorange; dick, zart; süß, reich an Karotin, ausgezeichnete Qualität
Verwendung: für Gratins und Aufläufe, für Suppen, zum Braten, für Konfitüren, Süßspeisen
Pflanze: anfangs buschig, dann rankend, 4–5 m lange Triebe; sehr breite Blätter, außerordentlich langstielig, Lappen durch einen deutlich gewellten Rand angezeigt, Blattadern tief eingedrückt; Platzbedarf 3 m^2
Samen: weiß; doppelt so lang wie breit
Reifezeit: 100–120 Tage
Lagerzeit: 2–4 Monate
Besondere Eigenschaften: bei schlechter Witterung wird die Haut gerne rissig

Hubbards

Die Ursorte «Hubbard» stammt ursprünglich aus Südamerika und wurde im Laufe des 18. Jahrhunderts nach New England gebracht. Daraus entstanden alle heute bekannten Varietäten wie Green Hubbard, Blue Hubbard, Golden Hubbard usw.

Mit der Ernte von Hubbards muss zugewartet werden, bis die Blätter abgestorben sind, erst dann sind die Früchte ausgereift. Dank der dicken und harten Haut lassen sie sich sehr lange aufbewahren, mindestens ein Jahr. Schwieriger ist dann allerdings die Verarbeitung. Am besten nimmt man einen Kartoffelschäler und schält den Kürbis schrittweise. Die Früchte können aber auch samt Haut halbiert und gefüllt und im Backofen gebraten werden; ein wunderschöner Anblick bei Einladungen und Festen!

Mini Green Hubbard

Neue nordamerikanische Züchtung der Firma Stokes.

Fruchtform: länglich, an beiden Enden zugespitzt
Fruchtgröße (D x L): 13–15 cm x 20 cm
Gewicht: ca. 1 kg
Oberfläche: grob gerunzelt und sehr leicht gerippt; dunkelgrün, mit hellgrünen Flecken
Haut: dick, sehr hart
Fruchtstiel: kurz, dick, korkig
Fruchtzahl: 4–5
Fruchtfleisch: wie Green Hubbard
Verwendung: wie Green Hubbard
Pflanze: wie Green Hubbard
Samen: weiß; 1,5 Mal so lang wie breit
Reifezeit: über 110 Tage
Lagerzeit: 8–10 Monate

◁

▷

Green Hubbard

James Gregory aus Marblehead, Massachusetts, führte diese Sorte 1856 auf dem amerikanischen Markt ein. Green Hubbards sind in den USA ausserordentlich beliebt. Sie sind vermutlich schon Ende des 18. Jahrhunderts angebaut worden.

Fruchtform: länglich, an beiden Enden zugespitzt
Fruchtgröße (D x L): 20–30 cm x 30–40 cm
Gewicht: durchschnittlich 6 kg, maximal 10 kg
Oberfläche: leicht gerippt; dunkelgrün, hellgrüne Flecken beziehungsweise Streifen
Haut: dick, sehr hart
Fruchtstiel: kurz, dick, korkig
Fruchtzahl: 4–5
Fruchtfleisch: dunkelgelb bis orange, fest, dick; feinkörnig, süß, trocken, ausgezeichnete Qualität
Verwendung: für Suppen, Pürees, Gnocchi, Risotto, Gratins und Aufläufe, zum Füllen, Einmachen und Überbacken
Pflanze: stark rankend; bis 5 m lange Triebe; große, gerundete Blätter; Platzbedarf: 3 m^2
Samen: weiß; doppelt so lang wie breit
Reifezeit: über 100 Tage
Lagerzeit: 8–10 Monate
Anderer Name: True Hubbard
Tipp: Im Ofen als ganze Frucht garen und das Fruchtfleisch danach auskratzen und zu Gnocchi verarbeiten (Seite 140)

Chicago Warted Hubbard

Altbewährte nordamerikanische Züchtung, die 1894 in den USA eingeführt wurde. Der Name bedeutet «Gewarzter Hubbard».

Fruchtform: länglich, an beiden Enden zugespitzt
Fruchtgröße (D x L): 20–25 cm x 30 cm
Gewicht: 5–7 kg
Oberfläche: leicht gerippt; dunkelgrün, mit hellgrünen Flecken bzw. Streifen
Haut: dick, sehr hart
Fruchtstiel: kurz, dick, korkig
Fruchtzahl: 2–5
Fruchtfleisch: wie Green Hubbard
Verwendung: wie Green Hubbard
Pflanze: wie Green Hubbard; Platzbedarf 4 m^2
Samen: weiß; doppelt so lang wie breit
Reifezeit: über 110 Tage
Lagerzeit: über 1 Jahr
Andere Namen: Green Chicago Warted Hubbard, Warted Green Hubbard

Blue Hubbard

Diese Sorte ist in den USA sehr beliebt; sie wird seit 1909 angebaut.

Fruchtform: variabel breitbauchig, an beiden Enden zugespitzt
Fruchtgröße (D x L): 20–40 cm x 30–50 cm
Gewicht: 5–13 kg, ausnahmsweise bis 20 kg
Oberfläche: graublau; grob warzig oder grob gerunzelt, mit breiten Rippen
Haut: dick, sehr hart
Fruchtstiel: kurz, dick, korkig
Fruchtzahl: 2–4; pro Pflanze 30–40 kg möglich
Fruchtfleisch: wie Green Hubbard
Verwendung: wie Green Hubbard
Pflanze: wie Green Hubbard; Platzbedarf 3–4 m^2
Samen: weiß; 1,5 Mal so lang wie breit
Reifezeit: über 100 Tage
Lagerzeit: über 1 Jahr
Anderer Name: Courge de Hubbard Bleue

New England Blue Hubbard

Fruchtform: variabel breitbauchig, an beiden Enden zugespitzt
Fruchtgröße (D x L): 30–35 cm x 50 cm
Gewicht: 13–20 kg, ausnahmsweise bis 20 kg
Oberfläche: graublau; grob warzig oder grob gerunzelt, mit breiten Rippen
Haut: dick, sehr hart
Fruchtstiel: kurz, dick, korkig
Fruchtzahl: 2–3
Fruchtfleisch: wie Green Hubbard
Verwendung: wie Green Hubbard
Pflanze: wie Green Hubbard; Platzbedarf 4 m^2
Samen: weiß; 1,7 Mal so lang wie breit
Reifezeit: über 110 Tage
Lagerzeit: über 1 Jahr
Anderer Name: Hubbard Bleu de Nouvelle-Angleterre

Blue Ballet

Eine amerikanische Hubbard-Sorte, die in den letzten Jahren in Europa wegen ihrer handlichen Größe einen beachtlichen Erfolg zu verzeichnen hatte. Ihren Namen verdankt sie der eleganten Form.

Fruchtform: variabel kreiselförmig, an beiden Enden zugespitzt
Fruchtgröße (D x L): 15–20 cm
Gewicht: 2–3 kg
Oberfläche: graublau; glatt, stellenweise etwas unregelmäßig
Haut: dick, sehr hart
Fruchtstiel: kurz, dick, korkig
Fruchtzahl: 2–3
Fruchtfleisch: wie Green Hubbard
Verwendung: wie Green Hubbard
Pflanze: wie Green Hubbard; Platzbedarf 3 m^2
Samen: weiß; 1,7 Mal so lang wie breit
Reifezeit: über 100 Tage
Lagerzeit: 5–9 Monate

Baby Blue Hubbard

Eine Sorte amerikanischer Herkunft, die Professor E. M. Meader durch die Kreuzung von Blue Hubbard und Buttercup erzielt hat.

Fruchtform: variabel kreiselförmig, an beiden Enden zugespitzt
Fruchtgröße (D x L): 15 cm x 20–30 cm
Gewicht: 2–3 kg
Oberfläche: graublau; glatt, stellenweise etwas unregelmäßig
Haut: dick, sehr hart
Fruchtstiel: lang, dick, korkig
Fruchtzahl: 2–3
Fruchtfleisch: wie Green Hubbard
Verwendung: wie Green Hubbard
Pflanze: halb buschig; siehe auch Green Hubbard; Platzbedarf 2 m^2
Samen: weiß; 1,7 Mal so lang wie breit
Reifezeit: über 100 Tage
Lagerzeit: über 1 Jahr
Anderer Name: Mini Blue Hubbard

Golden Hubbard

Eine amerikanische Sorte, die 1898 in den USA eingeführt wurde.

Fruchtform: birnenförmig lang gestreckt, an den Enden zugespitzt
Fruchtgröße: (D x L): 15–25 cm x 35 cm
Gewicht: 2–4,5 kg
Oberfläche: glatt oder leicht runzelig; kräftig rot-orange, mit kleinen hellorangen Flecken und dunkelgrüner Spitze
Haut: dick, mittelhart
Fruchtstiel: kurz, dick, korkig
Fruchtzahl: 4–6
Fruchtfleisch: wie Green Hubbard
Verwendung: wie Green Hubbard
Pflanze: wie Green Hubbard; Platzbedarf 3 m^2
Samen: weiß; 20 mm x 12 mm
Reifezeit: über 95 Tage
Lagerzeit: 8–10 Monate
Besondere Eigenschaften: mit 17 kg Rekordertrag
Andere Namen: Red Hubbard, Courge de Hubbard dorée

Golden Hubbard gewarzt

Diese Sorte besitzt keinen eigentlichen Namen und wird von den Samenhändlern auch nicht ausdrücklich als gewarzter Golden Hubbard deklariert. Je nach Samenproduzent haben die Kürbisse Warzen oder sind warzenlos. Die Erfahrung zeigt, dass Sorten mit Warzen eher in Südafrika angeboten werden.

Fruchtform: birnenförmig lang gestreckt, an den Enden zugespitzt
Fruchtgröße (D x L): 15–25 cm x 35 cm
Gewicht: 2–4 kg
Oberfläche: stark runzelig; kräftig rot-orange, mit kleinen, hellorangen Flecken, dunkelgrüne Spitze
Haut: dick, mittelhart
Fruchtstiel: kurz, dick, korkig
Fruchtzahl: 4–6
Fruchtfleisch: wie Green Hubbard
Verwendung: wie Green Hubbard
Pflanze: wie Green Hubbard; Platzbedarf 3 m^2
Samen: weiß; 20 mm x 12 mm
Reifezeit: über 95 Tage
Lagerzeit: 8–10 Monate

Mini Orange Hubbard F1

Diese Varietät ist wie Mini Green Hubbard eine Neuzüchtung der Firma Stokes.

Fruchtform: birnenförmig lang gestreckt, an den Enden zugespitzt
Fruchtgröße (D x L): 15 cm x 25 cm
Gewicht: 1,2 kg
Oberfläche: leuchtend dunkelorange; glatt oder leicht gerunzelt
Haut: dick, hart
Fruchtstiel: kurz, dick, korkig
Fruchtzahl: 4–6
Fruchtfleisch: wie Green Hubbard
Verwendung: wie Green Hubbard
Pflanze: wie Green Hubbard
Samen: hellbraun; 16–18 mm x 10 mm
Reifezeit: über 95 Tage
Lagerzeit: bis 10 Monate

Lakota

Diese Kürbissorte des Indianerstammes der Sioux wurde mit überlieferten Daten nachgezüchtet. Lakota ist so farbenfroh wie die Teppiche der Indianer; die Kürbisspitze zieht jeden Blick auf sich.

Fruchtform: extrem bis plump kreiselförmig, Blütenseite sehr breit
Fruchtgröße (D x H): 20 cm x 20–25 cm
Gewicht: 2–3,5 kg
Oberfläche: feine Struktur; rot-orange, mit hellen Streifen und um die Spitze mit grünem, unterschiedlich großem Stern
Haut: dick, hart
Fruchtstiel: mittelgroß, verkorkt
Fruchtzahl: 2–4
Fruchtfleisch: gelb-orange; dick; feinkörnig, ausgewogener Geschmack, knackig-süß bis nussig-fruchtig, dezenter Melonengeschmack
Verwendung: für Rohkost und Fruchtsalat
Pflanze: stark rankend, bis über 3 m lange Triebe; sattgrüne Blätter, groß und rund; ausgesprochen langröhrige Blüten; Platzbedarf 3 m^2
Samen: 25 mm, länglich, dick
Reifezeit: 100–110 Tage
Lagerzeit: 5–8 Monate

Olive

«Olive» ist seit Ende des 19. Jahrhunderts eine beliebte französische Sorte.

Fruchtform: oval, fast olivenförmig, vorstehender verkorkter Blütenansatz
Fruchtgröße (D x H): 20–25 cm x 30–35 cm
Gewicht: 3–5 kg
Oberfläche: glatt; zuerst hellgrün, dann olivgrün, mit unregelmäßig verteilten helleren Flecken und Streifen
Haut: dünn
Fruchtstiel: breit, kurz
Fruchtzahl: 3–4
Fruchtfleisch: gelb; fest, dick; feinkörnig, gute Qualität, das Aroma entfaltet sich erst nach einer gewissen Lagerzeit (4 Monate)
Verwendung: für Aufläufe und Gratins, Pürees, Marmeladen/Konfitüren
Pflanze: rankend, über 3 m lange Triebe; ziemlich große, runde Blätter; Platzbedarf 3 m^2
Samen: hellbraun; glatt, glänzend, dick und länglich (20 mm)
Reifezeit: 110 Tage
Lagerzeit: 4–8 Monate
Anderer Name: Potiron Vert Olive

Arikara

Diese Sorte verdanken wir den Arikara-Indianern des Forth Berthold Reserve in North Dakota. Für die Namensgebung zeichnete Oscar H. Will & Company aus Bismark, der sie 1920 eingeführt hat.

Fruchtform: oval, lang gestreckt, beim Blütenansatz spitz auslaufend
Fruchtgröße (D x H): 15–20 cm x 20–30 cm
Gewicht: 2–4 kg
Oberfläche: rot-orange bis rosa, oft mit feinen, länglich verlaufenden helleren Streifen
Haut: dünn und zart, aber kompakt
Fruchtstiel: kurz, kräftig
Fruchtzahl: 3–5
Fruchtfleisch: dunkelgelb; weich, wässrig, etwas fasrig; durchschnittliche Qualität
Verwendung: für Suppen, Pürees, Kuchen
Pflanze: stark rankend, 3 m lange Triebe; mittelgroße, abgerundete Blätter; Platzbedarf 3 m^2
Samen: weiß; länglich-oval
Reifezeit: 110 Tage
Lagerzeit: 4–8 Monate

Mooregold

Diese amerikanische Sorte wurde in den 40er Jahren an der Universität von Wisconsin entwickelt. Der Name ist vermutlich von «oregold» (Golderz) abgeleitet. Ein wunderschöner Dekorationskürbis!

Fruchtform: flachrund, leicht eingedrückter Blütenansatz
Fruchtgröße (D x H): 15–25 cm x 10–15 cm
Gewicht: 1–2,5 kg
Oberfläche: glatt; leuchtend orange, mit mehr oder weniger langen, deutlichen gelblichen Streifen und leicht vertieften helleren Flecken, grüner sternförmiger Fleck um den Blütenansatz
Haut: hart
Fruchtstiel: lang, korkig
Fruchtzahl: 3–5
Fruchtfleisch: orange; etwa 3 cm dick, fest; feinkörnig, süß, ausgezeichnete Qualität
Verwendung: für Suppen, Gratins, Pürees, Pies und Kuchen
Pflanze: stark rankend, rund 3 m lange Triebe; relativ kleine, abgerundete Blätter; Platzbedarf 3 m^2
Samen: weiß; 15 mm lang, 1,8–1,9 Mal so lang wie breit
Reifezeit: 90 Tage
Lagerzeit: 4–6 Monate

Ambercup F1

Diese neue, schöne amerikanische Züchtung ist vermutlich aus der Kreuzung von Golden Hubbard und Buttercup hervorgegangen. Ambercup heisst Bernstein-Blume. Die Frucht ist in Form und Farbe einheitlich, eine typische Hybrid-Erscheinung (F1).

Das Fruchtfleisch hat ein Marroni-Aroma, das jedoch nicht so intensiv ist wie bei japanischen Züchtungen.

Fruchtform: rund, abgeflacht, auf der Seite des Fruchtstiels leicht eingebuchtet
Fruchtgröße (D x H): 15 x 10 cm
Gewicht: 1–1,5 kg
Oberfläche: leicht unregelmäßig; leuchtend orange, mit grünem Stern um den Blütenansatz; gelbe Flecken und Streifen leicht abgesetzt, letztere von der Spitze her mehr oder weniger lang und deutlich verlaufend
Haut: hart, aber dünn, gut schälbar
Fruchtstiel: klein, verkorkt
Fruchtzahl: bis 7
Fruchtfleisch: orange; besonders auf der Stielseite dick; feinkörnig, trocken, süßer, typischer Marroni-Geschmack
Verwendung: zum Braten, für Gratins, Kuchen, Süßspeisen
Pflanze: stark rankend, über 3 m lange Triebe; breite, gerundete Blätter mit gewelltem Rand; Platzbedarf 3 m^2
Samen: braun; 15 mm lang und 1,5 Mal so lang wie breit, dick
Reifezeit: 105 Tage
Lagerzeit: 7 Monate

Potimarrons und Verwandte

Die Vertreter dieser Gruppe sind meist kreiselförmig. Die Kürbisse haben einen Durchmesser von 9 bis 20 cm und ein Gewicht von 1 bis 3 kg. Der Fruchtstiel ist übermäßig dick, lang und korkig.

Die Pflanzen sind ertragreich, sie produzieren 4 bis 12 Früchte. Das Fruchtfleisch ist reich an Vitaminen, vor allem an Provitamin A und Oligo-Elementen.

Die Früchte sind wegen ihrer Größe, ihrer Farbe und des feinen Aromas sehr beliebt. Sie sind ebenfalls eine schöne Dekoration.

Uchiki Kuri

Fruchtform: kreiselförmig
Fruchtgröße (D): 11–20 cm
Gewicht: 1–2,5 kg
Oberfläche: glatt, leicht lederartig; leuchtend rot, meist zehn deutliche feine hellere Längsstreifen
Haut: wie Potimarron
Fruchtstiel: extrem dick, lang, korkig
Fruchtzahl: 5–8
Fruchtfleisch: wie Potimarron
Verwendung: wie Potimarron
Pflanze: wie Potimarron
Samen: braun; 1,7 Mal so lang wie breit, dick
Reifezeit: 95 Tage
Lagerzeit: 5–6 Monate
Andere Namen: Red Kuri, Orange Knirps, Potiron doux d'Hokkaido, Orange Hokkaido

Uchikiwase Akaguri

Fruchtform: kreiselförmig
Fruchtgröße (D): 11–20 cm
Gewicht: 1–2,5 kg
Oberfläche: glatt, etwas rau; leuchtend rot; leicht vorstehende längliche Rippen und feine hellere Längsstreifen
Haut: wie Potimarron
Fruchtstiel: extrem dick, lang, korkig
Fruchtzahl: 7–12, Totalgewicht pro Pflanze rund 20 kg
Fruchtfleisch: wie Potimarron
Verwendung: wie Potimarron
Pflanze: wie Potimarron
Samen: braun; glänzend; dick, 1,5 Mal so lang wie breit
Reifezeit: 95 Tage
Lagerzeit: 5–6 Monate
Anderer Name: Akaguri

Potimarron

Diese beliebte Sorte aus Japan ist mit dem Uchiki Kuri nahe verwandt. Der Potimarron wurde allerdings verschiedentlich in Frankreich gezüchtet. Sein Name leitet sich von Marroni ab. Die Früchte haben häufig ein nicht sehr einheitliches Erscheinungsbild.

Fruchtform: flachrund
Fruchtgröße (D x L): 9–11 cm x 12–18 cm
Gewicht: 1,5–3 kg
Oberfläche: glatt, leicht lederartig; leuchtend rot, meist zehn deutliche feine hellere Längsstreifen
Haut: zart; kann für manche Gerichte verwendet werden
Fruchtstiel: extrem dick, lang und korkig
Fruchtzahl: 4–5
Fruchtfleisch: gelb-orange; 3 cm dick, fest; feinkörnig, mehlig bis trocken, süßer, feiner Geschmack
Verwendung: für Suppen, Kuchen, Pürees, Gratins und Aufläufe
Pflanze: stark rankend, etwa 3 m lange Triebe; mittelgroße dunkelgrüne Blätter, abgerundet, leicht gewellter Rand, Lappen nur angedeutet; Platzbedarf 3 m^2
Samen: braun; dick, 1,7 Mal so lang wie breit
Reifezeit: 90–100 Tage
Lagerzeit: ca. 6 Monate

Delicious

Green Delicious

Diese in den USA gezüchtet Sorte sieht dem Golden Delicious ähnlich. Das dunkelgelb-orange Fruchtfleisch ist vielleicht etwas weniger mehlig. Green Delicious wird wegen seines angeblich hohen Vitamingehalts auch als Baby-Nahrung empfohlen.

Fruchtform: herzförmig, meist etwas kürzer und breiter abgerundet als die Sorte Golden Delicious
Fruchtgröße (D x H): 15–20 cm x 15–20 cm
Gewicht: 2–5 kg
Oberfläche: dunkelgrün marmoriert, mit feinen längs verlaufenden hellgrünen Streifen
Haut: dünn, oberflächlich granuliert
Fruchtstiel: breit, kräftig
Fruchtzahl: 3–4
Fruchtfleisch: dunkelgelb-orange; sämig kochend, ausgezeichneter Geschmack
Verwendung: für Suppen, Pürees, Kuchen usw.
Pflanze: stark rankend, 3–4 m lange Triebe, wenig gelappte Blätter; Platzbedarf 3 m^2
Samen: weiß; 20 mm lang, deutlich länger als breit
Reifezeit: 100–105 Tage
Lagerzeit: 5–6 Monate

Golden Delicious

Golden Delicious ist eine amerikanische Züchtung und sicherlich eine der schönsten Sorten unter den Riesenkürbissen. Sie ging aus der Kreuzung von Boston Marrow und Delicious hervor und wurde 1926 eingeführt. Nahe Verwandte sind Green Delicious und die Gruppe der roten Cups.

Dank dem hohen Vitamingehalt kann Golden Delicious auch als Kleinkindernahrung empfohlen werden.

Die Kürbisse brauchen bis zur Reife 110 Tage. Sie sollten deshalb wie andere Spätsorten im Anbau vorgezogen werden. Es empfiehlt sich zudem, die Kürbisse gut ausreifen zu lassen, damit sie ihr feines Aroma optimal entfalten können.

Fruchtform: herzförmig; am Stielansatz breit und am Blütenansatz spitz zulaufend
Fruchtgröße (D x H): 15–20 cm x 20–30 cm
Gewicht: 4–8 kg
Oberfläche: leuchtend rot-orange, oft mit feinen längs verlaufenden helleren Streifen und feinen Unregelmäßigkeiten bis leicht runzeliger Struktur
Haut: dünn und zart, jedoch kompakt
Fruchtstiel: kräftig
Fruchtzahl: 3–4
Fruchtfleisch: dunkelgelb-orange; fest, kompakt, leicht mehlig; ausgewogener Marroni-Geschmack
Verwendung: wie Green Delicious
Pflanze: stark rankend, 4 m lange oder noch längere Triebe; breite, fünflappige Blätter, ähnlich wie Hubbards; Platzbedarf 3 m^2
Samen: weiß, 1,6 Mal so lang wie breit, länglich-oval
Reifezeit: 110 Tage
Lagerzeit: bis 4 Monate

Buttercup

Eine altbewährte und immer noch sehr beliebte amerikanische Sorte. Der Name Buttercup bedeutet Butterblume (Hahnenfußgewächs) und charakterisiert die Form der Frucht. Sie wurde von A. F. Yeager gezüchtet und 1931 von der Firma Osca H. Will & Company, Bismark, North Dakota, auf den Markt gebracht. Sie ist so begehrt, dass verschiedene Firmen eigene Variationen anbieten, z. B. Buttercup Burgess. Yeager kreuzte sie mit einer Buschtyp-Sorte und erhielt «Bush Buttercup».

Fruchtform: rund, abgeflacht, auf der Stielseite leicht eingebuchtet, mehrere Zentimeter breiter Spiegel mit turbanähnlicher Form
Fruchtgröße (D x H): 15–20 cm x 12–15 cm
Gewicht: max. 2,3 kg
Oberfläche: glatt; dunkelgrün, mit graugrünen Streifen; innere Fläche des Blütenansatzes ebenfalls graugrün
Haut: dünn, zart; dank glatter Oberfläche relativ leicht zu schälen
Fruchtstiel: dünn, verkorkt
Fruchtzahl: 5–8
Fruchtfleisch: leuchtend orange; trocken; hervorragende Qualität, süß, leichter Marroni-Geschmack
Verwendung: zum Rohessen, zum Füllen, als Gemüse, für Kuchen, Marmeladen/Konfitüren
Pflanze: stark rankend, bis 3 m lange Triebe; breite, gerundete Blätter, Lappen nur durch gewellten Rand angezeigt; Platzbedarf 3 m^2
Samen: weiß, 1,8 Mal so lang wie breit
Reifezeit: 100 Tage
Lagerzeit: 3–4 Monate

Japanische Cups – Kuri-Kabocha

Kabocha brauchen viel Wärme und sind deshalb bei uns nicht sehr ergiebig. Man kann mit 2 bis 3 Früchten rechnen, mehr ist schon eine Ausnahme.

Kabocha sind selbst bei guten Lagerbedingungen nicht länger als 4 bis 6 Monate lagerbar.

Miyako F1

Eine berühmte und weit verbreitete japanische Züchtung der Firma Sakata. Der Name bedeutet «Hauptstadt»; gemeint ist die alte Stadt Kyoto.

Fruchtform: flachrund
Fruchtgröße (D x H): 14–18 cm x 8–11 cm
Gewicht: 1–1,8 kg
Oberfläche: glatt; dunkelgrün marmoriert, mit helleren, leicht vertieften Flecken und 10 deutlichen hellgrün-grauen Furchen
Haut: dünn
Fruchtstiel: kurz, verholzt
Fruchtzahl: 3–4
Fruchtfleisch: wie Mikoshi
Verwendung: wie Mikoshi
Pflanze: wie Mikoshi
Samen: hellbraun; gekörnt, 1,5 Mal so lang wie breit, dick
Reifezeit: 120–130 Tage
Lagerzeit: 5–8 Monate
Anderer Name: Home Delight ist vermutlich der in den USA übliche Name für Miyako

Ebisu F1

Eine weitere weit verbreitete japanische Kabocha, die von der Firma Takii gezüchtet worden ist. Es handelt sich um eine Hybridsorte, die etwas ertragreicher als die nächsten Verwandten ist. Ebisu ist der Name eines der sieben Glücksgötter – des Schutzpatrons der Fischer und Kaufleute.

Fruchtform: flachrund; kleiner, wulstiger, verkorkter, knopfförmiger Blütenansatz
Fruchtgröße (D x H): 16–23 cm x 9–13 cm
Gewicht: 1–2,5 kg
Oberfläche: glatt; dunkelgrün marmoriert; hellere, leicht vertiefte Flecken und 10 deutliche hellgrün-graue Furchen
Haut: dünn
Fruchtstiel: kurz, verholzt
Fruchtzahl: 3–6; Rekordzahl: 10 Früchte
Fruchtfleisch: wie Mikoshi
Verwendung: wie Mikoshi
Pflanze: wie Mikoshi
Samen: hellbraun; glatt und glänzend, etwas länger als breit, dick
Reifezeit: 120–130 Tage
Lagerzeit: 4–8 Monate
Anderer Name: Delica

Mikoshi

Die Sakata-Züchtung ist eine berühmte und beliebte japanische Sorte. Ihr Name bedeutet «tragbarer Shintoschrein». Sie ist nahe verwandt mit der Sorte Miyako, von der sie sich nur schwer unterscheiden lässt.

Fruchtform: flachrund; kleiner, wulstiger, verkorkter, knopfförmiger Blütenansatz
Fruchtgröße (D x H): 15–21 cm x 8–11 cm
Gewicht: 1,5–2 kg
Oberfläche: glatt; dunkelgrün marmoriert; hellere, leicht vertiefte Flecken und 10 deutlich erkennbare hellgrün-graue Furchen
Haut: dünn
Fruchtstiel: kurz, verholzt
Fruchtzahl: 2–3
Fruchtfleisch: dunkelgelb; dick, fest; feinkörnig, süßer, feiner Marroni-Geschmack; hervorragende Qualität
Verwendung: zum Braten und Backen, für Gratins und Aufläufe, ev. für Konfitüren/Marmeladen
Pflanze: rankend; 3 m lange Triebe; abgerundete, am Rand leicht gewellte Blätter; Platzbedarf 3 m^2
Samen: hellbraun; gekörnt, nur wenig länger als breit, dick
Reifezeit: 120–130 Tage
Lagerzeit: 4–6 Monate
Andere Namen: Butterball und Honey Delight sind die in den USA üblichen Namen für Mikoshi

Tsurunashi-Yakko F1

Dieser Kürbis zählt zu den japanischen Kabocha. In den USA wurde er mit dem «All America Selections Winner» ausgezeichnet. Aufgrund seiner Eigenschaften gaben ihm die Züchter der Firma Takii den Namen Yakko; so wird bei den Samurai ein Knecht genannt. Tsurunashi heißt «ohne Ranken».

Fruchtform: flachrund
Fruchtgröße (D x H): 12–15 cm x 9–12 cm
Gewicht: 1–1,5 kg
Oberfläche: glatt; dunkelgrün marmoriert, mit helleren, leicht vertieften hellgrün-grauen Flecken und 10 oberflächlichen hellgrünen Furchen
Haut: dünn
Fruchtstiel: kurz, verholzt
Fruchtzahl: 2–4
Fruchtfleisch: wie Mikoshi
Verwendung: wie Mikoshi
Pflanze: leicht rankend; siehe auch Mikoshi; Platzbedarf 2 m^2
Samen: hellbraun; glatt und glänzend, mit deutlichem Rand, 1,5 Mal so lang wie breit, dick
Reifezeit: 110–120 Tage
Lagerzeit: 5–12 Monate
Besondere Eigenschaften: resistent gegen Pilzkrankheiten wie z. B. Fusarium
Anderer Name: In den USA wird diese Sorte vermutlich unter dem Namen Sweet Mama vertrieben

Emu Seven

Eine relativ neue, inzwischen gut etablierte japanische Varietät der Firma Sakata. Der Name heißt einfach «M7».

Fruchtform: flachrund
Fruchtgröße (D x H): 15–19 cm x 9–12 cm
Gewicht: 1,2–2 kg
Oberfläche: glatt; dunkelgrün marmoriert, mit helleren, leicht vertieften Flecken und mit 10 deutlichen hellgrün-grauen Furchen
Haut: dünn
Fruchtstiel: kurz, verholzt
Fruchtzahl: bis 10
Fruchtfleisch: nussiger Geschmack, siehe auch Mikoshi
Verwendung: wie Mikoshi
Pflanze: wie Mikoshi
Samen: hellbraun; glatt und glänzend, deutlich gerandet, 1,5 Mal so lang wie breit, dick
Reifezeit: 120–130 Tage
Lagerzeit: 5–8 Monate
Besondere Eigenschaften: bei sehr viel Wärme ertragreich, bis 15 kg pro Pflanze

Houkou Aokawakuri und Rikyû

Die flachrunden Früchte haben eine glatte Oberfläche mit einer fleckenartigen Struktur und leicht angedeuteten Rippen. Die Früchte sind im unreifen Stadium hellgrün und werden bei voller Reife blaugrau. Wenn sie längere Zeit auf dem Feld liegen bleiben, verfärben sie sich unter dem Sonneneinfluss bräunlich-grün.

Die Kürbisse brauchen für ihre Entwicklung sehr viel Wärme. Der Ertrag pro Pflanze liegt bei 4 bis 5 und bei maximal 7 Früchten, insgesamt bei rund 9 kg.

Rikyû

Eine beliebte japanische Sorte, die ihren Namen dem Meister der Tee-Zeremonie verdankt. Sie ist mit Houkou Aokawakuri nahe verwandt. Rikyû unterscheidet sich jedoch in der Größe der Früchte, den glänzenden Samen und den kürzeren Trieben.

Fruchtform: flachrund
Fruchtgröße (D x H): 13–17 cm x 8–12 cm
Gewicht: 1–2 kg
Oberfläche: glatt; hellgrün bis graublau, fleckenartige Struktur, Rippen nur angedeutet
Haut: dünn
Fruchtstiel: kurz, dick, korkig
Fruchtzahl: 4–5, maximal 9 Früchte, Höchstertrag 9 kg
Fruchtfleisch: wie Houkou Aokawakuri
Verwendung: wie Houkou Aokawakuri
Pflanze: wie Houkou Aokawakuri
Samen: hellbraun; glatt und glänzend; dick, länglich, knapp doppelt so lang wie breit
Reifezeit: 120–130 Tage
Lagerzeit: 5–8 Monate

Houkou Aokawakuri

Diese typische alte japanische Kürbissorte ist wegen ihres intensiven Marroni-Aromas nach wie vor beliebt und weitverbreitet. Der Name bedeutet «herrlich schmeckender grauhäutiger Kürbis».

Fruchtform: flachrund
Fruchtgröße (D x H): 15–20 cm x 9–12 cm
Gewicht: 1–2,5 kg
Oberfläche: glatt; hellgrün bis graublau, fleckenartige Struktur, Rippen nur angedeutet
Haut: dünn
Fruchtstiel: dick, relativ lang und kräftig
Fruchtzahl: 4-5
Fruchtfleisch: gelb-orange; ziemlich dick, fest; feinkörnig, mehlig, süß, feiner Marroni-Geschmack, ausgezeichnete Qualität
Verwendung: für Kuchen, Pürees, Marmeladen/Konfitüren, zum Braten
Pflanze: mäßig rankend, 2 m lange Triebe; mittelgroße, abgerundete Blätter, gewellter Rand; Platzbedarf 2–3 m^2
Samen: hellbraun; gekörnt, dick, 1,5 Mal so lang wie breit
Reifezeit: 120–130 Tage
Lagerzeit: 5–8 Monate
Andere Namen: Houka Kabocha, Tokyo Houkou Kabocha, Tokyo Kabocha, Blue Kuri

Meruhen

Diese relativ neue Sorte aus Japan wurde 1995 von der Firma Sakata auf den Markt gebracht. Im Gegensatz zu vielen anderen japanischen Züchtungen ist die Sorte Meruhen leicht zu erkennen, und zwar an der sehr dunklen, wenig gefleckten Haut und an den deutlichen Rippen.

Fruchtform: rund, oben und unten stark abgeflacht
Fruchtgröße (D x H): 15–19 cm x 8–12 cm
Gewicht: 1,2–1,8 kg
Oberfläche: glatt, mit feinen Unebenheiten; dunkelgrün bis schwarzgrün, 10 deutliche, leicht heller gefärbte Furchen
Haut: dünn, dicht
Fruchtstiel: breit, kurz
Fruchtzahl: 3–5
Fruchtfleisch: dunkelgelb; trocken, fest; süß, ausgezeichneter Marroni-Geschmack
Verwendung: für Küchen, Pürees, Marmeladen/Konfitüren
Pflanze: rankend, 3–5 m lange Triebe; abgerundete, stark gewellte Blätter; Platzbedarf 3 m^2
Samen: hellbraun, 15 mm x 9 mm, dick, oval
Reifezeit: 120–130 Tage
Lagerzeit: 5–8 Monate
Anderer Name: wird auch in Japan öfters unter dem deutschen Namen «Märchen» angeboten

Chestnut

Chestnut ist eine altbewährte japanische Züchtung. In Japan ist sie kaum mehr erhältlich und wurde durch Kuriaji F1 ersetzt. Chestnut ist der englische Name für Marroni. Die Pflanze ist schwachwüchsig und gehört zu den Halbbuschformen. Wie alle japanischen Kabocha braucht auch Chestnut viel Wärme. Ein Ertrag von 3 bis 5 Früchten darf in unseren Breitengraden als sehr gut angesehen werden.

Fruchtform: rund, oben und unten abgeflacht
Fruchtgröße (D x H): 15–18 cm x 13–15 cm
Gewicht: 600–900 g
Oberfläche: graugrün; feine Oberflächenstruktur, Rippen nur schwach sichtbar
Haut: dünn, dicht
Fruchtstiel: dünn, korkig
Fruchtzahl: 3–5
Fruchtfleisch: dunkelgelb bis orange; dick; feinkörnig, trocken, süß, feiner Marroni-Geschmack, hervorragende Qualität
Verwendung: zum Rohessen, für Pürees, Aufläufe und Gratins, Kürbisreis, zum Braten
Pflanze: schwachwüchsig, 2,5 m lange Triebe; kleine dunkelgrüne Blätter, abgerundet und am Rand gewellt; Platzbedarf 2 m^2
Samen: weiß; 20 mm lang und 10 mm breit
Reifezeit: 120–130 Tage
Lagerzeit: 6–12 Monate

Hakushaku

Hakushaku ist eine bei uns wenig bekannte japanische Züchtung. Der Name bedeutet «Baron» und lässt die große Hoffnung der Züchter erahnen. Hakushaku ist wärmebedürftig und bei uns mäßig ergiebig.

Fruchtform: kreiselförmig, kleiner verkorkter Knopf am Blütenansatz
Fruchtgröße (D x H): 22–25 cm x 18–20 cm
Gewicht: 1,5–2 kg
Oberfläche: glatt, leicht strukturiert; weiß, graublauer Schimmer
Haut: dünn, dicht
Fruchtstiel: kräftig, deutlich verkorkt
Fruchtzahl: 3–6
Fruchtfleisch: gelb; dick, ausgesprochen mehlig, feinkörnig; süß, ausgeprägter Marroni-Geschmack; diese Sorte enthält erstaunliche 20% Trockenmasse
Verwendung: für Gratins und Aufläufe, Kürbisreis, zum Braten
Pflanze: stark rankend, mehrere Meter lange Triebe; mittelgroße, abgerundete, stark gewellte Blätter; Platzbedarf 3 m^2
Samen: hellbraun; 15 mm groß, dick, oval
Reifezeit: 120–130 Tage
Lagerzeit: 6–8 Monate

Yukigeshou F1

Yukigeshou ist eine wunderbare Züchtung aus dem Hause Sakata. Sie wurde 1993 auf den Markt gebracht und ist Beweis für die Zuchterfolge der Japaner. Dieser Kürbis trägt den poetischen Namen «Schnee-Landschaft». Yukigeshou braucht viel Wärme, dann ist sie sehr ertragreich.

Die Früchte sollten gut ausgereift geerntet werden, damit sie ihr feines Aroma entfalten können und auch optimal – das heißt bis 8 Monate – haltbar sind. Mit durchschnittlich 2,5 kg haben diese Früchte eine handliche Größe.

Die dezent graue, mit etwas dunkleren Flecken gemusterte Haut wird von den Japanern als Dekoration sehr geschätzt.

Fruchtform: rund, oben und unten deutlich abgeflacht
Fruchtgröße (D x H): 18–25 cm x 10–15 cm
Gewicht: 2–3 kg
Oberfläche: glatt; hellgrau bis graublau, mit leicht vertieften dunkleren Flecken; Blütenansatz auf einen Punkt reduziert
Haut: dünn
Fruchtstiel: kräftig, leicht verkorkt
Fruchtzahl: 5–10 Früchte, insgesamt rund 20 kg
Fruchtfleisch: gelb; dick, fest; süß, feiner Marroni-Geschmack
Verwendung: für Gratins und Aufläufe, Kürbisreis, Pürees
Pflanze: stark rankend, Triebe mehrere Meter lang; mittelgroße, runde, stark gewellte Blätter; Platzbedarf 3 m²
Samen: hellbraun; gekörnt, 1,5 Mal so lang wie breit
Reifezeit: 120–130 Tage
Lagerzeit: 8 Monate
Anderer Name: Snow Delight.

Golden Nugget – Bushfire – Redondo de Tronco

Bei diesen Kürbissorten handelt es sich um seltene, nicht rankende Riesenkürbisse. Die Triebe werden 80 bis 90 cm lang, der Platzbedarf ist mit 1,5–2 m² bescheiden. Die idealen Sorten für Kleingärten! Die Pflanzen sind sehr ertragreich und produzieren 8 bis 12 Früchte. Der Fruchtstiel ist extrem kurz, da die Früchte sehr nahe und dicht am Stängel wachsen.

Diese Frühsorten sind in 90 bis 95 Tagen reif und können laufend geerntet werden, sobald die Haut hart zu werden beginnt. Die buschförmige Pflanze ist immer wieder für eine Überraschung gut: Plötzlich entdeckt man im «Blätterwald» 11 oder 12 dicht nebeneinander wachsende leuchtend rot-orange Früchte! Einziger Nachteil ist die kurze Haltbarkeit; die Früchte können kaum länger als 2 bis 4 Monate gelagert werden.

◁

Golden Nugget

Die Samen dieser interessanten Varietät sind oft schwierig zu bekommen. Golden Nugget ist in Neuseeland und Australien beheimatet und wird oft auch Gold Nugget (kleines Goldstück) genannt. 1966 erhielt sie den Preis «All America Selections Winner».

Fruchtform: flachrund
Fruchtgröße (D): 10–14 cm
Gewicht: 100–400 g
Oberfläche: glatt; kräftig rosa-orange, grüner Blütenansatz
Haut: weich
Fruchtstiel: extrem kurz
Fruchtzahl: 8–12
Fruchtfleisch: orange; feinkörnig, jedoch etwas mehlig; ausgezeichnete Qualität, feines, unaufdringliches Aroma.
Verwendung: zum Füllen und Überbacken; wie Rondini zu verwenden
Pflanze: 80–90 cm lange Triebe; mittelgroße, runde, langstielige Blätter; Platzbedarf 1,5 m²
Samen: weiß; nur wenig länger als breit
Reifezeit: 95 Tage
Lagerzeit: 2–4 Monate
Anderer Name: Gold Nugget

Redondo de Tronco

Diese interessante Varietät ist in Südamerika beheimatet und dort sehr beliebt. Sie wird vor allem in Brasilien häufig angepflanzt. Der Name bedeutet «Runder Kürbis am Stiel» und widerspiegelt sein Aussehen. Bei uns sind die Samen schwierig zu bekommen.

Fruchtform: flachrund
Fruchtgröße (D x H): 11–14 cm x 7–9 cm
Gewicht: 400–600 g
Oberfläche: glatt, schwach gerippt; dunkelgrün bis olivbraun
Haut: hart
Fruchtstiel: kurz, dick, korkig
Fruchtzahl: 4–6, ausnahmsweise 8–12
Fruchtfleisch: wie Golden Nugget
Verwendung: wie Golden Nugget
Pflanze: wie Golden Nugget; Platzbedarf 2 m^2
Samen: weiß; 13 mm x10 mm, breit-oval
Reifezeit: 95 Tage
Lagerzeit: 2–5 Monate
Anderer Name: Zapallito del Tronco, Zapallito de Tronco Verde, Abobrinha de Tronco Redonda

Bushfire F1

Ein interessanter Hybrid, der vermutlich aus einer Kreuzung mit Golden Nugget hervorgegangen ist und vor allem in Neuseeland und Australien gezüchtet wird.

Fruchtform: flachrund
Fruchtgröße (D x H): 11–14 cm x 7–10 cm
Gewicht: 0,4–1 kg
Oberfläche: glatt, schwach gerippt, kräftig orange, mit verkorktem, grün umrandetem Blütenansatz
Haut: dünn
Fruchtstiel: kurz, dick, korkig
Fruchtzahl: 6–10
Fruchtfleisch: gelb-orange, siehe auch Golden Nugget
Verwendung: wie Golden Nugget
Pflanze: wie Golden Nugget; Platzbedarf 2 m^2
Samen: hellbraun; 17 mm x 12 mm, dick und breit-oval
Reifezeit: 90 Tage
Lagerzeit: 1–3 Monate

Moranga Coroa

Da diese in Brasilien verbreitete Sorte als Exot angesehen werden muss und auch mit keiner der vorgestellten Sorten verwandt ist, soll sie erwähnt werden. Die Samen sind bei uns nur selten erhältlich. Der Name bedeutet «Kronen-Kürbis». Die prächtigen Pflanzen sind stark rankend. In unserem Klima sind sie nicht sehr ergiebig, 2 bis 4 Früchte sind normal.

Fruchtform: rund, oben und unten abgeflacht, Stielansatz deutlich vertieft
Fruchtgröße (D x H): 16–20 cm x 10–13 cm
Gewicht: 1,2–2 kg
Oberfläche: glatt, mit feinen Unebenheiten und deutlichen Rippen; gleichmäßig graugrün
Haut: dünn
Fruchtstiel: kräftig, stark verkorkt, am Ansatz extrem breit
Fruchtzahl: 2–4
Fruchtfleisch: gelb; dick; feinkörnig, feste Konsistenz, süß, ausgezeichnete Qualität, feiner Kürbisgeschmack
Verwendung: für Suppen, Gratins
Pflanze: stark rankend, 3–4 m lange Triebe; langstielige, mittelgroße, abgerundete Blätter; Platzbedarf 3 m^2
Samen: weiß; 15 mm, kurz-oval
Reifezeit: 120 Tage
Lagerzeit: 3–4 Monate

Rouge Vif d'Etampes

Rouge Vif d'Etampes gehört sicherlich zu den bei uns am häufigsten angebauten Sorten. Etampes ist ein Ort 40 km südwestlich von Paris, von dort dürfte dieser Kürbis denn auch stammen. Seine Wurzeln reichen in die Mitte des 19. Jahrhunderts.

Mäuse und andere Kleinsäuger finden unter den breiten Kürbissen ein ideales Versteck, um sich an den dünnhäutigen Früchten gütlich zu tun. Um diesbezüglich keine Enttäuschung zu erleben, sollten kleine Bretter oder eine andere Unterlage unter die Früchte gelegt werden. Dieser Sorte ist es wahrscheinlich zu «verdanken», dass die Kürbisse bei uns während vieler Jahre in Verruf geraten sind. Die Konsumenten nahmen zu Unrecht an, dass alle anderen Kürbisse so oder ähnlich wie diese schmecken und verpassten damit die Gelegenheit, andere Früchte mit festem Fruchtfleisch und feinem Aroma kennenzulernen.

3 Monate Lagerzeit sind bereits ein Erfolg. Leider wird durch die Lagerung das ohnehin schon mittelmäßige Fruchtfleisch noch fasriger.

Fruchtform: rund, sehr breit, abgeflacht, teilweise eingedrückt
Fruchtgröße (D x H): 20–50 cm x 15–20 cm
Gewicht: 8–12 kg, höchstens 20 kg
Oberfläche: glatt, leicht gebeult; deutliche, aber unregelmäßige Rippen, manchmal rau und genarbt, leuchtend rot
Haut: dünn, weich
Fruchtstiel: im Verhältnis zur Größe eher dünn
Fruchtzahl: 2–4
Fruchtfleisch: gelb-orange; wässrig, fasrig, fade; minderwertige Qualität
Verwendung: für Suppen
Pflanze: stark rankend, über 5 m lange Triebe; breit gerundete Blätter, am Rand leicht gewellt; Platzbedarf 3–4 m^2
Samen: beige; 20–23 mm, doppelt so lang wie breit
Reifezeit: 100 Tage
Lagerzeit: ca. 3 Monate
Andere Namen: Etampes rot. Oft wird diese Sorte auch Roter Zentner genannt

Zentner

Die Früchte sind rund, vorn und hinten abgeflacht, manchmal unförmig. Sie werden ziemlich groß und erreichen ein Gewicht von 5 bis maximal 50 kg. Bei typisch ausgebildeten Exemplaren ist die Oberfläche sehr hart. Bei atypischen kann die Haut fast weich sein.

Selbst wenn die Früchte spät geerntet werden, sind sie selten länger als 4 Monate haltbar. Nach dieser Zeit fallen sie oft in sich zusammen, als ob sie auf einmal alles Wasser verlieren würden. Insbesondere bei den Galeux d'Eysines entwickeln sich nicht selten schon nach kurzer Zeit Schimmelherde in einem oder mehreren Wülsten.

Obwohl die Zentner zu den Riesenkürbissen zählen, haben sie weder das Aroma noch die Fruchtfestigkeit der japanischen Cups oder der Hubbards. Es ist erstaunlich, dass für unsere Vorfahren diese Sorte «der Kürbis» schlechthin war. Die Erklärung liegt wahrscheinlich in ihrer Fähigkeit, auch in unserem nasskalten Klima zu gedeihen.

Galeux d'Eysines

Eine wunderschöne französische Sorte aus dem Bordeaux-Gebiet, die in der Übersetzung «Warzige von Eysines» heisst. Am Ende der Wachstumsphase werden die Früchte rosa und bilden überall Risse, die sich grubenartig erweitern und zu rippenähnlichen, korkigen Narben verheilen.

Fruchtform: flachrund
Fruchtgröße (D x L): 50 cm x 30 cm
Gewicht: 5–21 kg
Oberfläche: rosa; mit zahlreichen großen länglichen Narben bedeckt
Haut: weich
Fruchtstiel: kurz, dick, korkig
Fruchtzahl: 4–5; Rekord: 10 Früchte, insgesamt 130 kg!
Fruchtfleisch: wie Gelber Zentner
Verwendung: wie Gelber Zentner
Pflanze: wie Gelber Zentner; Platzbedarf 5 m^2
Samen: weiß und fast doppelt so lang wie breit
Reifezeit: 120 Tage
Lagerzeit: 2–3 Monate
Andere Namen: Courge Brodée Galeuse, Giraumon Galeux d'Eysines, Citrouille d'Eysines à potage
Deutscher Name: Diese Sorte wird meist unter ihrem französischen Namen gehandelt. Im deutschen Sprachraum nennt man sie gelegentlich Häckelkrätze.

Gelber Zentner

Der Gelbe Zentner ist sicherlich die bei uns bekannteste und auch am meisten kultivierte Sorte. Überhaupt war sie bis vor kurzem nebst Rouge Vif d'Etampes der einzige bei uns angebaute Kürbis.

Fruchtform: flachrund
Fruchtgröße (D x L): 30–65 x 20–40 cm
Gewicht: 15–50 kg
Oberfläche: rau, mit netzartiger Struktur, manchmal ganz glatt, einfarbig gelb
Haut: weich
Fruchtstiel: kurz, dick, korkig
Fruchtzahl: maximal 4
Fruchtfleisch: gelb; dick; fasrig, wässrig, leicht süße, nicht sehr gute Qualität
Verwendung: für Suppen, Marmeladen/Konfitüren, Süßsaures; für Viehfutter
Pflanze: stark rankend, 5 bis 6 m lange Triebe; große dunkelgrüne Blätter, breit gerundet; Platzbedarf: 4–5 m^2
Samen: weißlich; 20 mm x 13 mm, breit-oval
Reifezeit: 100 Tage
Lagerzeit: maximal 4 Monate
Andere Namen: Riesenzentner, Jaune Gros de Paris, Quintale a Seme Giallo

Banana

Die Früchte sind walzen- bis bananenförmig, der Blütenansatz ist klein und spitz. Die glatte Oberfläche ist wegen des langsamen Wachstums meist etwas vernarbt oder rau. Banana sind blaugrau oder pink-rosa. Die Haut ist mit Ausnahme der häufig auftretenden Vernarbungen dünn und fein.

Obwohl Banana länglich sind und von der Form her an Zucchini erinnern, zählen sie zu den Riesenkürbissen. Im reifen Stadium geerntete Früchte sind lange haltbar, mindestens 9 Monate. Banana haben eine längliche Samenhöhle. Sie sind von schöner Farbe und exklusiver Form.

Blue Banana

Blue Banana war vor einigen Jahren in den USA sehr beliebt. Inzwischen ist es jedoch ziemlich schwierig geworden, sich Samen zu beschaffen.

Fruchtform: walzen- bis bananenförmig
Fruchtgröße (D x L): 12–20 cm x 40–70 cm
Gewicht: 5–15 kg
Oberfläche: glatt, meist etwas vernarbt; blaugrau
Haut: dünn und fein, mit Ausnahme der Vernarbungen
Fruchtstiel: kurz, kräftig
Fruchtzahl: 2–5
Fruchtfleisch: dunkelgelb bis orange; dick, trocken, fest; süß, ausgezeichnete Qualität, feiner Kürbisgeschmack
Verwendung: für Pürees, Gratins und Aufläufe, für Suppen, als Gemüse, zum Braten, für Kuchen, Konfitüren/Marmeladen
Pflanze: rankend, mehrere Meter lange Triebe; große, abgerundete Blätter; Platzbedarf 3 m^2
Samen: braun; dick, etwa 1,7 Mal so lang wie breit
Reifezeit: 110–120 Tage
Lagerzeit: bis 9 Monate
Anderer Name: Grey Banana

North Georgia

Diese amerikanische Züchtung ist mit Pink Jumbo Banana verwandt, sie ist allerdings etwas kleiner. Der Name ist vermutlich auf ihre Herkunft zurückzuführen.

Fruchtform: zylindrisch, manchmal etwas bananenförmig gebogen
Fruchtgröße (D x L): 10–12 cm x 30–40 cm
Gewicht: 3–6 kg
Oberfläche: glatt; pink-rosa, mit etwas dunkleren Streifen und Flecken und einem graugrünen Stern um den Blütenansatz
Haut: dünn, weich
Fruchtstiel: kurz, dick, korkig
Fruchtzahl: 3–5
Fruchtfleisch: im rohen Zustand knackig und nussähnlich; siehe auch Blue Banana
Verwendung: wie Blue Banana
Pflanze: wie Blue Banana; Platzbedarf 3–4 m^2
Samen: braun; dick und etwa 18 mm x 11 mm
Reifezeit: 100 Tage
Lagerzeit: 5–7 Monate

Pink Jumbo Banana

Diese interessante Sorte ist in einigen europäischen Ländern, zum Beispiel in Ungarn, sehr beliebt und weit verbreitet. Sie stammt ursprünglich aus den USA und wird vor allem in Kalifornien sehr geschätzt.

Fruchtform: zylindrisch, manchmal etwas bananenförmig gebogen
Fruchtgröße (D x L): 15–30 cm x 70–110 cm
Gewicht: 5–20 kg, max. ca. 30 kg, zitierter Rekord 61 kg
Oberfläche: glatt, manchmal kleine Risse; zuerst graugrün, später pink-rosa
Haut: dünn, weich
Fruchtstiel: kurz, dick, korkig
Fruchtzahl: 3–5, durchschnittlich 10 kg
Fruchtfleisch: wie Blue Banana
Verwendung: wie Blue Banana
Pflanze: wie Blue Banana; Platzbedarf 4 m^2
Samen: hellbraun; sehr dick, oval, ca. 1,6 Mal so lang wie breit
Reifezeit: 110 Tage
Lagerzeit: 5–7 Monate
Besondere Eigenschaften: Die Frucht hat eine längliche Samenhöhle. Dank ihrer Form können die Früchte leicht in Scheiben geschnitten werden und sind unter anderem zum Trocknen geeignet.
Anderer Name: Pink Banana ist eine nahe Verwandte, kleinere Züchtung.

Potiron d'Alençon

Diese französische Sorte stammt vermutlich aus Alençon in der Nähe von Le Mans.

Fruchtform: länglich
Fruchtgröße (D x H): 20–30 cm x 40–50 cm
Gewicht: 4–8 kg
Oberfläche: leuchtend orange; oberflächlich leicht gerippt, glänzend
Haut: dünn
Fruchtstiel: schlank, lang, korkig
Fruchtzahl: 3–5
Fruchtfleisch: gelb-orange, 2–3 cm dick, fest, feinkörnig; feiner Geschmack frischer Haselnüsse
Verwendung: für Suppen, Aufläufe und Gratins, Kürbisreis, Pies und Kuchen
Pflanze: stark rankend, über 3 m lange Triebe; Blätter groß und abgerundet; Platzbedarf: 3 m^2
Samen: weiß; ca. doppelt so lang wie breit
Reifezeit: 90 Tage
Lagerzeit: 3–5 Monate

Riesenkürbisse

Riesenkürbisse sind rund, oben und unten abgeflacht, größere sind oft unförmig. Sie können bis 70 cm Durchmesser haben, das Gewicht variiert zwischen 30 und 100 kg und mehr. Die dunkel rot-orange Oberfläche ist glatt und hat mehr oder weniger deutliche Rippen, die manchmal wulstartig sind. Riesenkürbisse werden vor allem ihrer Größe wegen als Kuriosität und für Wettbewerbe gezüchtet. Die Haltbarkeit ist mit 2 bis 5 Monaten nicht gerade lang.

Prizewinner F1

Eine bekannte und auch beliebte amerikanische Züchtung. Früher gehörte sie zu den Größten, inzwischen ist sie aber von neueren Züchtungen verdrängt worden.

Fruchtform: rund, oben und unten abgeflacht
Fruchtgröße (D): bis 70 cm
Gewicht: 50–100 kg
Oberfläche: dunkel rot-orange; glatt, leichte oberflächliche Rippen
Haut: weich
Fruchtstiel: kurz, dick, kräftig
Fruchtzahl: 1–2
Fruchtfleisch: hellorange bis orange; dick; durchschnittliche Qualität
Verwendung: für Suppen und als Gemüse, für Kuchen und Pies
Pflanze: stark rankend, 5–6 m lange Triebe; langstielige, große Blätter, breit abgerundet; Platzbedarf 3–4 m^2
Samen: beige, 22 mm x 15 mm, etwas länger als breit, dick
Reifezeit: 120–130 Tage
Lagerzeit: 3–5 Monate

Atlantic Giant

Diese Sorte wird den sogenannten «Pumpkins» zugeordnet, obwohl sie eigentlich zu den Riesenkürbissen gehört. Sie wurde von Howard Dill, Nova Scotia (Kanada), mit der Intention gezüchtet, rekordverdächtige Größen zu erzielen. Im Jahre 1996 hat ein Atlantic Giant den Kürbis-Rekord aller Zeiten aufgestellt: 1061 Pfund (481,2 kg), 3,81 m Umfang und 1,2 m Durchmesser. Siehe auch Kapitel «Riesenkürbisse».

Fruchtform: rund bis unförmig
Fruchtgröße (D): 50 cm
Gewicht: 30–100 kg
Oberfläche: rot-orange; glatt, meist mit deutlichen Längsrippen
Haut: weich
Fruchtstiel: kurz, dick, kräftig
Fruchtzahl: 1–2
Fruchtfleisch: bis 15 cm dick, mäßige Qualität, siehe auch Prizewinner
Verwendung: wie Prizewinner
Pflanze: wie Prizewinner; Platzbedarf 4–5 m^2
Samen: beige, etwa doppelt so lang wie breit, länglich-dick
Reifezeit: 120–140 Tage
Lagerzeit: 2–4 Monate

Big Max

Eine bis vor kurzem sehr beliebte amerikanische Züchtung. Inzwischen finden nahe Verwandte und größere Sorten wie Prizewinner mehr Anklang bei Gärtnern und Veranstaltern von Wettbewerben.

Fruchtform: rund, oben und unten abgeflacht
Fruchtgröße (D): 50 cm
Gewicht: 30–50 kg
Oberfläche: rosa-orange; glatt, mit leichten oberflächlichen Rippen
Haut: weich
Fruchtstiel: kurz, dick, kräftig
Fruchtzahl: 1–2
Fruchtfleisch: wie Prizewinner
Verwendung: wie Prizewinner
Pflanze: wie Prizewinner
Samen: beige, 20 mm x 12 mm, länglich-oval
Reifezeit: 125–130 Tage
Lagerzeit: 3–5 Monate
Anderer Name: Gargantua

Courge du Pérou

Die Samen dieser südamerikanischen Sorte werden nur selten angeboten, unter anderem durch französische Samenhändler.

Fruchtform: eiförmig
Fruchtgröße (D x H): 30–40 cm x 40–50 cm
Gewicht: 17–23 kg
Oberfläche: dunkelgrün; glatt, mit deutlichen, breiten Rippen
Haut: hart, gut schälbar
Fruchtstiel: dünn, korkig
Fruchtzahl: 1–2
Fruchtfleisch: gelblich; dick, besonders auf der Stielseite; trocken, feinkörnig; gute Qualität
Verwendung: für Gratins und Aufläufe sowie Suppen
Pflanze: stark rankend, 5 m lange oder längere Triebe: breite, gerundete Blätter; Platzbedarf ca. 5 m^2
Samen: braun; 15 mm, dick und länglich, ca. 1,5 Mal so lang wie breit
Reifezeit: ca. 110 Tage
Lagerzeit: 6–8 Monate

Tetsukabuto F1

Tetsukabuto ist wahrscheinlich insgesamt die vollkommenste Sorte und auch die einzige interspezifische Kreuzung *maxima x moschata*, die sich etablieren konnte. Wir verdanken sie innovativen japanischen Züchtern der Firma Takii. Tetsukabuto F1 ist das Produkt der Befruchtung einer weiblichen Blüte von Delicious mit Pollen von Futsu Kurokawa Nr. 2. Der Name bedeutet «Eiserner Cup».

Die Pflanze ist wenig anfällig auf Krankheiten und sehr ertragreich. Es ist nachzulesen, dass der Rekord einer Pflanze bei 203 Früchten liegt. Da Tetsukabuto F1 selber keine Pollen produziert, müssen in ihrer Umgebung Befruchter angepflanzt werden. Dafür eignen sich sowohl Moschus- wie auch Riesen- oder Gartenkürbisse. Da die Wurzeln sehr resistent sind, können sie auch als Unterlage für Wassermelonen, Melonen und Gurken genutzt werden.

Wegen ihrer exklusiven Eigenschaften, so z. B. außerordentlich gutes Fruchtfleisch, längere Haltbarkeit, handliche Größe und Ergiebigkeit, war und ist diese Sorte in Japan ein Renner. Bei uns wird Tetsukabuto F1 leider verkannt und nur selten angeboten.

Fruchtform: fast kugelrund, oft auch mehr oder weniger flachrund; Blütenansatz sehr klein, punktförmig und leicht vorstehend
Fruchtgröße (D x H): 14–19 cm x 10–14 cm
Gewicht: 1–3 kg, durchschnittlich 2–2,5 kg, selten bis 3,7 kg oder auch nur 600 g
Oberfläche: glänzend; feine Struktur, 10 meist deutliche Doppelrippen; tief dunkelgrün, Furchen etwas heller und bei voller Reife gelb
Haut: dünn
Fruchtstiel: lang, hart, kantig, stachelig
Fruchtzahl: 8–12, total 20 kg
Fruchtfleisch: gelb-orange; dick, fest; süß, leichter Marroni- und fruchtiger Kürbisgeschmack
Verwendung: für Suppen, zum Backen und Braten
Pflanze: stark rankend, 2–3 m lange Triebe; eckige Blätter, den Adern entlang weiß marmoriert
Samen: weiß; dick und länglich, ca. 18 mm
Reifezeit: 120–130 Tage
Lagerzeit: bis 1 Jahr
Andere Namen: In Amerika tragen sie den Namen Iron Cup oder Toughman

3. Die Moschuskürbisse (Cucurbita moschata)

Der Moschuskürbis war ursprünglich in den niedrigen Gebirgen Mexikos und Südamerikas heimisch. Er ist nachweislich mit *C. mixta* (Ayoten) und *C. soraria* (Wildart) verwandt. Die Urform konnte jedoch bis heute nicht eruiert werden.

Der Name «Moschus» bezieht sich auf das Fruchtfleisch. Die aufgeschnittenen Früchte verströmen einen mehr oder wenigen intensiven Moschusgeruch. Es handelt sich dabei um einen pflanzlichen Duftstoff, der nichts mit dem allgemein bekannten, sehr penetranten tierischen Moschus zu tun hat. Der Geruch kann als fruchtig, süß und lieblich beschrieben werden. Moschuskürbisse besitzen meist einen nussigen Geschmack, der je nach Sorte unterschiedlich intensiv sein kann.

Schon zu Beginn der Vollreife haben die Früchte einen mehligen Überzug, der bei vielen Sorten wie eine Patina wirkt.

Muscade de Provence

Die in ganz Europa berühmte französische Züchtung wird auch auf unseren Märkten angeboten. Der «Moschuskürbis aus der Provence» hat mit der Muskatnuss nichts zu tun.

Die Reifezeit der Moschuskürbisse beträgt rund 150 Tage. Da die Früchte bei uns nicht ausreifen können, sollten sie so spät wie möglich geerntet werden. Sie reifen dann nach und sind relativ lange haltbar, 4 bis 8 Monate.

Fruchtform: flachrund, vertiefter Fruchtstiel
Fruchtgröße (D x H): 25–50 cm x 15–30 cm
Gewicht: 7–40 kg
Oberfläche: glatt, stark gerippt; dunkelgrün, manchmal hellere Flecken, die sich bei Vollreife rotbraun verfärben
Haut: dünn und verletzlich, bei Vollreife lederartig, mehlige Patina
Fruchtstiel: lang, dünn, fünfkantig, an der Basis breiter
Fruchtzahl: 2–4
Fruchtfleisch: leuchtend orange; dick, fest, fasrig, leicht wässrig; süß, fruchtig-aromatisch, ausgezeichnete Qualität
Verwendung: eignet sich für jede Zubereitung; für Suppen (ausgehöhlt als Suppenschüssel), Kuchen und Pies, Konfitüren/Marmeladen, auch zum Rohessen
Pflanze: stark rankend, 5 bis 6 m lange Triebe; große dunkelgrüne Blätter, behaart, silbrig marmoriert, eckig, undeutlich fünflappig; Platzbedarf 4 m^2
Samen: hellbraun; groß, oval, 15–17 mm x 10 mm, deutlicher brauner Rand
Reifezeit: 150 Tage
Lagerzeit: 4–8 Monate
Anderer Name: Musquée de Provence

Fairytale F1

Fairytale, auf deutsch «Märchen», ist eine relativ neue Züchtung aus den USA. Nebst den Butternuts dürfte sie der erste Moschuskürbis-Hybrid sein. Die Früchte sollten nur gut ausgereift geerntet werden.

Fruchtform: flachrund, vertiefter Fruchtstiel
Fruchtgröße (D x H): 20–35 cm x 15–20 cm
Gewicht: 5–7 kg
Oberfläche: glatt, deutliche Rippen; zuerst dunkelgrün, bis zur Vollreife rotbraun, mehlige Patina
Haut: weich, gut schälbar, leicht verletzbar
Fruchtstiel: kurz, dünn, fünfkantig
Fruchtzahl: 2–4, selten mehr
Fruchtfleisch: leuchtend orange; dick, fest; süß, fruchtig, aromatisch, ausgezeichnete Qualität
Verwendung: wie Muscade de Provence
Pflanze: stark rankend, 5–6 m lange Triebe; große dunkelgrüne Blätter, behaart, silbrig marmoriert, eckig, undeutlich fünflappig; Platzbedarf 4 m^2
Samen: hellbraun, länglich-oval, 16 mm x 10 mm, feiner brauner Rand
Reifezeit: 120–130 Tage
Lagerzeit: 4–8 Monate

Fagtoong

Fagtoong sind in Thailand die am häufigsten angebauten Sorten. Das Wort Fagtoong besteht aus zwei Teilen, «fag» = «zerdrückt» und «toong» = «Gold».

Die Reifezeit beträgt mindestens 130 bis 150 Tage. In unseren Breitengraden muss mit der Ernte möglichst lang zugewartet werden. Die Kürbisse reifen dann während der Lagerzeit weiter und halten sich 5 bis 10 Monate.

Genoppter Fagtoong

Ein ganz spezieller Kürbis! Leider sind die Samen nur schwer zu beschaffen.

Fruchtform: flachrund, Fruchtstiel leicht vertieft
Fruchtgröße (D x H): 25–40 cm x 8–12 cm
Gewicht: 2–3,5 kg
Oberfläche: dunkelgrün, tiefe Runzeln
Haut: hauchdünn
Fruchtstiel: wie gefleckter Fagtoong
Fruchtzahl: 4–5
Fruchtfleisch: wie gefleckter Fagtoong
Pflanze: wie gefleckter Fagtoong
Verwendung: wie gefleckter Fagtoong
Samen: hellbeige; deutlicher brauner Rand, bauchig, länglich, 16 mm x 8 mm
Reifezeit: 130–150 Tage
Lagerzeit: 5–9 Monate

Gefleckter Fagtoong

Fruchtform: flachrund, Fruchtstiel leicht vertieft
Fruchtgröße (D x H): 18–23 cm x 10–13 cm
Gewicht: 1,5–3,5 kg
Oberfläche: glatt, 10 Rippen; dunkelgrün, cremefarben gefleckt
Haut: hauchdünn
Fruchtstiel: lang, fünfkantig, verholzt, an der Basis breiter
Fruchtzahl: 4–5
Fruchtfleisch: gelb; sehr dick, mindestens 3–4 cm; fest, knackig; süßlich, fruchtig, nussähnlich, hervorragende Qualität
Verwendung: für Rohkost, zum Braten, für Gratins, Suppen, Pürees, Kuchen
Pflanze: stark rankend, 5–6 m lange Triebe; große dunkelgrüne Blätter, behaart, silbrig marmoriert, eckig, undeutlich fünflappig; Platzbedarf 4 m^2
Samen: hellbeige, deutlicher brauner Rand, bauchig, länglich, 16 mm x 8 mm
Reifezeit: 135–150 Tage
Lagerzeit: 5–10 Monate
Andere Namen: vermutlich Baiana Tropical (Südamerika), diverse Namen in Japan

Buckskin

Die amerikanische Züchtung, auf deutsch «Wildleder», hatte Anfang der 90er Jahre ihre Blütezeit. In den USA werden Buckskins oft unter den Pumpkins aufgeführt, was falsch ist, denn es handelt sich eindeutig um Moschuskürbisse.

Fruchtform: fast kugelrund, oben und unten leicht abgeflacht
Fruchtgröße (D x L): 20 cm x 15–20 cm
Gewicht: 4–6 kg
Oberfläche: glatt; typische mehlige Patina; im reifen Stadium ocker, Rippen angedeutet
Haut: gut schälbar
Fruchtstiel: dünn, kurz, fünfkantig, an der Basis breiter, verholzt
Fruchtzahl: 3–4
Fruchtfleisch: leuchtend orange; dick; süßlich, fruchtig, aromatisch
Verwendung: für Suppen, Pürees, Kuchen, Süßspeisen
Pflanze: rankend, 5 m lange Triebe; große dunkelgrüne Blätter, behaart, silbrig marmoriert, eckig, undeutlich fünflappig; Platzbedarf 4 m^2
Samen: hellbraun, brauner Rand; oval, 15 mm x 8 mm, etwas verfilzt
Reifezeit: 120–130 Tage
Lagerzeit: 5–8 Monate

Kashiphal

Die Erfahrungen mit Kashiphal, einer indischen Sorte, sind in Europa bescheiden. Die Früchte können hochrund oder deutlich verlängert sein, je nach Herkunft der Samen. Kashiphal ist eine Spätsorte. Damit die Früchte lange haltbar sind, müssen sie so spät wie möglich geerntet werden.

Fruchtform: hochrund, deutlich verlängert
Fruchtgröße (D x H): 40 cm x 50–70 cm
Gewicht: 6–20 kg
Oberfläche: glatt, manchmal leichte Rippen; feines, kleinmaschiges dunkelgrünes Netz, Reihen von größeren cremefarbenen Flecken; im reifen Stadium rotbraun
Haut: dünn
Fruchtstiel: lang, dünn, fünfkantig, an der Basis breiter
Fruchtzahl: 1–2
Fruchtfleisch: leuchtend gelb; sehr dick, fest; süßlich, fruchtig, nussähnlich, hervorragende Qualität
Verwendung: für Suppen, Aufläufe und Gratins, Kuchen
Pflanze: stark rankend, mehrere 5–6 m lange Triebe; große dunkelgrüne Blätter, behaart, silbrig marmoriert, eckig, undeutlich fünflappig; Platzbedarf 5 m^2
Samen: hellbraun; breiter Rand, länglich-oval, 20 mm
Reifezeit: 130–150 Tage
Lagerzeit: 4–8 Monate

Phoenix F1

Der amerikanische Moschuskürbis braucht nicht nur sehr viel Wärme, sondern bis zur Reife auch viel Zeit. Etwas zu früh geerntete Früchte reifen während der Lagerzeit noch nach und verfärben sich rostrot. Auf die Haltbarkeit hat dies keinen Einfluss.

Fruchtform: tropfenförmig
Fruchtgröße (D x L): 12–17 cm (breiteste Stelle) x 15–17 cm
Gewicht: 1-1,5 kg
Oberfläche: glatt, leichte Längsrippen; dunkelgrün marmoriert, zahlreiche weißliche Flecken, die später rostrot werden
Haut: dünn
Fruchtstiel: lang, dünnkantig, an der Basis wulstartig
Fruchtzahl: 4–8
Fruchtfleisch: hellorange; dick, fest; feinkörnig, leicht süßlich, fruchtig, feiner nussähnlicher Geschmack, hervorragende Qualität
Verwendung: für Suppen, Pürees, Gratins und Aufläufe sowie Kuchen
Pflanze: stark rankend, zahlreiche 3–4 m lange Triebe; mittelgroße dunkelgrüne Blätter, dreieckig, leicht behaart, silbrig marmoriert, undeutlich fünflappig; Platzbedarf 4 m^2
Samen: hellbraun, brauner Rand; oval, 15 mm x 9 mm
Reifezeit: 120 Tage
Lagerzeit: 4–7 Monate

Musquée du Maroc

Der Anbau von Musquée du Maroc beschränkt sich auf Marokko. Die Samenbeschaffung ist äußerst schwierig.

Fruchtform: oft kugelrund, nur leicht abgeflacht, manchmal hochrund oder walzenförmig
Fruchtgröße (D x H): 20–40 cm x 15–25 cm
Gewicht: 3–15 kg, manchmal bis 25 kg
Oberfläche: glatt, oberflächliche Rippen; zuerst dunkelgrün, im reifen Stadium ocker, mehlige Patina; in wärmeren Gebieten mehr oder weniger ausgeprägte Warzen
Haut: dick
Fruchtstiel: dünn, sehr lang (über 12 cm), fünfkantig, an der Basis breiter, verholzt
Fruchtzahl: 3–4
Fruchtfleisch: gelblich, dünn; süßlich, fruchtig
Verwendung: für Suppen, Pürees, Kuchen und Süßspeisen
Pflanze: rankend, bis 5 m lange Triebe; große dunkelgrüne Blätter, behaart, silbrig marmoriert, eckig, undeutlich fünflappig; Platzbedarf 4 m^2
Samen: beige, dunklerer Rand; länglich, 17 mm x 9 mm
Reifezeit: 140–150 Tage
Lagerzeit: 6–7 Monate

Futsu Kurokawa

Die sehr alte japanische Moschussorte ist im Ursprungsland nicht mehr verbreitet, sie findet jedoch in Europa großen Anklang. Der Name «Futsu» ist ein Orts- oder Personenname, «Kurokawa» bedeutet «schwarze Haut». Es handelt sich wahrscheinlich um einen Vorläufer von Hayato. Die Sorte braucht nebst der langen Reifezeit sehr viel Wärme.

Fruchtform: fast kugelrund, oben und unten abgeflacht
Fruchtgröße (D x H): 10–16 cm x 9–13 cm
Gewicht: 0,7–1,5 kg, Rekord liegt bei 3 kg
Oberfläche: glatt, leichte längliche Rippen; schwarz-grün, mit fortschreitender Reife rostfarbig bis braun; im reifen Stadium häufig starke mehlige Patina
Haut: dünn
Fruchtstiel: dünn, fünfkantig, verholzt, an der Basis breiter
Fruchtzahl: 8–15
Fruchtfleisch: gelblich bis orange; 2 cm dick, fest; feinkörnig, süßlich, feines nussiges Aroma, gute Qualität
Verwendung: für Kuchen und Pies sowie Süßspeisen, zum Braten und Überbacken
Pflanze: stark rankend, zahlreiche 3–4 m lange Triebe; mittelgroße Blätter, leicht behaart, silbrig marmoriert, eckig, undeutlich fünfteilig; Platzbedarf 3 m^2
Samen: beige, hellbrauner Rand; oval, 15 mm x 9 mm
Reifezeit: ca. 120 Tage
Lagerzeit: 4–8 Monate

Hayato F1

Hayato stammt aus Japan und ist eine Takii-Züchtung. Die kleinwüchsigen Kürbisse verdanken ihren Namen einem in Südjapan ansäßigen Clan, der in alten Zeiten fremdartige Sitten pflegte und sich gegen die Regierung stellte.

Die Früchte sind sehr wärmebedürftig und brauchen bis zur Vollreife entsprechend viel Zeit. Wenn sie kurz vor der Reife, also noch grün, geerntet werden, reifen sie während der Lagerzeit nach ohne an Qualität einzubüßen.

Fruchtform: flachrund
Fruchtgröße: 10–15 cm x 7–9 cm
Gewicht: 0,7–1,2 kg
Oberfläche: stark gerunzelt und genoppt; dunkelgrün, mit fortschreitender Reife rostfarbig bis rotbraun, kurz vor der Reife mehlige Patina
Haut: dünn, verletzlich, braucht nicht geschält zu werden
Fruchtstiel: fünfkantig, an der Basis wesentlich breiter, verholzt
Fruchtzahl: 4–10
Fruchtfleisch: gelb-orange, 3 cm dick, fest; feinkörnig; süßlich, fruchtig, leichter nussiger Geschmack, hervorragende Qualität
Verwendung: für Kuchen, Pies und Süßspeisen, zum Braten und Überbacken
Pflanze: rankend, zahlreiche 3–4 m lange Triebe; mittelgroße dunkelgrüne Blätter, leicht behaart, eckig, undeutlich fünflappig; Platzbedarf 3–4 m^2
Samen: beige, scharfer brauner Rand; länglich, mindestens doppelt so lang wie breit
Reifezeit: 120–130 Tage
Lagerzeit: 4–8 Monate

Kogigu F1

Diese kleine Sorte stammt aus Japan. Vor ein paar Jahren fand sie dort großen Anklang, inzwischen ist sie jedoch selten geworden und es wird immer schwieriger, Samen zu erhalten. Der Name Kogigu ist ein altmodischer Frauenname, der besonders für Geishas und Sängerinnen bestimmt war.

Fruchtform: flachrund
Fruchtgröße (D x H): 10–15 cm x 7–9 cm
Gewicht: 0,5–1,2 kg
Oberfläche: stark gerunzelt, dunkelgrün, mit fortschreitender Reife rostfarbig bis rotbraun, mehlige Patina
Haut: dünn, verletzlich, braucht nicht geschält zu werden
Fruchtstiel: fünfkantig, an der Basis verbreitet, verholzt
Fruchtzahl: 4–7
Fruchtfleisch: gelb-orange, 2–3 cm dick, fest feinkörnig; süßlich, fruchtig, leichter nussiger Geschmack, hervorragende Qualität
Verwendung: für Kuchen, Süßspeisen, zum Braten und zum Überbacken.
Pflanze: rankend, zahlreiche 3–4 m lange Triebe; mittelgroße dunkelgrüne Blätter, leicht behaart, eckig und undeutlich fünflappig; Platzbedarf 4 m^2
Samen: hellbeige, feiner hellbrauner Rand, 1,5 Mal so lang wie breit
Reifezeit: 120–130 Tage
Lagerzeit: 4–8 Monate

Kikuza

«Chrysantheme» ist eine japanische Sorte, die möglicherweise chinesischen Ursprungs ist. In den USA wurde sie 1927 eingeführt. Obwohl es sich um einen prächtigen Kürbis handelt, ist er nicht mehr gefragt, enstprechend schwierig ist die Samenbeschaffung.

Fruchtform: zylindrisch, oben und unten stark abgeflacht
Fruchtgröße (D x H): 12–15 cm x 11–14 cm
Gewicht: 1–1,8 kg, pro Pflanze bis 9 kg
Oberfläche: starke Rippen (erschweren das Schälen), fein runzelig; matt, anfänglich grünlich-beige, bei Vollreife beige-braun, auf den Rippen grüne Flecken, mehlige Patina
Haut: relativ dick
Fruchtstiel: lang, fünfkantig, an der Basis breiter, verholzt
Fruchtzahl: 4–10
Fruchtfleisch: orange; 3 cm dick, fest; feinkörnig, süßlich, fruchtig, nussiger Geschmack
Verwendung: für Suppen, zum Braten, für Süßspeisen
Pflanze: stark rankend, zahlreiche 3–4 m lange Triebe; mittelgroße dunkelgrüne Blätter; leicht behaart, dreieckig, wenig ausgeschnitten; Platzbedarf 4 m^2
Samen: hellbraun, brauner Rand; länglich-oval, 15 mm x 8 mm
Reifezeit: 130–140 Tage
Lagerzeit: 5–9 Monate

Tancheese

Der Name setzt sich aus zwei Begriffen zusammen: «tan» = braune Gerbfarbe, «cheese» = Käse

Fruchtform: flachrund
Fruchtgröße (D x H): 17–22 cm x 8–12 cm
Gewicht: 0,7–3 kg
Oberfläche: feine oberflächliche Rippen; matt, zuerst einfarbig hellgrün, später beige-braun und mehlige Patina
Haut: dünn, verletzlich
Fruchtstiel: dünn, fünfkantig, verholzt, an der Basis breiter
Fruchtzahl: 3–6
Fruchtfleisch: orange; fest, leicht fasrig; süßlich, fruchtig, aromatisch, feines nussiges Aroma
Verwendung: für Suppen, Pürees und Kuchen
Pflanze: stark rankend, 3 m lange Triebe; mittelgroße dunkelgrüne Blätter, fein behaart, silbrig marmoriert, eckig, undeutlich fünflappig; Platzbedarf 3–4 m^2
Samen: hellbraun, etwas dunklerer Rand; oval, leicht verfilzt, 18 mm
Reifezeit: 120–130 Tage
Lagerzeit: 5–9 Monate

Butternuts

Die Butternuts zählen zu den besten Speisekürbissen. Die Früchte haben die Form einer lang gezogenen Birne. Um die Samenhöhle sind sie meist deutlich breiter. Die Größenangaben beziehen sich auf den Durchmesser im oberen (D1) und im unteren Bereich (D2) sowie auf die Länge (L).

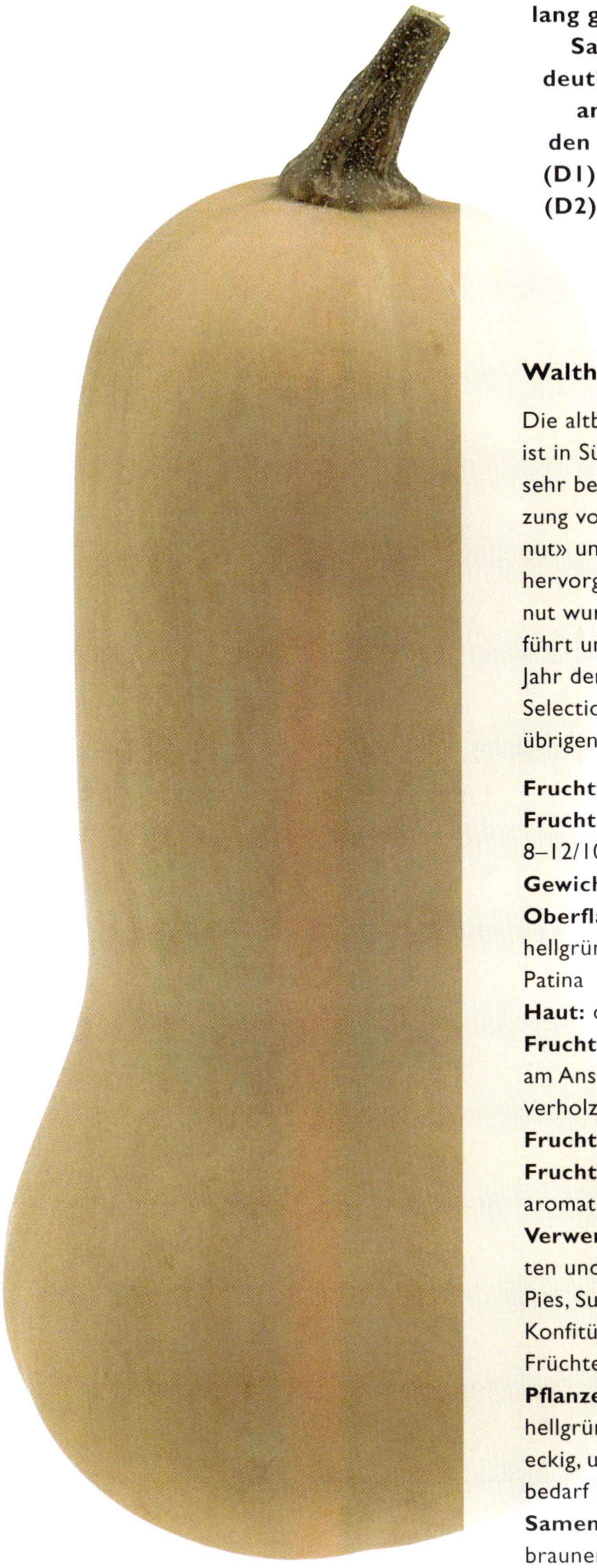

Waltham Butternut

Die altbewährte Butternut-Sorte ist in Südafrika und in den USA sehr beliebt. Sie ist aus der Kreuzung von «New Hampshire Butternut» und einer afrikanischen Sorte hervorgegangen. Waltham Butternut wurde 1970 in Amerika eingeführt und erhielt noch im gleichen Jahr den Preis «All America Selections Winner». Waltham ist übrigens ein Familienname.

Fruchtform: lang gezogene Birne
Fruchtgröße (D1/D2 x L): 8–12/10–14 cm x 15–30 cm
Gewicht: 1,2–2,9 kg
Oberfläche: sehr glatt; zuerst hellgrün, später beige, mehlige Patina
Haut: dünn, verletzlich
Fruchtstiel: dünn, fünfkantig, am Ansatz breiter und wulstartig, verholzt
Fruchtzahl: 4–8
Fruchtfleisch: orange; fest; süßlich, aromatisch, nussiges Aroma
Verwendung: zum Braten, Dünsten und Dämpfen; zum Füllen; für Pies, Suppen, Pürees, Kuchen, Konfitüren/Marmeladen; unreife Früchte für Rohkost
Pflanze: stark rankend; mittelgroße hellgrüne Blätter, fein behaart, eckig, undeutlich fünflappig; Platzbedarf 3–4 m^2,
Samen: hellbeige, deutlicher brauner Rand; bauchig, oval, 13 mm x 8 mm
Reifezeit: 125 Tage
Lagerzeit: 6–12 Monate

Butternut Ponca

Die altbewährte Butternut-Sorte ist vor allem in den USA und in Südafrika sehr beliebt und wird entsprechend häufig angepflanzt. Sie wurde vor einigen Jahrzehnten an der Universität von Nebraska entwickelt.

Fruchtform: lang gezogene Birne
Fruchtgröße (D x L): 8–10 cm x 15–18 cm
Gewicht: 0,7–1,2 kg
Oberfläche: glatt; zuerst hellgrün, später beige-braun, mehlige Patina
Haut: dünn, verletzlich
Fruchtstiel: wie Waltham Butternut
Fruchtzahl: 4–8
Fruchtfleisch: wie Waltham Butternut
Verwendung: wie Waltham Butternut
Pflanze: rankend; siehe auch Waltham Butternut; Platzbedarf 3 m^2
Samen: hellbeige, deutlicher brauner Rand; bauchig, kurz-oval, 11 mm x 8 mm
Reifezeit: 120 Tage
Lagerzeit: 6–12 Monate

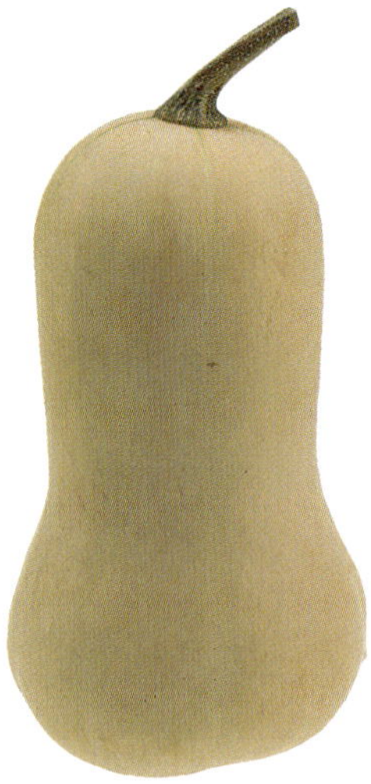

Butterbush

Die amerikanische Züchtung aus dem Jahre 1978 ist die erste buschförmige Butternut.

Fruchtform: lang gezogene Birne
Fruchtgröße (D1/D2 x L): 7–9/10–12 cm x 20–30 cm
Gewicht: 0,8–1,3 kg
Oberfläche: glatt; zuerst hellgrün, später beige, mehlige Patina
Haut: dünn, verletzlich
Fruchtstiel: wie Waltham Butternut
Fruchtzahl: bis ca. 6
Fruchtfleisch: wie Waltham Butternut
Verwendung: wie Waltham Butternut
Pflanze: buschförmig; siehe auch Waltham Butternut; Platzbedarf 2 m^2
Samen: hellbeige, brauner Rand; breit-oval, 13 mm x 8 mm
Reifezeit: 105–110 Tage
Lagerzeit: 6–12 Monate
Anderer Name: Burpee's Butterbush

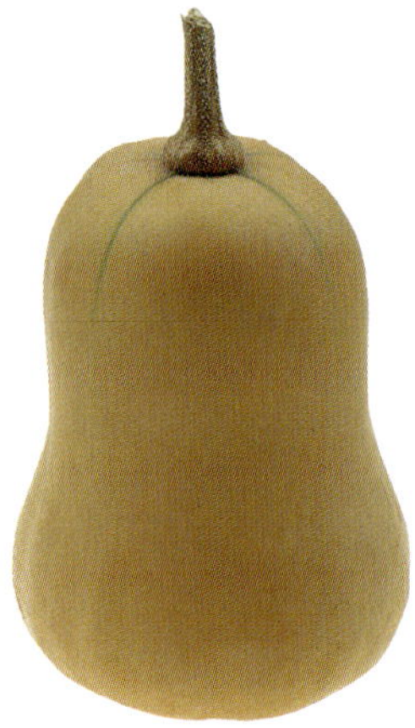

Early Butternut F1

Die amerikanische Frühsorte ist wenig rankend und entsprechend platzsparend. Sie wurde 1979 mit dem Preis «All America Selections Winner» ausgezeichnet.

Fruchtform: lang gezogene Birne
Fruchtgröße (D1/D2 x L): 7–9/10–12 cm x 10–12 cm
Gewicht: 0,7–1 kg
Oberfläche: glatt; zuerst hellgrün, später beige, ein paar hellgrüne Streifen, mehlige Patina
Haut: dünn, verletzlich
Fruchtstiel: wie Waltham Butternut
Fruchtzahl: bis ca. 7
Fruchtfleisch: orange, siehe auch Waltham Butternut
Verwendung: wie Waltham Butternut
Pflanze: halb-buschförmig; siehe auch Waltham Butternut; Platzbedarf 3 m^2
Samen: hellbeige, deutlicher Rand; breit-oval, 13 mm x 7 mm
Reifezeit: 105 Tage
Lagerzeit: 6–12 Monate

Zenith F1

Diese Kürbissorte wird vor allem in den USA angepflanzt. Sie hat die Erwartungen der Züchter erfüllt und sich damit den Namen «Zenith» verdient.

Fruchtform: lang gezogene Birne
Fruchtgröße (D1/D2 x L): 8–10/10–12 cm x 17–23 cm
Gewicht: 0,8–2,5 kg
Oberfläche: glatt; zuerst hellgrün, später beige, mehlige Patina
Haut: dünn, verletzlich
Fruchtstiel: wie Waltham Butternut
Fruchtzahl: 6–8
Fruchtfleisch: dunkel, reich an Karotin (Provitamin A); siehe auch Waltham Butternut
Verwendung: wie Waltham Butternut
Pflanze: rankend; siehe auch Waltham Butternut; Platzbedarf 3 m^2
Samen: hellbeige, brauner Rand; bauchig, breit-oval, 11 mm x 7 mm
Reifezeit: 120–130 Tage
Lagerzeit: 6–12 Monate

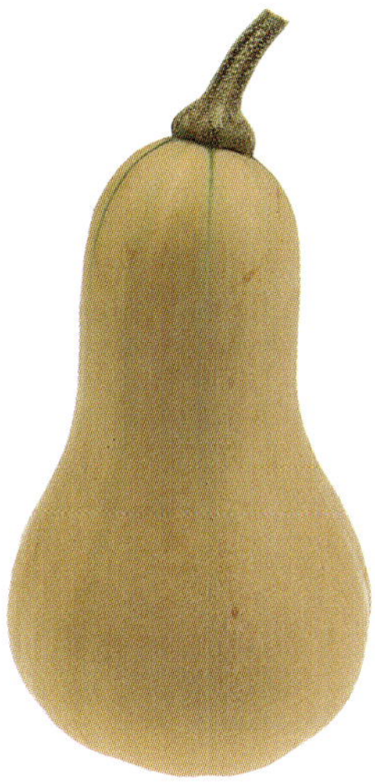

Butter Boy F1

«Zarter Bub» ist eine amerikanische Buschform-Butternut.

Fruchtform: lang gezogene Birne
Fruchtgröße (D1/D2 x L):
7–11/10–15 cm x 17–23 cm
Gewicht: 1,1–2,3 kg
Oberfläche: glatt; zuerst hellgrün, später beige-braun
Haut: dünn, verletzlich
Fruchtstiel: wie Waltham Butternut
Fruchtzahl: bis 5
Fruchtfleisch: orange; siehe auch Waltham Butternut
Verwendung: wie Waltham Butternut
Pflanze: rankend; siehe auch Waltham Butternut; Platzbedarf 3 m^2
Samen: hellbeige, brauner Rand; breit-oval, mehlige Patina; 11 mm x 8 mm
Reifezeit: 110 Tage
Lagerzeit: 6–12 Monate

Butternut Supreme F1

Die nahe Verwandte von Waltham Butternut wird vor allem in den USA angepflanzt. «Supreme» = «das Höchste» verdeutlicht ihren Stellenwert.

Fruchtform: lang gezogene Birne
Fruchtgröße (D1/D2 x L):
8–10/10–12 cm x 17–25 cm
Gewicht: 1,3–2,5 kg
Oberfläche: glatt; zuerst hellgrün, später beige, mehlige Patina
Haut: dünn, verletzlich
Fruchtstiel: siehe Waltham Butternut
Fruchtzahl: 4–8
Fruchtfleisch: wie Waltham Butternut
Verwendung: wie Waltham Butternut
Pflanze: stark rankend; siehe auch Waltham Butternut; Platzbedarf 4 m^2
Samen: weißlich-beige, brauner Rand; bauchig, breit-oval, 13 mm x 9 mm
Reifezeit: 125 Tage
Lagerzeit: 6–12 Monate

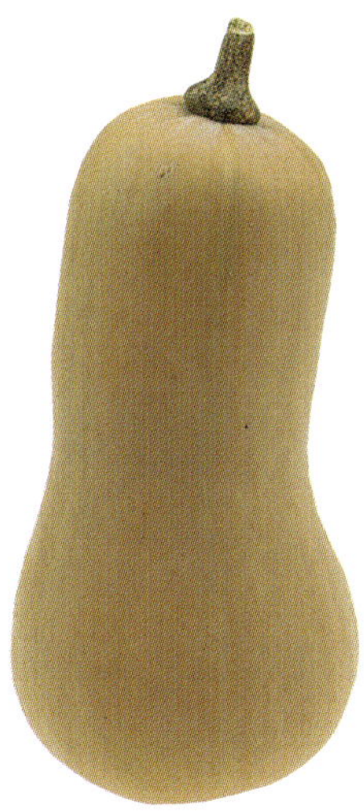

Ultra Butternut F1

Eine amerikanische Züchtung, die sich in der Größe ihrer Früchte von allen anderen Butternuts unterscheidet. «Ultra» bringt dies zum Ausdruck.

Fruchtform: lang gezogene Birne
Fruchtgröße (D1/D2 x L):
7–9/10–12 cm x 30–45 cm
Gewicht: 3–6 kg
Oberfläche: glatt; zuerst hellgrün, später beige
Haut: dünn, verletzlich
Fruchtstiel: wie Waltham Butternut
Fruchtzahl: bis 4
Fruchtfleisch: wie Waltham Butternut
Pflanze: stark rankend; siehe auch Waltham Butternut; Platzbedarf 4 m^2
Samen: hellbeige, brauner Rand; bauchig, breit-oval, 13 mm x 9 mm
Reifezeit: 130–140 Tage
Lagerzeit: 6–12 Monate

Orange

Die wenig bekannte Butternut-Sorte wird in Ungarn gezüchtet und angeboten. Der Name «Orange» entspricht der Farbe der reifen Frucht. Das reife Fruchtfleisch verströmt einen starken Moschus-Geschmack

Fruchtform: lang gezogene Birne
Fruchtgröße (D1/D2 x L): 6–9/8–12 cm x 14–27 cm
Gewicht: 0,8–1,8 kg
Oberfläche: glatt; zuerst sattgrün, dann allmählich orange-braun, kurz vor der Reife mehlige Patina
Haut: dünn, sehr verletzlich
Fruchtstiel: dünn, fünfkantig, verholzt, am Ansatz wulstartig verdickt
Fruchtzahl: bis 6
Fruchtfleisch: dunkelorange; satt; süß, schmeckt aromatisch, nussig, fast erdnussig
Verwendung: Suppen, Pürees, auch zum Braten, Backen, Dünsten, roh als Salatbeilage
Pflanze: rankend; max. 3 m lange Triebe; mittelgroße dunkelgrüne Blätter, fein behaart, deutliche Lappen, nicht ausgeschnitten; Platzbedarf 3 m^2
Samen: beige, feiner, etwas dunklerer Rand; oval, 13 mm x 8 mm
Reifezeit: 100 Tage
Lagerzeit: 8–10 Monate
Anderer Name: Sonkatök = Schinkenkürbis

Sucrine du Berry

Die «Süße von Berry» ist eine französische Sorte und gedeiht auch in einem raueren Klima gut. Berry ist ein Gebiet südlich des Pariser Beckens. Die Früchte können auch nicht ganz ausgereift gepflückt werden. Sie reifen nach, ohne an Qualität einzubüßen.

Fruchtform: kegelförmig
Fruchtgröße (D x H): 12–15 cm x 15–23 cm
Gewicht: 1–2 kg
Oberfläche: glatt; einfarbig dunkelgrün; im reifen Stadium rostrot bis rotbraun
Haut: dünn, verletzlich
Fruchtstiel: dünn, fünfkantig, verholzt, wulstartig verdickt
Fruchtzahl: 5–8
Fruchtfleisch: gelb-orange; dick, fest, fasrig, saftig; süßlich, gute Qualität
Verwendung: für Suppen, Pürees und Süßspeisen, zum Braten und Backen
Pflanze: stark rankend; zahlreiche 3–4 m lange Triebe; mittelgroße dunkelgrüne Blätter, silbrig marmoriert, eckig, undeutlich fünfkantig; Platzbedarf 4 m^2
Samen: hellbraun, scharfer brauner Rand; oval, bauchig, 15 mm x 9 mm
Reifezeit: 120–130 Tage
Lagerzeit: 4–7 Monate oder länger
Anderer Name: Sucrette du Berry.

Menina Brasileira

Die aus Brasilien stammende Sorte ist mit der französischen Longue de Nice nahe verwandt. Der Name bedeutet «kleines Mädchen von Brasilien». Die Samen befinden sich im unteren Teil, der Rest ist ganz mit Fruchtfleisch gefüllt. In Brasilien bieten verschiedene Firmen die Samen an. Die Züchtung scheint jedoch nicht sehr einheitlich zu sein und je nach Anbieter erhält man oft Variationen.

Fruchtform: keulenförmig, manchmal leicht gebogen
Fruchtgröße (D x L): 8–10 cm x 40–50 cm
Gewicht: 2–5 kg
Oberfläche: glatt, Rippen angedeutet; zuerst hellgrün, bei Reife beige-braun, später beige
Haut: gut schälbar
Fruchtstiel: lang, dünn, am Ansatz verdickt, verholzt
Fruchtzahl: 3–4
Fruchtfleisch: gelblich-orange; fasrig; süßlich, fruchtig, mäßige Qualität
Verwendung: für Suppen, Pürees, Süßspeisen
Pflanze: rankend, zahlreiche 3–4 m lange Triebe; große Blätter, langstielig, silbrig marmoriert, eckig, undeutlich fünflappig; Platzbedarf 4 m^2
Samen: hellbraun, deutlicher brauner Rand; oval, 15 mm x 9 mm
Reifezeit: 130–150 Tage
Lagerzeit: 4–8 Monate

Violina

Violina ist eine typische italienische Züchtung. Sie kann von anderen Kürbissen leicht unterschieden werden, da Violina die Form einer großen Erdnuss oder Violine hat.

Die Früchte müssen gut reif geerntet werden. Trotz schlechter Ergiebigkeit und kurzer Haltbarkeit kommt Violina im Frühling regelmäßig fast automatisch in meine Samenauswahl. Form und Oberfläche machen Violina zur Sinnesfrucht. Man schaut und fasst sie gerne an, auch ihr Aroma ist ausgezeichnet.

Fruchtform: erdnuss- oder violineförmig
Fruchtgröße (D x H): 10–12 cm x 12–19 cm
Gewicht: 2–4 kg, das Rekordgewicht liegt bei 6,5 kg
Oberfläche: beige-braun; rau; winzige, aber deutlich erkennbare Runzeln, regelmäßig verteilt; kurz vor der Reife mehlige Patina
Haut: hart
Fruchtstiel: lang, fünfkantig, am Ansatz wulstartig verdickt
Fruchtzahl: 1–3
Fruchtfleisch: orange; fest, süßlich, fruchtig, ausgezeichnete Qualität, feiner nussiger Geschmack
Verwendung: zum Überbacken und Braten
Pflanze: stark rankend, 3–4 m lange Triebe; mittelgroße dunkelgrüne Blätter, weiß marmoriert, etwas eckig, undeutlich fünflappig; Platzbedarf 4 m^2
Samen: beige, feiner dunklerer Rand; doppelt so lang wie breit
Reifezeit: 130–140 Tage
Lagerzeit: 4–7 Monate
Andere Namen: wird meist einfach italienische Butternut genannt, auch Butternut Rugosa.

Trombolino d'Albenga

Die «kleine Trompete von Albenga» (Albenga = Ort in Mittelitalien) ist eine altbewährte italienische Züchtung. Die Früchte sind schlangenförmig und auf der Höhe der Samenhöhle mehr oder weniger erweitert. Die Samen befinden sich im unteren Zehntel, der Rest ist Fruchtfleisch. Die Früchte bekommen eine gerade Form, wenn sie hängend wachsen. Wenn sie am Boden liegen, rollen sie sich auf und nehmen alle möglichen Formen an. Die Früchte können wie viele Butternuts bereits unreif für Rohspeisen verwendet werden. In Italien werden sie oft als «lebendes Gemüse» verwendet: Die benötigte Menge Fruchtfleisch wird aus der noch an der Pflanze hängenden Frucht genommen. Bei günstigen Bedingungen, vor allem bei Trockenheit, vernarbt die Frucht an der Schnittstelle bald und wächst und reift weiter.

Fruchtform: schlangenförmig
Fruchtgröße (D x H): 4–7 cm x 150 cm
Gewicht: 1–4 kg
Oberfläche: glatt; zuerst hellgrün, später hellbeige, dann beige-braun, kurz vor der Reife mehlige Patina
Haut: dünn, verletzlich
Fruchtstiel: lang, fünfkantig, am Ansatz wulstartig verdickt, verholzt
Fruchtzahl: 5–7
Fruchtfleisch: gelblich-orange; fest; süßlich, fruchtig, nussiger Geschmack, gute Qualität
Verwendung: unreif für Rohkost; reif zum Braten und Backen, für Suppen, Konfitüren/Marmeladen, Süßspeisen
Pflanze: stark rankend, zahlreiche 2–3 m lange Triebe; große dunkelgrüne Blätter, behaart, silbrig marmoriert, eckig, undeutlich fünflappig, Platzbedarf 4 m^2
Samen: hellbraun, deutlicher Rand; breit-oval, 15 mm x 9 mm
Reifezeit: 120–130 Tage
Lagerzeit: 6–12 Monate
Andere Namen: Zucca a Tromba d'Albenga, Trombetta o Rampicante d'Albenga, «Keulenzucchetti», Courge à Trompe d'Albenga

Longue de Nice

Wie der Name bereits sagt, stammt diese Sorte aus Frankreich. Sie wird dort öfters und in benachbarten Ländern vereinzelt angebaut, ansonsten ist sie aber völlig unbekannt. In Südamerika gibt es Züchtungen, die Longue de Nice ähnlich sind, zum Beispiel Menina Brasileira. Longue de Nice ist eine Spätsorte, die Reifezeit liegt bei 120 bis 140 Tagen. Die Früchte brauchen sehr viel Wärme, aber auch sehr viel Zeit, bis sie völlig ausgereift sind.

Fruchtform: keulenförmig, lang
Fruchtgröße (D x L):
8–15 cm x 80 cm
Gewicht: 3–8 kg
Oberfläche: glatt, weich; grün, allmählich beige, später braun, mehlige Patina
Haut: dünn, verletzlich
Fruchtstiel: lang, dünn, fünfkantig, an der Basis wulstartig verdickt
Fruchtzahl: 2–4
Fruchtfleisch: intensiv orange; fasrig; leicht süßlich, gute Qualität
Verwendung: für Suppen, Konfitüren/Marmeladen
Pflanze: stark rankend, 3–4 m lange Triebe; mittelgroße dunkelgrüne Blätter, behaart, silbrig marmoriert, eckig, undeutlich fünflappig
Samen: beige, feiner, deutlicher Rand; oval, 12 mm x 7 mm
Reifezeit: 120–140 Tage
Lagerzeit: 4–8 Monate
Andere Namen: Courge de Nice à fruits longs, Lange von Nizza

Tahitian

Man weiß nicht, woher Tahitian stammt. Es muss sich um eine sehr alte Sorte handeln, die schon vor vielen Jahren bei den meisten Samen-Produzenten in Vergessenheit geraten ist. Die Sorte gedeiht nur unter extrem warmen Bedingungen. In unseren Breitengraden beträgt die Reifezeit 150 bis 180 Tage. Tahitian scheint gegen Mehltau sehr resistent zu sein.

Fruchtform: lang gezogene Keule
Fruchtgröße (D x L):
15–20 cm x 80 cm
Gewicht: 5–16 kg
Oberfläche: glatt, zuerst grün, später beige-braun, mehlige Patina
Haut: dünn, verletzlich
Fruchtstiel: dünn, fünfkantig, verholzt, an der Basis wulstartig verdickt
Fruchtzahl: 2–4
Fruchtfleisch: dunkelorange; fest; süß, aromatisch, feines nussiges Aroma
Verwendung: zum Braten und Backen, für Süßspeisen
Pflanze: stark rankend, 3 m lange und längere Triebe; mittelgroße dunkelgrüne Blätter, silbrig gefleckt, fein behaart, eckig, undeutlich fünflappig; Platzbedarf 4 m^2
Samen: beige, brauner Rand; oval, groß, 18 mm x 11 mm
Reifezeit: 150–180 Tage
Lagerzeit: bis 1 Jahr
Andere Namen: Melon Squash, Tahitian Melon.

Lunga di Napoli

«Die Lange aus Neapel» ist eine typische italienische Züchtung. Diese altbewährte Sorte wird in Italien heute noch großflächig angebaut und gelangt von hier auf die europäischen Märkte. Die Früchte sind zylindrisch und erreichen je nach Anbieter gigantische Proportionen. Lunga di Napoli fasziniert durch Größe und Aussehen. Die Samen befinden sich im unteren Sechstel, der Rest ist mit Fruchtfleisch gefüllt. Auf dem Markt wird dieser Kürbis scheibenweise verkauft.

Fruchtform: zylindrisch
Fruchtgröße (D x H):
20–30 cm x 80–120 cm
Gewicht: 30–50 kg
Oberfläche: glatt; dunkelgrün, mit in Streifen verteilten helleren Flecken, bei Vollreife heller und Flecken beigebraun
Haut: relativ dünn, leicht verletzlich
Fruchtstiel: kurz, breit, fünfkantig, an der Basis stark verdickt, verholzt
Fruchtzahl: 1–3
Fruchtfleisch: dunkelorange; fest, leicht wässrig, leicht fasrig; fruchtige, gute Qualität
Verwendung: für Suppen und Süßspeisen
Pflanze: stark rankend; 3–4 m lange Triebe; große dunkelgrüne Blätter, weißlich marmoriert, behaart, eckig, undeutlich fünflappig
Samen: hellbraun, breit-oval, meist stark verfilzt, 15 mm
Reifezeit: 140–150 Tage
Lagerzeit: 3–6 Monate
Andere Namen: Pleine de Naples, Lunga Cilindrica Napolitana, Lunga Gigante di Napoli, Zucca Gialla di Napoli, Courge Pleine de Naples, Courge Violon, Courge Valise, Courge Portemanteau.

4. Die Feigenblattkürbisse (Cucurbita ficifolia)

Die Art *Cucurbita ficifolia* umfasst zwei Sorten, die grün marmorierte und die weiße. Die kräftige Pflanze ist stark wüchsig und stark rankend. In den Tropen und in frostfreien Gebieten ist sie mehrjährig und bedeckt weite Flächen des Bodens. Bei uns erreichen die kletterfreudigen Triebe eine Länge von 10 bis 20 m. Der Feigenblattkürbis wird bei uns selten angepflanzt; er dient vor allem als Unterlage für Gurken, da seine Wurzeln gegen Bodenpilze der Gruppe *Fusarium* resistent sind. Die Blätter sind mittelgroß und dunkelgrün und haben hellgrüne Flecken und tiefe Einschnitte, ähnlich wie beim Feigenblatt.

Der Feigenblattkürbis verdankt seine Einführung in Europa und seinen französischen Name «Courge de Siam» einer besonderen Geschichte: Mitte des 19. Jahrhunderts wurden in Schanghai Yaks für den Tierpark des französischen Nationalmuseums in Paris verschifft. Auf das Schiff wurde eine große Menge von Früchten gebracht, die den Tieren auf der langen Reise als Futter dienen sollten. Bei der Ankunft in Paris blieben einige Kürbisse übrig. Neugierige Gärtner versuchten, fasziniert von den «grün gefleckten Melonen», die ebenso besonderen schwarzen Samen zu säen.

Die glatte und sehr harte Fruchthaut lässt sich praktisch nicht schneiden, sondern nur sägen oder brechen. Der Fruchtstiel ist lang, dünn und fünfkantig. Das Fruchtfleisch ist weiß, sehr fasrig, adstringierend und extrem süß. Gut ausgereifte Früchte sind 2 bis 3 Jahre haltbar. Im Gegensatz zu anderen Speisekürbissen sind die Samen nicht auf die Samenhöhle beschränkt, sondern wie bei den Wassermelonen im Fruchtfleisch zerstreut.

Die hübschen Früchte eignen sich für Dekorationen. In der Küche verwendet man sie für Fruchtsalat, Konfekt, als Salatbeilage oder zur Herstellung der bekannten Engelshaar-Konfitüre oder auch gedünstet mit Curry.

Grün marmorierter Feigenblattkürbis

Fruchtform: hochrund
Fruchtgröße (D x H): 17–23 cm x 20–25 cm
Gewicht: 2–5 kg
Oberfläche: glatt, grün-weiß gesprenkelt, «Rippen» durch Linien angedeutet
Haut: sehr hart
Fruchtzahl: 7–10
Platzbedarf: stark rankend, bis über 20 m^2
Samen: groß, flach, rund; schwarz bis schwarzbraun oder braun
Reifezeit: 120–130 Tage
Andere Namen: Chilacayote, Courge de Siam, Melon de Malabar, Courge à Feuilles de Figuier

Weißer Feigenblattkürbis

Fruchtform: hochrund
Fruchtgröße (D x H): 15–25 x 20–25 cm
Gewicht: 2–5 kg
Oberfläche: glatt, weiß mit grauem Muster
Haut: sehr hart
Fruchtzahl: 7–10
Platzbedarf: stark rankend, bis über 20 m^2,
Samen: groß, flach, rund; schwarz bis schwarzbraun oder braun
Reifezeit: 120–130 Tage
Anderer Name: Courge de Siam, Albus

5. Die Ayoten (Cucurbita argyrosperma)

Die Ayoten werden erst seit 1930 als eigene Art betrachtet. Sie haben in der Tat Merkmale, die als Ergebnis von Kreuzungen mit anderen Arten interpretiert werden könnten. Gezüchtet werden sie in verschiedenen Gebieten Mexikos und treten auf dem amerikanischen Markt unter dem Namen «Cushaw» auf. Das Fruchtfleisch ist von mittlerer Qualität. Begehrt sind jedoch vor allem die großen Samen, die geröstet ausgezeichnet schmecken.

Ayoten sind wärmebedürftig. In unseren Breitengraden kann es vorkommen, dass die Pflanzen gar nicht blühen, da die Tage viel zu lang sind, während in Mexiko Tag und Nacht das ganze Jahr 12 Stunden dauern.

Pepita

Diese Sorte wurde früher von den Indianern in Mexiko gezüchtet. In Zentralamerika werden sie geröstet und unter dem Namen «Pepita» angeboten, daher der Name. Inzwischen ist die Sorte auch in Europa unter dem Namen «Pepita» – und nicht etwa unter ihrem englischen Namen «Silver Edged» – bekannt.

Fruchtform: kugelrund
Fruchtgröße (D): 15–25 cm
Gewicht: 1–3 kg
Oberfläche: glatt; weißlich, 10 dunkelgrün ausgefranste Streifen
Haut: dünn, zart
Fruchtstiel: lang, dünn, fünfkantig, an der Basis leicht wulstartig verdickt
Fruchtzahl: 4–6
Fruchtfleisch: gelb; 2–3 cm dick; feinkörnig, leicht fruchtig, feiner Kürbisgeschmack
Verwendung: für Rohkost, Süß-saures, zum Braten und Backen
Pflanze: stark rankend, 4–5 m lange Triebe; mittelgroße, eckige Blätter, ausgeschnitten, silbrig marmoriert; Platzbedarf 4 m^2
Samen: weiß, breiter silbriger Rand; 30 mm x 17 mm
Reifezeit: über 140 Tage
Lagerzeit: 4–8 Monate
Andere Namen: Silver Edged (vermutlich die amerikanische Bezeichnung dieser Sorte), Pepita Round

Striped Cushaw

Die Indianer in Mexiko haben diese Sorte kultiviert. Sie wurde in den USA vor 1893 eingeführt.

Fruchtform: flaschenförmig
Fruchtgröße (D x L): 14–25 cm x 25–50 cm
Gewicht: 2–6 kg
Oberfläche: glatt; weißlich, 10 dunkelgrün ausgefranste Streifen
Haut: dünn, hart
Fruchtstiel: wie Pepita
Fruchtzahl: 3–4
Fruchtfleisch: wie Pepita
Verwendung: wie Pepita
Pflanze: wie Pepita
Samen: weiß, gelblicher Rand; ca. 20 mm lang
Reifezeit: über 140 Tage
Lagerzeit: 4–8 Monate
Andere Namen: Green Striped Cushaw

Cushaw Tricolor

Diese Sorte ist noch nicht sehr lange auf dem amerikanischen Markt. Wie die anderen Sorten dieser Art stammt sie aus Mexiko.

Fruchtform: flaschenförmig
Fruchtgröße (D x H): 16–25 cm x 35–45 cm
Gewicht: 2,5–3,5 kg
Oberfläche: glatt, weißlich, 10 dunkelgelb-grün marmorierte ausgefranste Streifen
Haut: dünn, hart
Fruchtstiel: wie Pepita
Fruchtzahl: 2–3
Fruchtfleisch: wie Pepita
Pflanze: wie Pepita
Samen: weiß, gelblicher Rand; 13 mm lang
Reifezeit: über 140 Tage
Lagerzeit: 4–8 Monate

6. Die Zierkürbisse

Als Zierkürbisse werden jene Kürbisse bezeichnet, die sich als Dekoration eignen. Diese Unterteilung hat weder eine systematische Bedeutung noch ist sie von der botanischen Herkunft der einzelnen Sorten abhängig. Es ist deshalb sehr schwierig, allgemeine Regeln zu definieren. Grundsätzlich rekrutieren sich die Zierkürbisse aus drei Gruppen:

Speisekürbisse (Gattung *Cucurbita*), siehe auch Seite 20. Viele Speisekürbisse sind von so schöner Farbe und Form, dass sie sich als Dekoration geradezu aufdrängen. Im Vordergrund stehen Turk's Turban und Aladdin's Turban (Seiten 66/67), aber auch Sorten wie zum Beispiel Sweet Dumpling und Jack Be Little (Seiten 53/54).

Wilde *Cucurbita*-Arten
Die kleine, birnenförmige wilde Kürbis-Art *Cucurbita texana* wurde vor allem für die Zucht von Zierkürbissen gebraucht. Wie alle wilden Kürbisgewächse enthält sie den giftigen Bitterstoff Cucurbitacin und ist daher ungenießbar. Da dieser Stoff extrem bitter schmeckt, kommt niemand in Versuchung, die Frucht zu essen. Bei Genuss kommt es unweigerlich zu Durchfall. Die Kreuzung von *C. texana* mit anderen Arten zur Zucht von Zierkürbissen wird immer seltener.

Flaschenkürbisse oder Kalebassen
(Gattung *Lagenaria*)
Zu erwähnen sind die Sorten Marenka, gesprenkelter Schwan, Plate de Corse, große Flaschenkürbisse usw.

Für Dekorationen und Gebrauchsgegenstände wie Flaschen und Schalen und zum Basteln müssen die Früchte trocken sein. Die Kürbisse deshalb möglichst lang an der Pflanze belassen und am besten kurz vor dem ersten Frost pflücken. Vorsicht: jede Verletzung verkürzt die Haltbarkeit. Die Kürbisse zuerst waschen und an einem trockenen und gut belüfteten Ort lagern. Die Früchte jeden Tag wenden, ohne sie anzufassen. Auch das Aufhängen der Früchte bringt gute Ergebnisse. Je nach Fruchtgröße sind die Kürbisse bereits nach 8 bis 12 Wochen trocken. Durch das Austrocknen verlieren sie allmählich ihre prächtige Farbe.

Zweifarbige Teufelskrallen
Cucurbita pepo

Kleiner rankender Zierkürbis mit einem Durchmesser von 10–15 cm. Die Haut ist cremefarben und hat um den Blütenansatz dunkelgrüne Flecken. Die Frucht hat mehr oder weniger hervorragende doppelte Auswüchse. Die Blätter sind mittelgroß und tief eingeschnitten. Die Haltbarkeit liegt bei 4 bis 12 Monaten.

Eine Gruppe von Zierkürbissen wird in den USA «star gourds» genannt. Offensichtlich handelt es sich dabei um Kreuzungen zwischen Teufelskrallen und Pâtissons.

Andere Namen: Crown of Thorns, Gourd of the Ten Commandments, Holy Gourd, Finger Gourd.

Gestreifte Teufelskrallen
Cucurbita pepo

Unterscheidet sich von der zweifarbigen Teufelskralle lediglich durch die gestreifte Musterung.

Anderer Name: Striped Crown of Thorns

Kelle
Cucurbita pepo

15–20 cm lange Zierkürbisse mit einem meist gekrümmten Hals. Die Formen und Farbvariationen sind zahlreich: einfarbig, zweifarbig, leicht gewarzt, stark gewarzt, usw.

Andere Namen: Spoon, Bicolored Spoon.

Flat Striped
Cucurbita pepo

Der kleine, stark abgeflachte runde Zierkürbis hat einen Durchmesser von 3–5 cm und eine Höhe von 2–3 cm. Die Grundfarbe ist meist weiß oder cremefarben, mit breiten grün marmorierten Streifen.

Zweifarbige Birne
Cucurbita pepo

Ein Wunder der Natur! Die perfekte Symmetrie und die scharf gezogene Grenze zwischen den zwei Farben lassen beim Betrachter die Frage aufkommen, ob die Frucht künstlich gefärbt sei. Die Färbung ist aber auf einen Defekt im Kernbereich der Zellen zurückzuführen, der zur Zerstörung der grünen Pigmente und demzufolge zur gelben Farbe geführt hat. Dieses Merkmal ist genetisch jedoch nicht stabil und die dafür verantwortliche Mutation ist reversibel.

Die Früchte sind 12–15 cm lang. Bezüglich Form und Farbe sind alle Variationen möglich. Die Oberfläche kann glatt oder gewarzt sein.

Anderer Name: Bicolored Pear.

Weißer Ball gewarzt
Cucurbita pepo

Sieht der «gewarzten Orange» ähnlich, ist jedoch weiß oder cremefarben.

Gestreifte Birne
Cucurbita pepo

Die Früchte gleichen in Form und Größe der «zweifarbigen Birne». Sie sind jedoch einfarbig und gestreift. Auch hier erstaunt immer wieder die Farbzusammensetzung und -verteilung.

Anderer Name: Striped Pear.

Weißes Ei
Cucurbita pepo

Die Früchte sind den Hühnereiern zum Verwechseln ähnlich. Sie werden deshalb auch als Nähei gebraucht und den Hühnern anstelle eines Gipseis ins Nest gelegt. Die Haut ist glatt und sehr hart. Die «Eier» sind ein paar Monate haltbar, zum Teil bekommen sie aber im Laufe der Zeit Flecken.

Anderer Name: White Egg

Gewarzte Orange

Cucurbita pepo

Eine Wunderleistung der Natur sind diese sehr schönen orangen und stark gewarzten Früchte. Die Größe variiert je nach Herkunft von 6–10 cm. Der Kürbis ist meist rund und oben und unten abgeflacht.

Anderer Name: Orange Warted.

Miniatur-Flasche

Lagenaria siceraria

Auch hier haben japanische Züchter gute Arbeit geleistet und sehr attraktive Sorten selektioniert. Die Mini-Flaschen (Sennari Hyotan) sind durchschnittlich 12 cm lang. Man sollte mit der Ernte möglichst lang zuwarten, wenn man die Früchte später trocknen will. Die Pflanzen sind stark rankend und klettern gerne. Die Fruchtzahl liegt bei 20 und mehr.

Orange Ball

Cucurbita pepo

Der Durchmesser von Orange Ball beträgt etwa 7 cm. Die Farbe ist einheitlich dunkelgelb. Mit der Zeit trocknen die Früchte aus.

Lungo Serpente di Sicilia

Lagenaria siceraria

Diese italienische Züchtung trägt 3–5 m lange Früchte. Der Durchmesser beträgt 8–10 cm, die Länge 70–150 cm, selten mehr. Das Gewicht variiert zwischen 5 und 12 kg. In Italien werden sie sehr jung gepflückt und in der Küche verwendet. Bei einer Länge von 30 cm sind die Früchte noch weich und ergeben ein feines Gemüse mit einem süßlichen Aroma.

Andere Namen: Schlangenkürbis, Gourde Massue longue.

Großer Flaschenkürbis

Lagenaria siceraria

Die großen hellgrünen Früchte haben einen Durchmesser von 20–30 cm und eine Länge von 20–40 cm, das Gewicht variiert zwischen 2 und 7 kg. Wenn die Früchte im Spätherbst bei voller Reife geerntet werden, trocknen sie aus. In den Tropen werden diese oder ähnliche Früchte für den Transport von Flüssigkeit verwendet oder in Musikinstrumente umfunktioniert, wie zum Beispiel das Ballophon. Die Pflanzen sind stark rankend und klettern gerne. Jede Pflanze trägt 3–5 Früchte. Junge Flaschenkürbisse sind auch in der Küche verwendbar.

Anderer Name: Gourde pélerine.

Kleine Flasche

Lagenaria siceraria

Dieser mittelgroße Flaschenkürbis hat einen mehr oder weniger engen Hals. Der Durchmesser beträgt 10–14 cm, die Länge 15–17 cm, das Gewicht variiert zwischen 0,5 und 1 kg. Jede Pflanze trägt rund 12 Früchte.

Plate de Corse

Lagenaria siceraria

Ein in seiner Form außergewöhnlicher Flaschenkürbis. Ursprünglich stammt er aus tropischen Gegenden. Das Fruchtfleisch ist nicht essbar. Die Früchte werden getrocknet und für die Herstellung von verschiedenen Utensilien wie Töpfen oder Salatschüsseln verwendet. Der Kürbis kann bis 25 cm Durchmesser haben und im frischen Zustand 5 kg auf die Waage bringen. Jede Pflanze trägt 4–7 Früchte.

Poire à poudre

Lagenaria siceraria

Wegen seiner eigenartigen Form wird dieser Flaschenkürbis «Pulverfass» genannt. Ob er je dazu gedient hat, ist unklar. Es handelt sich um eine verbreitete Sorte. Auch diese Früchte eignen sich nicht zum Kochen. Sie werden als Dekoration und zum Herstellen verschiedener Gegenstände verwendet. Die Früchte haben einen Durchmesser von 25–35 cm und wiegen frisch 1–2 kg. Jede Pflanze trägt 4–7 Früchte.

Gesprenkelter Schwan

Lagenaria siceraria

Dieser sehr schöne Flaschenkürbis hat meist einen langen Hals. Bei der Züchtung wurde dem «Schwan» viel Beachtung geschenkt. Die größten haben einen Durchmesser von ca. 30 cm und sind 1 m lang, sie wiegen nicht weniger als 10 kg. Die dunkelgrüne Haut ist regelmäßig gesprenkelt. Die Früchte sollen erst bei voller Reife im Spätherbst geerntet werden, sie trocknen dann mit der Zeit aus. Jede Pflanze trägt 3–4 Früchte.

Andere Namen: Courge Amphore, Tsurukubi Hyotan

Marenka

Lagenaria siceraria

Der meist dunkelgrüne Flaschenkürbis mit verbeulter Oberfläche ist in der Größe sehr variabel. Er erreicht eine Länge von bis 60 cm und wiegt bis 20 kg. Jede Pflanze trägt 4–5 Früchte. Wenn sie erst im Spätherbst geerntet werden, sind sie reif und können gut austrocknen.

Anderer Name: Delphin

Wilde Kreuzungen

Alle möglichen Kombinationen von Eigenschaften können sich vererben. Jede daraus resultierende Frucht ist noch schöner als ihre Vorgängerinnen. Eine wahre Farben- und Formenpracht – Meisterwerke der Natur!

Die Riesenkürbisse

und ihre Rekorde

In den USA hat es Tradition, Kürbis-Wettbewerbe zu veranstalten. Diese sind überall sehr beliebt und werden durch lokale Vereinigungen organisiert. Die «World Pumpkin Confederation» verleiht Preise für Rekord-Kürbisse. 1996 erhielt derjenige Züchter die stattliche Summe von 50'000 US $, der mit seinem Kürbis die 1000-Pfund-Grenze durchbrach (ein amerikanisches Pfund wiegt rund 450 g). Die Rekorde werden laufend gebrochen. 1992 lag der Weltrekord noch bei 827 Pfund, heute sind es über 1000 Pfund. 1994 war ein denkwürdiges Jahr, gelang es doch mehr als 4 Personen, Kürbisse von über 900 Pfund zu züchten.

Einer der berühmtesten Züchter ist Howard Dill aus Windsor (Kanada) mit «Dill's Atlantic Giant». Die Gewinner verwendeten stets Samen aus seiner Zucht. Auch Bill Greer, der 1996 erstmals die 1000-Pfund-Grenze mit einem sagenhaften Kürbis von 1006 Pfund (456 kg) durchbrechen konnte. Im selben Jahr gelang es einem Ehepaar aus New York sogar, einen Kürbis von 1061 Pfund (481 kg) zu züchten. Der Rekordkürbis von Bill Greer aus dem Jahre 1994 kam durch Befruchtung einer weiblichen Blüte von Tony Ciliberto (die Frucht wog 697 Pfund) mit einer männlichen Blüte von Howard Dill (die Frucht wog 680 Pfund) zustande.

Greers Kürbis hatte einen Umfang von 156 Inch (396 cm) von vorn nach hinten und einen Gesamtumfang von 360 Inch (156+101+103). Diese Kennzahlen werden an Wettbewerben verwendet, dienen aber vor allem dazu, bereits im Garten abzuschätzen, wie schwer ein Kürbis ist. Die erste Zahl bezieht sich auf den Umfang den Seiten entlang von vorn nach hinten (parallel zum Boden), die zweite auf die Distanz vom Boden wieder zum Boden seitlich über die Mitte und die dritte auf die Distanz vom Boden wieder zum Boden von vorn nach hinten über die Mitte. Die Wanddicke des Rekordkürbisses von Bill Greer betrug zwischen 8,5 und 11 Inch (21,5 und 28 cm). Ein solcher Riese enthält 400–600 Samen.

Riesenkürbisse wachsen sehr schnell und erreichen ihre endgültige Größe innerhalb weniger Wochen. Ein 945-Pfünder aus Kanada zum Beispiel maß am 2. August total 190 Inch und wog schätzungsweise 150 Pfund. Am 1. September hatte er einen Gesamtumfang von 351 Inch und sein Gewicht wurde auf 842 Pfund geschätzt. Am 18. September brachte er 945,5 Pfund auf die Waage und sein Gesamtumfang betrug 378 Inch (960 cm).

Spätestens hier stellt sich die Frage, wie solche Größen erreicht werden können. Die Erfahrung hat gezeigt, dass bestimmte Regeln eingehalten werden müssen. Am wichtigsten ist sicherlich die Wahl des Samens. Und hier gibt es nur einen Namen – Howard Dill. Ohne Samen aus seiner Atlantic-Giant-Zucht oder von verwandten Kreuzungspartnern können solche Weltrekorde gar nie erreicht werden.

Die Setzlinge sollen vorgezogen und an einen gut vorbereiteten Ort mit viel Kompost verpflanzt werden. Die Blüten müssen zur Sicherheit künstlich befruchtet werden. Damit die richtige Frucht ausgewählt wird, soll das Wachstum eine Zeitlang genau beobachtet und der Umfang gemessen werden. Bisher wurde noch keine einleuchtende Erklärung gefunden, aber die Statistik spricht dafür, dass Früchte an primären Stängeln größere Chancen für einen Rekord haben. Nur eine Frucht soll pro Pflanze gezogen werden. Um Unsicherheiten und Gefahren auszuschalten, ist die Frucht nicht schon in den ersten Tagen auszuwählen und zu isolieren. So bleibt genügend Zeit, die Fruchtform zu erkennen. Abgeflachte Früchte kommen nicht infrage. Ferner ist die Furcht zu bevorzugen, welche sich an einer nach außen gebogenen Stelle des Stängels befindet. Damit wird verhindert, dass die Frucht beim Wachsen den Stängel zerquetschen kann.

Schließlich hat aber jeder Züchter sein Geheimnis. Eines davon lautet, den Stiel eines Blattes 10 Zentimeter oberhalb des Haupttriebes abzuschneiden und diesen Stängelabschnitt regelmäßig mit roher Kuhmilch zu füllen!

Die «World Pumpkin Confederation» hat für den ersten Kürbis, der die 1500-Pfund-Grenze durchbricht, bereits 100'000 US-$ versprochen. Wann dies der Fall sein wird, weiß natürlich noch niemand. In Anbetracht des Erfolges der letzten 14 Jahre ist es jedoch sicherlich schon bald soweit. Dies um so mehr, als der Kreis der Züchter enorm gewachsen ist. Interessiert?

Die Japaner
und ihre Kürbisse

In der japanischen Küche hat der Kürbis als Alltagsgemüse eine lange Tradition. Eine Suppe oder ein Mus wird selten gekocht, man genießt ihn viel lieber in Stücken, gedünstet oder gebraten. Das stellt andere Anforderungen an die Qualität der Kürbisse. Die Frucht soll nicht nur sehr aromatisch sein und einen typischen Marroni-Geschmack haben, sie soll auch von handlicher Größe sein und 1 bis 2 Kilogramm wiegen. Die Haut soll so dünn sein, dass sie nicht entfernt zu werden braucht. Ein trockenes, festes Fruchtfleisch hat zudem den Vorteil, dass es beim Kochen nicht zerfällt.

In Japan sind sich Züchter und Samenhändler ihrer Verantwortung bewusst und kommen regelmäßig mit neuen «Glanzlichtern» auf den Markt und bereichern damit gleichzeitig das weltweite Kürbis-Angebot. Man darf ohne Übertreibung behaupten, dass Japan in der Züchtung weltweit führend ist, vor allem bezüglich Qualität. Den Amerikanern sind Äußerlichkeiten wichtiger. Wer in Japan als Samenanbieter einen guten Ruf haben will, hat in seinem Angebot mindestens eine oder gleich mehrere eigene Sorten, welche die hohen Qualitätskriterien erfüllen. Dies führt zu einer verwirrenden Fülle von Sorten, die sich äußerlich kaum unterscheiden. Es gibt aber kleine Nuancen bezüglich Geschmack, Konsistenz des Fruchtfleisches, Haltbarkeit, Ertrag, Rankenlänge und Anfälligkeit gegen Krankheiten usw.

Das aktuelle japanische Samen-Angebot enthält nebst allen andern gängigen Kürbissen nicht weniger als 30 bis 40 Kürbissorten des typischen Kuri-Kabocha (Marroni-Kürbis).

Es lohnt sich, eine der typischen japanischen Sorten anzubauen – zum Beispiel Miskoshi, Ebisu, Kuriaji (siehe Chestnut), Yukisgeshou oder Houka Aokawakuri. Allerdings muss man wissen, dass eine hohe Fleischqualität mit der Quantität bezahlt wird. Statt 40 bis 50 kg Stockertrag, wie etwa beim Riesenzentner, muss man sich je nach Sorte mit 3 bis 10 kg begnügen.

Wir freuen uns, wenn sich fundierte Kenner der japanischen Kürbis-Szene zwecks Erfahrungsaustausch an den kürbis-club.ch wenden.

Von Halloween
und ausgehöhlten Kürbissen

Zu Samhain war die Ernte eingebracht und gleichzeitig ging der Sommer zu Ende und der Winter nahm seinen Anfang. Gleichzeitig war dieser Tag auch eine Art Silvester, da mit dem 1. November das neue keltische Kalenderjahr anfing. Während dieser Feier wurden hoch auf den Bergen große Feuer entfacht, um den Gott der Sonne zu ehren und um die bösen Geister, die in dieser Nacht umherirrten, abzuschrecken. An diesem Tag kamen auch die Herden von den Weiden zurück, und Verträge und Pachtrechte wurden für die nächste Periode erneuert. Es war ein magischer Tag – günstig für Weissagungen betreffend Hochzeiten, Gesundheit und Tod. Ausnahmsweise durfte auch die Hilfe des Teufels in Anspruch genommen werden. Es wurde geglaubt, dass an diesem Tag die Seelen der Toten wieder ihre Häuser besuchten. So bekam das Fest allmählich eine neue Dimension bezüglich Geistern, Hexen und Kobolden. Dieser Brauch war schließlich so verbreitet und verankert, dass die christliche Kirche den 1. November zum Tag aller Heiligen und den 2. November zum Tag aller Seelen erklärte. Aus dem altenglischen Wort «to hallow» (heiligen, weihen, heilig machen) leitet sich das Wort Halloween, oder All Hallows' Eve ab.

Der Brauch des Halloween stammt ursprünglich aus Europa und wurde im alten England und Irland vorchristlicher Zeit gelebt. Dort wurden zwei wichtige keltische Feste gefeiert: Beltane, der erste Tag im Mai, und Samhain, das herbstliche Fest am 31. Oktober.

Irische und englische Einwanderer des 19. Jahrhunderts führten dieses Fest, gemeinsam mit anderen Festen wie Erntedankfest oder Freudenfeuer, in die Neue Welt ein. Dieser Brauch artete bald aus und nahm zerstörerische Formen an: es wurden Fenster eingeschlagen und sogar ganze Schuppen oder Gebäude zerstört.

Später feierten Kinder Halloween, indem sie kostümiert von Haus zu Haus gingen und mit dem Spruch «Gaben oder Streiche» von den Leuten Kleinigkeiten einforderten.

Symbol für Halloween ist die Laterne «Jack-O'-Lantern». In Schottland stellte man die Laterne ursprünglich aus einer weißen Rübe (Herbstrübe, Wasserrübe, Steckrübe) her, die zuerst ausgehöhlt wurde, durch Schnitzen ein Dämonengesicht bekam und im Innern mit einem Kerzenlicht erleuchtet wurde. In den USA wurde stellvertretend der dort beheimatete Kürbis verwendet. Masken und Laternen waren lange Zeit mit Halloween verbunden: die Masken stellten die Geister dar und die Laternen dienten wahrscheinlich als persönlicher Schutz. Wie eine Sage erzählt, ist die Laterne «Jack-O'-Lantern» auf einen Iren namens Jack zurückzuführen. Er hat während seines ganzen Lebens den Teufel beschworen. Als Strafe musste er unablässig durch die Welt wandern, nur mit einer Laterne, die ihm den Weg wies, ohne dass er je in den Himmel oder in die Hölle gelangt wäre.

Wer aber kam auf die Idee, die großen orangen Kürbisse zu Masken und Laternen umzufunktionieren? Das Licht der ausgehöhlten und mit grotesken Gesichtern versehenen Kürbisse war vielleicht ein symbolischer Weg, die Geister mit Licht und Feuer zu vertreiben.

Das Kürbis-Gesicht

Kürbisse sind außerordentlich interessante Früchte, die in der Küche vielseitig verwendet werden können. Die Formen- und Farbenvielfalt ist ein Wunder der Natur. Verständlich, dass man sie auch als Gebrauchs- und Dekorationsgegenstand entdeckt hat.

Mit den seit kurzem in ganz Europa stark aufkommenden Halloween-Bräuchen besteht die Gefahr, dass der Kürbis Mittel zum Zweck wird und dass gewisse Sorten wieder in Vergessenheit geraten, weil beim Züchten die Tauglichkeit für Halloween Priorität hat. Ein solches Schicksal hat die Riesenbeere nun tatsächlich nicht verdient!

Kürbisse sind Teil eines gelungenen Fests am Vortag von Allerheiligen. Die Amerikaner haben die Wahl der richtigen Frucht insofern vereinfacht und erleichtert, indem sie die Gruppe «Pumpkins» geschaffen haben. «Pumpkins» umfassen orange Kürbisse verschiedener Grösse. Der Kürbis soll so weich sein, dass er ohne Probleme bearbeitet werden kann. Sorten aus der Gruppe der orangen *C. pepo*, z. B. Tallman, Howden, Ghost Rider, Spirit, Jack-O'-Lantern usw. sind ideal. Hier ein paar Tipps:

1. Dem Kürbis rund um den Stiel einen Deckel abschneiden.
2. Den Kürbis mit einem robusten Löffel aushöhlen. Die Kürbiswand sollte am Schluss noch eine Dicke von 20 bis 30 mm haben, damit die Frucht schön verziert werden kann.
3. Das Sujet mit einem Bleistift auf den Kürbis zeichnen und mit einem Messer sorgfältig ausschneiden. Im Handel gibt es auch Schnitzvorlagen/Schnitzsets.
4. Auf dem Kürbisboden eine Kerze befestigen; dazu wenig Wachs auf dem Kürbisboden auslassen und die Kerze hinein stellen.
5. Den Deckel auf den Kürbis legen.

Kürbisse
in Märchen und Geschichten

Kürbisse sind Früchte, die seit eh und je das Vorstellungsvermögen der Menschen angeregt haben. So üben sie eine große Faszination auf Künstler aus und werden oft «Früchte der Kunst» genannt. Sie wurden aber auch immer wieder von Dichtern beigezogen, zum Beispiel in den Märchen der Brüder Grimm, aber auch in indischen, japanischen und amerikanischen. Nicht ohne Grund spielen sie an Anlässen wie Halloween eine wichtige Rolle und auch in vielen Märchen und Novellen kommen sie vor. Jedem ist die Erzählung von Aschenbrödel bekannt. Dort wird der Kürbis als ein von Schimmeln gezogener Wagen eingesetzt. Oft stellen Kürbisse in Geschichten einen Schutzort dar, zum Beispiel werden sie als Haus gebraucht, jedoch bleiben sie immer geheimnisvoll.

In anderen Kulturen haben Kürbisse ebenfalls immer wieder eine wichtige Rolle in der Mythologie gespielt. So erzählt eine indische Geschichte von einem Mann, dessen Sohn erkrankte und bald starb. Er legte den Körper seines toten Sohnes in einen Kürbis und brachte diesen an den Fuß eines Berges. Viel später kehrte er an diesen Ort zurück und öffnete den Kürbis. Zu seiner großen Überraschung kamen jedoch nur ein Fisch, viel Wasser und sogar Wellen zum Vorschein. Als die Leute vom Dorf dies erfuhren, rannten sie alle hin, um den Fisch zu fangen. Dabei zerbrach der Kürbis leider wegen ihrer Unachtsamkeit in viele Stücke. Aus jedem Stück entstand ein Fluss, und aus den Gewässern wurden Ozeane, welche die Erde bedeckten.

Auch in den USA gibt es unzählige Geschichten und Anekdoten um den Kürbis. Eine davon erzählt von einem Reisenden, der auf einem furchtbar mager aussehenden Pferd von einem Yankee begrüßt wurde, der damit beschäftigt war, seine Kürbisse am Rande der Straße zu pflegen. «Hallo Freund» sagte der Farmer, «was hast du vor?» «Ich gehe mich in den Westen etablieren» antwortet der andere. «Gut, dann steh auf und sitz auf diese Kürbis-Ranke. Sie wird rasch wachsen und dich viel schneller als dieses schwache Tier dorthin bringen.»

Wenn sich Garten- und Zierkürbisse verlieben (kreuzen)

«Damit die Diebe eine sanfte Strafe erlitten, pflanzte der Bauer inmitten der Gartenkürbisse einige in der Form ähnliche Zierkürbisse an und markierte sie diskret, damit er sie selber auseinanderhalten konnte. Die Diebe wurden beim Kürbis-Stehlen schwer enttäuscht, gefasst und ausgelacht. Der ehrliche Bauer wurde allerdings auch bestraft, denn die Speisekürbisse wurden durch die Zierkürbisse ungenießbar und bitter, so dass er keine einzige Frucht essen konnte.»

Diese Behauptungen sind wissenschaftlich nicht fundiert und sicherlich auch nicht richtig. Hingegen stimmt es, dass nebeneinander gepflanzte Zierkürbisse der Art *C. pepo* und Gartenkürbisse sich ohne weiteres kreuzen und dass die aus den Samen gezüchteten Nachkommen im nachfolgenden Jahr eventuell bitter und ungenießbar sind.

Kürbis
in der Küche

Die Sortenwahl

Im Zweifelsfall probiert man den Kürbis am besten roh, dann weiß man rasch, ob er nun wässerig, mehlig oder süßlich ist.

Kürbis roh essen

Es gibt einige Kürbisse, vor allem aus der Familie der Moschuskürbisse, z.B. Muscade de Provence, und zahlreiche Butternuts sowie Delicata, Sweet Dumpling und Acorns, die allesamt sehr gut für Rohkost verwendet werden können.

Am besten entscheiden Sie selber, welcher Kürbis Ihnen auch roh schmeckt, indem Sie beim Aufschneiden von unbekannten Sorten immer ein kleines Stück des Kürbis roh probieren, denn alle Kürbisse sind im Prinzip auch roh essbar, aber nicht unbedingt sehr schmackhaft.

Kürbis schälen und zerkleinern

Bei jungen, noch nicht vollständig ausgereiften Kürbissen ist die Haut meist noch nicht so hart und man kann sie je nach Sorte mitkochen, z.B. bei jungen Potimarrons im Herbst.

Aber es gibt auch Kürbisse mit sehr harter Haut wie z.B. alle Hubbards oder die Haut der Moschuskürbisse, die beim Kochen hart bleibt.

Im Zweifelsfall die Kürbisse schälen. Weichschalige Kürbisse lassen sich oft sehr gut mit dem Kartoffelschäler oder mit einem Küchenmesser schälen. Dazu den Kürbis halbieren und in Viertel schneiden. Sehr harte Kürbisse halbiert man am besten mit dem Fleischbeil.

Mengenangabe

Das Kürbisfleisch wurde für die Rezepte ohne Haut gewogen.

Kürbispüree

In vielen Rezepten braucht es als Basis Kürbispüree. Besonders festes und trockenes Püree bekommt man von mehligen Kürbissen (siehe Steckbriefe).

Rezept I

1 Den Kürbis schälen und entkernen. Das Fruchtfleisch klein würfeln.

2 Die Kürbiswürfelchen am besten in einem Siebeinsatz im Dampf rund 20 Minuten garen, bis das Fruchtfleisch weich ist.

3 Das gegarte Kürbisfleisch entweder durch das Passetout/Passevite drehen oder im Mixerglas oder mit dem Stabmixer fein pürieren. Sehr weiches Kürbisfleisch und kleine Mengen können auch mit der Gabel zerdrückt werden. Bei faserigen Kürbissorten verwendet man am besten das Passetout/Passevite, das die Fasern auffängt.

4 Das Kürbispüree abtropfen lassen. Dazu das Püree in ein feines Sieb (Spitzsieb aus Chromstahl) gießen. Wenn man das Sieb zusätzlich mit einem Gazetuch oder einem Küchentuch auslegt, wird das Püree noch trockener. Je länger man es abtropfen lässt, desto besser. Ideal ist, es über Nacht zum Abtropfen in den Kühlschrank zu stellen.
Je nach Kürbissorte erhält man von 100 g Fruchtfleisch 50–80 g Püree.

Tipp Die abgetropfte Flüssigkeit für die Zubereitung von Suppen und Saucen verwenden.

Rezept II

1 Den Kürbis mit Schale auf einem Backblech im Backofen bei 170 Grad rund 50 Minuten garen, bis er weich ist.

2 Das Fleisch auskratzen und durch das Passetout/Passevite drehen oder im Mixerglas oder mit dem Stabmixer fein pürieren.

3 Wässriges Kürbispüree in einem feinen Sieb (Spitzsieb aus Chromstahl) abtropfen lassen. Wenn man das Sieb zusätzlich mit einem Gazetuch oder Küchentuch auslegt, wird das Püree noch trockener. Siehe auch Rezept I, Punkt 4.

Kürbispüree konservieren

1 Kürbispüree frisch verwenden.

2 Kürbispüree tiefkühlen. Nach dem Auftauen unbedingt nochmals abtropfen lassen.

3 Kürbispüree heiß einfüllen und sterilisieren.

Kürbis lagern

Da die meisten Winterkürbisse, sofern sie gut ausgereift sind, einige Wochen bis Monate haltbar sind, dienen viele von ihnen erst einmal als Dekoration. Wenn man den Kürbis anschneidet, sollte man ihn innert einiger Tage verbrauchen. Am besten werden daher aus großen Kürbissen diverse Vorräte hergestellt, wie Chutneys, Kompott, Konfitüren, Püree, fertige Suppe (heiß einfüllen).

Geschmack/Aroma und Verwendungsmöglichkeiten

In der Sortenauswahl beziehen sich die Angaben zum Fruchtfleisch auf voll ausgereifte Kürbisse. Oft kommen aber auch noch nicht ausgereifte Kürbisse in den Handel; in diesem Fall kann die Beschreibung stark abweichen. Die Angaben entsprechen also Richtwerten. Je mehr man mit Kürbissen und auch immer wieder mit neuen Sorten kocht und experimentiert, desto mehr Erfahrungen wird man sammeln können.

Praktisch alle Kürbisse eignen sich für Suppen. Beim Gratin wird es bereits etwas komplizierter. Ein Gratin aus einem wässrigen Kürbis schmeckt mehr nach Zucchetti und einer aus einer mehligen Sorte mehr nach Kartoffeln. Beides kann schmackhaft sein.

rezepte

Kürbis-Kastanien-Cremesuppe

1–2 EL Butter oder natives Olivenöl extra
1 mittelgroße Zwiebel
100 g Lauch
350 g mehliges Kürbisfleisch
350 g geschälte, gegarte oder tiefgefrorene Kastanien
8 dl/800 ml Gemüsebrühe
1,5 dl/150 g Rahm/süße Sahne
1–2 Bio-Orangen, ca. 1,5 dl/150 ml Fruchtsaft
1 Prise Kardamom
wenig frisch geriebener Ingwer oder 1 Prise Ingwerpulver nach Belieben
Meersalz
Pfeffer aus der Mühle

Garnitur
1 Stück Kürbis, in Streifchen
1 Bio-Orange, Streifchen der Schale
wenig Schlagrahm/Schlagsahne
2 EL Mandarinenöl

1 Die Zwiebel schälen und fein hacken. Den Lauch putzen, längs halbieren und quer in schmale Streifen schneiden. Das Kürbisfleisch klein würfeln. Für die Garnitur das Kürbisfleisch dünn abschälen, die Streifen längs halbieren oder dreiteilen. Eine Orange dünnschalig abschälen und die Schale in feine Streifchen schneiden.

2 Zwiebeln und Lauch in der Butter andünsten. Kürbis und Kastanien beifügen und mitdünsten. Die Gemüsebrühe angießen, aufkochen, die Suppe bei kleiner Hitze köcheln lassen, bis der Kürbis sehr weich ist. Die Suppe pürieren.

3 Die Suppe zusammen mit dem Rahm und dem Zitrusfruchtsaft aufkochen, mit Kardamom, Ingwer, Salz und Pfeffer würzen. Je nach Konsistenz mit wenig Gemüsebrühe verdünnen.

4 Die Kürbis-Kastanien-Cremesuppe in vorgewärmten Suppentellern anrichten. Mit den Kürbis- und Orangenstreifchen garnieren. Einen Esslöffel Schlagrahm darauf geben. Mit dem Mandarinenöl beträufeln.

Variante Den Orangensaft durch Grapefruitsaft und das Mandarinenöl durch Grapefruitöl ersetzen.

Toskanische Kürbissuppe mit Reis

4 EL natives Olivenöl extra
1 kleine Zwiebel
500 g mehliges Kürbisfleisch
2 mittelgroße mehlig kochende Kartoffeln
1,25 dl/125 ml Milch
ca. 1 l Gemüsebrühe
100 g frischer Blattspinat
300 g gekochter Naturreis Meersalz
Pfeffer aus der Mühle
natives Olivenöl extra
4 EL geriebener Käse, z. B. Parmesan oder Grana Padana

1 Die Zwiebel schälen und fein hacken. Das Kürbisfleisch würfeln. Die Kartoffeln schälen und würfeln.

2 Die Zwiebeln und den Kürbis im Olivenöl andünsten, die Kartoffeln beifügen. Mit der Milch und der Gemüsebrühe aufgießen, aufkochen, den Kürbis bei kleiner Hitze weich kochen. Den Spinat zufügen, 2 Minuten köcheln lassen. Die Suppe pürieren.

3 Die Suppe zusammen mit dem Reis aufkochen, je nach Konsistenz mit Gemüsebrühe verdünnen, mit Salz und Pfeffer würzen. Mit Olivenöl abschmecken. Den Käse separat servieren.

Jamaikanische Kürbis-Kokos-Suppe

2 EL natives Olivenöl extra
1 mittelgroße Zwiebel
1 kleiner roter oder grüner Peperoncino/Pfefferschote
650 g mehliges Kürbisfleisch
2 mittelgroße mehlig kochende Kartoffeln
5 cm frische Ingwerwurzel (1–2 TL geriebener Ingwer)
1 Stängel Zitronengras
6 dl/600 ml Gemüsebrühe
4 dl/400 ml Kokosnussmilch
1 Beutel Green Curry (Supermarkt, Asienladen)
Meersalz
Pfeffer aus der Mühle

1 Die Zwiebel schälen und fein hacken. Den Peperoncino längs aufschneiden, entkernen und quer in Streifchen schneiden. Das Kürbisfleisch würfeln. Die Kartoffeln schälen und klein würfeln. Den Ingwer schälen und fein reiben.

2 Zwiebeln, Peperoncini und Kürbis im Olivenöl andünsten, Kartoffeln, Ingwer und Zitronengras beifügen. Mit der Gemüsebrühe aufgießen, aufkochen und die Suppe bei kleiner Hitze 15 bis 20 Minuten köcheln lassen. Das Zitronengras entfernen, die Suppe pürieren.

3 Die Suppe zusammen mit der Kokosnussmilch und dem grünen Curry erwärmen (bei zu großer Hitze flockt die Kokosnussmilch aus), mit Salz und Pfeffer abschmecken.

Bild

Kürbis-Topinambur-Cremesuppe

2 EL natives Olivenöl extra
1 große Zwiebel
500 g Kürbisfleisch
300 g Topinambure
1 Stängel Zitronengras
1 TL fein geriebener Ingwer
1 Prise Kardamompulver
1 Prise Chilipulver
ca. 8 dl/800 ml Gemüsebrühe, je nach Kürbissorte
2 dl/200 g Rahm/süße Sahne
Meersalz
Pfeffer aus der Mühle
1 Schuss Zitronensaft
1/2 dl/50 ml Sherry
wenig Limonenöl

1 Die Zwiebel schälen und fein hacken. Das Kürbisfleisch auf der Röstiraffel raspeln oder klein würfeln. Die Topinambure schälen und zerkleinern.

2 Zwiebeln und Kürbisfleisch im Olivenöl andünsten. Topinambure und Zitronengras sowie Gewürze beifügen und mitdünsten. Mit der Gemüsebrühe aufgießen, die Suppe aufkochen und bei kleiner Hitze köcheln lassen, bis das Gemüse weich ist, 20 bis 25 Minuten. Das Zitronengras entfernen, die Suppe pürieren.

3 Die Suppe zusammen mit dem Rahm aufkochen, mit Salz und Pfeffer würzen, mit Zitronensaft, Sherry und Limonenöl abschmecken.

Kürbis-Kartoffel-Cremesuppe

2 EL natives Olivenöl extra
1 große Zwiebel
600 g Kürbisfleisch
200 g mehlig kochende Kartoffeln
1 l Gemüsebrühe
100 g Crème fraîche
3 EL Senf, mittelscharf
wenig Zitronensaft
Meersalz
Cayennepfeffer
3 EL Kürbiskernöl

1 Die Zwiebel schälen und fein hacken. Das Kürbisfleisch klein würfeln. Die Kartoffeln schälen und klein würfeln.

2 Zwiebeln und Kürbisfleisch im Olivenöl andünsten, die Kartoffeln beifügen. Mit der Gemüsebrühe aufgießen, die Suppe aufkochen und bei kleiner Hitze köcheln lassen, bis das Gemüse weich ist. Die Suppe pürieren.

3 Die Suppe abermals aufkochen. Crème fraîche, Senf und Zitronensaft unterrühren, mit Salz sowie Cayennepfeffer würzen.

4 Die Suppe in vorgewärmten Suppentellern oder Suppentassen anrichten. Mit dem Kürbiskernöl beträufeln.

Kürbis-Karotten-Cremesuppe

1 EL natives Olivenöl extra
1 kleine Zwiebel
300 g Kürbisfleisch
300 g Karotten
8 dl/800 ml Gemüsebrühe
2 Bio-Orangen
1 dl/100 g Rahm/süße Sahne
1 kleines Stück Ingwerwurzel
1 Prise Muskatnuss
Pfeffer aus der Mühle

wenig Schlagrahm/Schlagsahne für die Garnitur

1 Die Zwiebel schälen und fein hacken. Den Kürbis klein würfeln. Die Karotten schälen und klein würfeln. Eine Orange dünnschalig abschälen, die Schale in feine Streifchen schneiden und beiseite stellen. Beide Orangen auspressen. Den Ingwer schälen.

2 Zwiebeln, Kürbis und Karotten im Olivenöl andünsten. Die Gemüsebrühe aufgießen, aufkochen, das Gemüse bei kleiner Hitze weich garen. Pürieren.

3 Die Cremesuppe mit dem Orangensaft und dem Rahm aufkochen. Würzen mit Muskatnuss, Pfeffer und fein geriebenem Ingwer.

4 Die Suppe in vorgewärmten Tellern anrichten. Mit dem Schlagrahm und den Orangenstreifchen garnieren.

Tipp Frische Ingwerwurzel schälen und ganz einfrieren. Den gefrorenen Ingwer auf der Bircher-Rohkostreibe direkt zur Speise reiben.

Kürbis-Linsen-Cremesuppe

2 EL natives Olivenöl extra
1 große Zwiebel
700 g Kürbisfleisch
200 g rote Linsen
1,2 l Gemüsebrühe
1 dl/100 g Rahm/süße Sahne
wenig frisch geriebener Ingwer
1 TL Currypulver, mittelscharf
Meersalz
Pfeffer aus der Mühle

Mandarinenöl zum Abschmecken
wenig Schlagrahm/Schlagsahne für die Garnitur

1 Die Zwiebel schälen und fein hacken. Das Kürbisfleisch klein würfeln oder auf der Röstiraffel raspeln.

2 Zwiebeln und Kürbis im Olivenöl andünsten, die Linsen beifügen, mit der Gemüsebrühe aufgießen, die Suppe aufkochen und bei kleiner Hitze köcheln lassen, bis der Kürbis und die Hülsenfrüchte gar sind, 20 bis 25 Minuten. Die Suppe pürieren.

3 Die Suppe mit dem Rahm aufkochen, je nach Konsistenz mit Gemüsebrühe verdünnen. Mit wenig Ingwer, Curry, Salz und Pfeffer würzen. Mit wenig Mandarinenöl abschmecken. Anrichten. Mit wenig Schlagrahm garnieren.

Scharfe Kürbis-Penne-Suppe

Hauptmahlzeit

4 EL natives Olivenöl extra
4 Knoblauchzehen
1 kleiner roter Peperoncino/ Pfefferschote
800 g mehliges Kürbisfleisch
1,2 l Gemüsebrühe
300 g glatte oder gerillte Penne/Federn
Meersalz
Pfeffer aus der Mühle
3 EL fein gehackte glattblättrige Petersilie
natives Olivenöl extra zum Beträufeln

1 Die Knoblauchzehen schälen und fein hacken. Den Peperoncino in Ringe schneiden. Das Kürbisfleisch in 2 cm große Würfel schneiden.

2 Knoblauch und Peperoncini im Olivenöl andünsten, Kürbis beifügen und mitdünsten. Mit der Gemüsebrühe aufgießen, aufkochen und die Suppe bei kleiner Hitze rund 10 Minuten köcheln lassen. Die Penne beifügen, weitere 8 bis 12 Minuten köcheln lassen, bis die Penne al dente sind.

3 Die Petersilie zur Suppe geben, würzen mit Salz und Pfeffer und mit Olivenöl abschmecken.

Mexikanische Kürbis-Zucchini-Mais-Suppe

2 EL natives Olivenöl extra
1 kleine Zwiebel
1 kleiner roter Peperoncino/ Pfefferschote
300 g Kürbisfleisch
300 g Zucchini
2,5 dl/250 ml Gemüsbrühe
1/2 l Milch
300 g Maiskörner, frisch oder aus dem Glas
getrockneter Thymian
1 dl/100 g Rahm/süße Sahne
Meersalz
Pfeffer aus der Mühle
2 EL fein gehackte Petersilie
Koriandergrün

1 Die Zwiebel schälen und fein hacken. Das Kürbisfleisch auf der Röstiraffel grob raspeln oder in kleine Würfel schneiden. Die Zucchini beidseitig kappen, auf der Röstiraffel raspeln.

2 Zwiebeln, Peperoncini, Kürbis und Zucchini im Olivenöl andünsten. Mit der Gemüsebrühe und der Milch aufgiessen, aufkochen und bei kleiner Hitze köcheln lassen, bis das Gemüse gar ist. Die Maiskörner und den Thymian dazugeben, 2 bis 3 Minuten köcheln lassen. Den Rahm angiessen, mit Salz und Pfeffer abschmecken. Die Petersilie dazugeben.

Tipp Wenn die Suppe nicht püriert wird, sollte man stets eine mehlige Kürbissorte nehmen. Mit Maischips servieren.

Bild

Kürbissalat griechische Art

2 EL natives Olivenöl extra
1 Zwiebel
1 grüne Peperoni/Paprikaschote
1 roter Peperoncino/Pfefferschote
400 g fruchtiges Kürbisfleisch
1 EL Zitronensaft
1 EL Weißweinessig
1 dl/100 ml Gemüsebrühe
Pfeffer aus der Mühle
Meersalz
2 Knoblauchzehen
2–3 EL natives Olivenöl extra
gehackte Petersilie
2 Tomaten
schwarze Oliven für die Garnitur

1 Das Kürbisfleisch in 1 cm dicke Stäbchen schneiden. Die Zwiebel schälen und fein hacken. Die Peperoni längs halbieren oder vierteln, den Stielansatz und die Kerne entfernen, quer in feine Streifen schneiden. Bei den Tomaten den Stielansatz entfernen, in Spalten schneiden. Den Peperoncino längs aufschneiden, entkernen und in Streifchen schneiden.

2 Zwiebeln, Peperoni, Peperoncini und Kürbis im Olivenöl andünsten. Zitronensaft, Essig und Gemüsebrühe angießen, bei kleiner Hitze rund 5 Minuten köcheln lassen. Garpunkt immer wieder kontrollieren; der Kürbis sollte noch Biss haben. Mit Salz und Pfeffer würzen. Abkühlen lassen.

3 Die Knoblauchzehen schälen, zum Salat pressen. Olivenöl, Petersilie und Tomatenspalten dazugeben, gut vermengen, anrichten. Mit schwarzen Oliven garnieren.

Kürbis-Randen-Salat mit Sauerkraut

200 g fruchtiges Kürbisfleisch
200 g gekochte Randen/Rote Beten
100 g rohes Bio-Sauerkraut
1 kleines Stück Meerrettichwurzel

Sauce
2 EL Crème fraîche
1/2 Zitrone, Saft
Meersalz
Pfeffer aus der Mühle
2 EL natives Olivenöl extra
1 EL gehackte Petersilie

Baumnuss-/Walnusskerne oder geröstete Kürbiskerne für die Garnitur

1 Die Sauce zubereiten, die gehackte Petersilie unterrühren.

2 Den Kürbis und die geschälten Randen auf der Röstiraffel grob raspeln, zusammen mit dem Sauerkraut zur Sauce geben und vermengen. Den Meerrettich schälen und auf der Bircher-Rohkostreibe zum Salat reiben, unterrühren.

3 Den Salat anrichten. Mit den Baumnüssen garnieren.

Kürbis-Tomaten-Tapenade

100 g Ziegenfrischkäse
2 EL Rahm/süße Sahne
4 EL natives Olivenöl extra
150 g Kürbispüree, Seiten 111/112
2 Knoblauchzehen
100 g getrocknete (nicht in Öl eingelegte) Tomaten
100 g (ca. 80 g entsteinte) schwarze Oliven
4 EL fein gehackte Kräuter
Pfeffer aus der Mühle

1 Die getrockneten Tomaten von Hand oder im Cutter grob hacken. Die Oliven ebenfalls grob hacken.

2 Den Ziegenfrischkäse mit einer Gabel fein zerdrücken. Rahm, Olivenöl und Kürbispüree unterrühren. Die Knoblauchzehen schälen und dazu pressen. Tomaten, Oliven und Kräuter unterrühren. Mit Pfeffer abschmecken.

Tipp Mit getoasteter Baguette, Gemüserohkost oder im Dampf gegarten Schalenkartoffeln servieren.

Getrocknete Tomaten Sehr trockene Tomaten zuerst rund 30 Minuten in lauwarmem Wasser einlegen.

Variante Zusätzlich 200 g Vollmilchquark unter die Tapenade rühren.

Bild

Kürbisterrine

für 2 kleine rechteckige Formen von ca. $^{1}/_{2}$ l Inhalt

500 g mehliges Kürbisfleisch
5 Freilandeier
2 dl/200 g Rahm/süße Sahne
Meersalz
Pfeffer aus der Mühle
geriebene Muskatnuss
Butter für die Form

1 Den Kürbis in kleine Stücke schneiden, im Dampf weich garen, abkühlen lassen. Pürieren.

2 Den Backofen auf 180 Grad vorheizen. Die Formen mit Butter ausstreichen.

3 Kürbisstücke, Eier und Rahm pürieren, mit Salz, Pfeffer und Muskatnuss würzen. Auf die beiden Formen verteilen.

4 Die gefüllten Formen in einen Bräter oder in ein anderes ofenfestes Geschirr stellen, bis auf $^{3}/_{4}$ Höhe mit Wasser füllen. Die Terrinen bei 180 Grad 50 bis 60 Minuten pochieren. Abkühlen lassen, stürzen und in Scheiben schneiden.

Kürbisblüten
mit Ricottafüllung

8 bis 12 Kürbisblüten

Füllung
500 g Ricotta
3 Eigelbe von Freilandeiern
1 EL Weizengrieß
1 EL geriebener Parmesan
1 Msp Muskatnuss
Meersalz
Pfeffer aus der Mühle
1 EL Grapefruitöl nach Belieben, oder wenig abgeriebene Schale einer Bio-Zitrone
3 Eiweiß

1 Ricotta, Eigelb, Grieß sowie Parmesan glatt rühren. Würzen. Das Eiweiß zu Schnee schlagen und unterziehen.

2 Die Kürbisblüten vom Stempel befreien.

3 Die Ricottamasse in einen Spritzsack mit breiter Tülle füllen, die Blüten füllen.

4 Die gefüllten Kürbisblüten über Dampf (Kochtopf mit Dämpfaufsatz) 10 bis 12 Minuten garen.

Tipp Auf gedämpftem Gemüse oder mit einer Zitronensauce servieren.

Zum Rezept Die gefüllten Kürbisblüten sind eine Kreation von Johannes Lenz aus dem Ristorante Boccalino in Locarno.

Kürbisblinis

200 g mehliges Kürbisfleisch
125 g Buchweizenmehl
5–10 g Hefe
1,5 dl/150 ml Milch
1 Freilandei
1/2 Bund Petersilie
Meersalz
Pfeffer aus der Mühle
natives Olivenöl extra zum Braten

1 Das Kürbisfleisch auf der Bircher-Rohkostreibe oder in der Küchenmaschine fein reiben (gut ausdrücken), mit dem Mehl vermengen.

2 Die Hefe in der Milch auflösen, zusammen mit dem Ei zur Kürbismasse geben, gut vermengen. Petersilie fein hacken, unterrühren. Mit Salz und Pfeffer abschmecken. Den Teig 10 Minuten quellen lassen.

3 Aus der Kürbismasse in einer nicht klebenden Bratpfanne im Olivenöl bei mittlerer Hitze Blinis (kleine Küchlein) braten.

Tipp Mit Crème fraîche und Räucherlachs servieren.

Kürbiskern-Pesto

50 g geröstete Kürbiskerne
2 Schalotten
1 TL Balsamessig
1/2–1 dl/50–100 ml Gemüsebrühe
4 EL Kürbiskernöl
1 großer Bund glattblättrige Petersilie
1/2 Bund Basilikum
Meersalz
Pfeffer aus der Mühle

1 Die Schalotten schälen und zerkleinern. Die Petersilie und das Basilikum von den Stielen zupfen.

2 Sämtliche Zutaten im Mixerglas oder im Cutter nicht zu fein pürieren. Mit Salz und Pfeffer abschmecken.

Tipp Zu Gemüserohkost, im Dampf gegarten Schalenkartoffeln, Kürbisterrine, usw. servieren.

Bild Seite 126

Kürbis-Lauch-Puffer

für 10 bis 12 Puffer

3 Freilandeier
3 EL geriebener Käse
150 g mehliges Kürbisfleisch
200 g Lauch
100 g weiße Sojasprossen
1/2 roter Peperoncino/Pfefferschote
1 EL fein gehackte Petersilie
wenig Thymian
1 Prise scharfes Currypulver
Meersalz
Pfeffer aus der Mühle
geriebene Muskatnuss
natives Olivenöl extra oder Bratbutter/Butterschmalz zum Braten

1 Das Kürbisfleisch fein reiben, mit der Küchenmaschine oder auf einer Bircher-Rohkostreibe (Saft weggießen). Den Lauch putzen, längs halbieren und quer in feine Streifen schneiden, im Dampf knackig garen. Die Sojasprossen und den Peperoncino hacken.

2 Die Eier verquirlen, Käse, Kürbis, Lauch, Sojasprossen, Peperoncini und Petersilie unterrühren. Würzen.

3 Die Kürbismasse mit dem Eisportionierer oder mit einem Schöpflöffel portionieren, in einer Bratpfanne im nicht zu heißen Olivenöl Puffer braten, auf beiden Seiten je 4 Minuten.

Tipp Mit Blattsalat und Sprossen und nach Belieben mit einer kalten Sauerrahmsauce servieren.

Bild

Peperoni mit Kürbis-Ricotta-Füllung

4 rote Peperoni/Paprikaschoten

2 EL natives Olivenöl extra
450 g fruchtiges Kürbisfleisch
2 Knoblauchzehen
250 g Ricotta
4 Eigelbe von Freilandeiern
120 g geriebener Parmesan
1 TL Provencekräuter
1 EL gehackte Petersilie
1 Prise Ingwerpulver
1 Prise Curry
1 EL Limonenöl, nach Belieben, oder abgeriebene Schale einer Bio-Zitrone
Meersalz
Pfeffer aus der Mühle
geriebener Parmesan zum Bestreuen

1 Die Peperoni längs halbieren, die Kerne entfernen. Die Peperonihälften im Dampf oder in wenig Gemüsebrühe rund 5 Minuten garen. In eine geölte Gratinform legen.

2 Den Backofen auf 220 Grad vorheizen.

3 Das Kürbisfleisch auf der Bircher-Rohkostreibe oder in der Küchenmaschine fein reiben (gut ausdrücken). Die Knoblauchzehen schälen und zum Kürbis pressen.

4 Die Kürbismischung im Olivenöl 3 bis 4 Minuten dünsten. Abkühlen lassen. Ricotta, Eigelbe und Parmesan mit dem Kürbis vermengen. Würzen. Die Kürbismischung in die Peperonihälften füllen, mit dem Parmesan bestreuen.

5 Die gefüllten Peperoni im vorgeheizten Backofen bei 220 Grad rund 30 Minuten backen.

Kürbisknöpfli mit Kürbisragout

Knöpfli
250 g Dinkelvollkornmehl
1 TL Meersalz
3 Freilandeier
250 g Kürbispüree, Seiten 111/112
1 EL natives Olivenöl extra

Kürbisragout
2 EL natives Olivenöl extra
1 mittelgroße Zwiebel
600 g fruchtiges Kürbisfleisch
wenig Knöpfliwasser
2 Hand voll frischer Winterspinat
2–4 EL natives Olivenöl extra
wenig getrockneter oder frischer Thymian
Meersalz
Pfeffer aus der Mühle
geriebener Käse, nach Belieben

1 Mehl und Salz mischen. Eier, Kürbispüree und Olivenöl dazugeben. Den Knöpfliteig mit einer Holzkelle während rund 10 Minuten kräftig rühren. 30 Minuten quellen lassen.

2 In einem großen Kochtopf reichlich Salzwasser erhitzen. Den Teig mit dem Knöpflisieb oder Spätzlehobel portionsweise in das kochende Wasser streichen. Die Knöpfli an die Oberfläche steigen lassen, mit einem Schaumlöffel herausnehmen, mit kaltem Wasser abschrecken, in ein Sieb geben.

3 Für das Kürbisragout die Zwiebel schälen und fein hacken. Das Kürbisfleisch klein würfeln. Zwiebeln und Kürbis im Olivenöl andünsten, wenig Knöpfliwasser angießen. Den Kürbis bei kleiner Hitze nicht zu weich garen. Spinat in Streifen schneiden, mit dem Thymian unterrühren, würzen.

4 Die Knöpfli nach Belieben in wenig Olivenöl braten, zum Kürbisragout geben und vermengen. Nach Belieben mit geriebenem Käse servieren.

Tipp Knöpfli können auch tiefgekühlt werden. Gefroren in kochendes Salzwasser geben und erhitzen.

Tessiner Kürbisrisotto

300 g Risottoreis

Kürbisragout
2 EL natives Olivenöl extra
1 große Zwiebel
1 roter Peperoncino/Pfefferschote
500 g fruchtiges Kürbisfleisch
1 TL getrocknete Kräuter z. B. Thymian, Rosmarin, Majoran
1 dl/100 ml Weißwein
ca. 4 dl/400 ml Gemüsebrühe
1 dl Rahm/süße Sahne
Pfeffer aus der Mühle
3–4 EL geriebener Sbrinz
fein gehackte Petersilie
natives Olivenöl extra zum Abschmecken

1 Den Reis mit 7dl/700 ml Wasser aufkochen und auf der ausgeschalteten Wärmequelle zugedeckt 30 Minuten oder länger ausquellen lassen.

2 Das Kürbisfleisch klein würfeln. Den Peperoncino längs aufschneiden, entkernen und in Streifchen schneiden. Die Zwiebel schälen und fein hacken.

3 Zwiebeln und Peperoncini im Olivenöl andünsten, Kürbis und Kräuter beifügen und mitdünsten. Weißwein und die Hälfte der Gemüsebrühe angießen, bei kleiner Hitze 10 bis 12 Minuten köcheln lassen. Gegarten Reis, Rahm und Mascarpone unterrühren. Der Risotto soll sämig sein, eventuell zusätzliche Gemüsebrühe unterrühren. Mit Pfeffer würzen.

4 Kurz vor dem Servieren den Käse und die Petersilie unterrühren. Mit einem Schuss Olivenöl abrunden.

Kürbis-Kartoffel-Rösti

für 2 Personen als Hauptmahlzeit

200 g mehliges Kürbisfleisch
300 g mehlig kochende Kartoffeln
1 kleiner Lauch (80 g) oder
1 mittelgroße Zwiebel
Meersalz
Pfeffer aus der Mühle
frischer Thymian
4–6 EL natives Olivenöl extra oder Bratbutter/Butterschmalz

1 Das Kürbisfleisch auf der Röstiraffel raspeln. Die Kartoffeln schälen und ebenfalls auf der Röstiraffel raspeln. Den Lauch putzen, längs aufschneiden und quer in Streifen schneiden. Oder die Zwiebel schälen und in feine Scheiben schneiden. Sämtliche Zutaten miteinander vermengen, mit Salz und Pfeffer gut abschmecken. Thymianblättchen abzupfen und unterrühren.

2 In einer schweren Bratpfanne, ideal ist eine Bratpfanne aus Gusseisen, die Hälfte des Olivenöls oder der Bratbutter erhitzen. Die Kartoffel-Kürbis-Masse hineingeben, einen Kuchen formen, bei kleiner Hitze rund 10 Minuten braten. Die Rösti auf eine Platte oder einen Teller stürzen. Das restliche Öl erhitzen, den Röstikuchen in die Pfanne gleiten lassen, während rund 10 Minuten fertig braten.

Tipp Mit einem gemischten Saisonsalat servieren.

Bild

Feine Kürbis-Lasagne

leichte Mahlzeit oder Vorspeise

200 g Lasagneblätter

2 EL natives Olivenöl extra
1 große Zwiebel
450 g mehliges Kürbisfleisch
5 Salbeiblätter
1 Lorbeerblatt
3 dl/300 ml Milch
2 dl/200 ml Gemüsebrühe
Meersalz
Pfeffer aus der Mühle
4–5 EL Parmesan oder Grana Padana
Meersalz

1 Die Zwiebel schälen und fein hacken. Das Kürbisfleisch klein würfeln. Die Salbeiblätter in Streifchen schneiden.

2 Zwiebeln, Kürbis, Salbei und Lorbeerblatt im Olivenöl andünsten. Mit der Milch und der Gemüsebrühe aufgießen, aufkochen und bei kleiner Hitze rund 7 Minuten köcheln lassen, bis der Kürbis weich ist. Lorbeer entfernen, würzen. 2/3 der Masse pürieren, unter die restliche Masse rühren.

3 Lasagneblätter gemäß Packungsbeschrieb in reichlich Salzwasser al dente kochen, mit kaltem Wasser abschrecken.

4 Eine rechteckige Form einfetten und den Boden mit der Kürbismasse bedecken. Fortfahren mit Lasagneblättern, Kürbismasse, Lasagneblättern und Kürbismasse. Den Käse darüber streuen.

5 Lasagne im vorgeheizten Backofen bei 180 Grad rund 40 Minuten backen. Eventuell mit Alufolie abdecken, damit sie nicht zu braun wird. Abkühlen lassen und nochmals erwärmen; so wird sie schön «saftig».

Schneller Kürbisauflauf

2–3 EL natives Olivenöl extra
1 mittelgroße Zwiebel
2 Knoblauchzehen
800 g fruchtiges Kürbisfleisch
2 EL fein gehackte Kräuter,
z. B. Thymian, Petersilie, Majoran
3 dl/300 g Rahm/süße Sahne
2 Freilandeier
3–4 EL geriebener Käse
Meersalz
Pfeffer aus der Mühle
Muskatnuss

1 Die Zwiebel und die Knoblauchzehen schälen und sehr fein hacken. Das Kürbisfleisch klein würfeln.

2 Zwiebeln und Knoblauch im Olivenöl andünsten, Kürbiswürfelchen und Kräuter dazugeben und kurz mitdünsten, den Rahm angießen, bei kleiner Hitze 4 bis 6 Minuten köcheln lassen, je nach Größe der Kürbiswürfel. In eine eingefettete Gratinform verteilen.

3 Den Backofen auf 180 Grad vorheizen.

4 Die Eier verquirlen, den Käse unterrühren, mit Salz, Pfeffer und Muskatnuss würzen. Über die Kürbiswürfel verteilen.

5 Den Kürbisauflauf im vorgeheizten Backofen bei 180 Grad rund 25 Minuten backen.

Variante Vor dem Backen Rosmarinnadeln über den Auflauf streuen oder einen ganzen Zweig darauf legen. Nach Belieben schwarze Oliven darüber streuen und mitbacken.

Bild

Ravioli mit Kürbis-Käse-Füllung

Ravioliteig

250 g Dinkelruchmehl/Mehltype 1050 oder
250 g Dinkelweißmehl/Mehltype 405
1 TL Meersalz
2 Freilandeier
1 EL natives Olivenöl extra
2 EL Wasser, je nach Teigkonsistenz

Füllung

120 g Ricotta
150 g Kürbispüree, gut abgetropft, Seiten 111/112
1 EL fein gehackte Petersilie
20 g zerriebene Amaretti
40 g geriebener Parmesan
Pfeffer aus der Mühle
Butter
Salbeiblätter
Parmesanspäne

1 Für den Teig Mehl und Salz vermengen, Eier und Olivenöl dazugeben, zu einem geschmeidigen Teig verarbeiten. Je nach Konsistenz braucht es noch wenig Wasser. Den Teig in Klarsichtfolie einwickeln, im Kühlschrank 30 Minuten ruhen lassen.

2 Für die Füllung alle Zutaten miteinander vermengen, mit Pfeffer abschmecken.

3 Den Ravioliteig mit dem Nudelholz oder mit der Nudelmaschine dünn ausrollen. Rondellen von 7 cm Durchmesser ausstechen. Auf jede Teigrondelle einen Teelöffel Füllung in die Mitte geben, zusammenklappen und den Rand mit einer Gabel gut andrücken.

4 Ravioli in einem großen Kochtopf in reichlich Salzwasser al dente kochen, 6 bis 8 Minuten. Mit einem Schaumlöffel herausnehmen und auf vorgewärmte Suppenteller verteilen. Nach Belieben mit Salbeibutter (Butter mit einigen Salbeiblättern erhitzen) übergießen und mit Parmesanspänen bestreuen.

Schnelle Kürbisgaletten mit Thymian

für 12 Galetten

400 g mehliges Kürbisfleisch
40 g Vollkornmehl
1 Freilandei
1,2 dl/120 g Rahm/süße Sahne
1 TL getrockneter oder frischer Thymian
Meersalz
Pfeffer aus der Mühle
Olivenöl oder Bratbutter/Butterschmalz zum Braten

1 Den Kürbis auf der Röstiraffel raspeln.

2 Sämtliche Zutaten miteinander vermengen, mit Salz und Pfeffer würzen.

3 Die Kürbismasse mit einem Esslöffel portionieren, in einer nicht klebenden Bratpfanne die Galetten (Puffer) bei mittlerer Hitze braten, von jeder Seite rund 4 Minuten.

Kürbisnudeln

400 g Dinkelruchmehl/Mehltype 1050
1 EL Meersalz
300 g Kürbispüree, Seiten 111/112
1 Freilandei
1 TL natives Olivenöl extra

1 Mehl und Salz mischen. Kürbispüree, Ei und Olivenöl beifügen, zu einem glatten, geschmeidigen Teig kneten. Je nach Konsistenz braucht es noch wenig Mehl oder wenig Wasser. Der Teig sollte an den Fingern nicht mehr kleben. Den Nudelteig in Klarsichtfolie einwickeln, 30 Minuten ruhen lassen.

2 Den Teig auf leicht bemehlter Arbeitsfläche in 2 Portionen dünn ausrollen. Die Teigblätter gerade schneiden und Nudeln von 1 bis 2 cm Breite schneiden. Der Teig kann auch problemlos mit einer Nudelmaschine verarbeitet werden. Die Nudeln vor dem Kochen rund 30 Minuten oder länger trocknen lassen.

3 In einem großen Kochtopf reichlich Salzwasser zusammen mit einem Schuss Olivenöl erhitzen, die Nudeln al dente kochen. Abgießen, mit einem Schuss Olivenöl vermengen. Sofort servieren.

Gratinierter Spaghetti-Kürbis

für 4 Personen als Vorspeise
für 2 Personen als Hauptgericht

1 Spaghetti-Kürbis, ca. 1 kg
Meersalz
Pfeffer aus der Mühle
150 g Mascarpone mit Gorgonzola
50 g geriebener Parmesan
frische Salbeiblätter

1 Den Kürbis quer in 4 dicke Scheiben schneiden und entkernen. Die Kürbisscheiben im Dampf rund 15 Minuten garen.

2 Mascarpone zerbröckeln, mit dem Parmesan vermengen.

3 Den Backofen auf 220 Grad vorheizen.

4 Die Kürbisscheiben in eine geölte Gratinform legen, das Innere mit einer Gabel auflockern. Mit Salz und Pfeffer würzen. Die Käsecreme darüber verteilen, mit Salbeiblättern belegen.

5 Die Kürbisscheiben im vorgeheizten Backofen bei 220 Grad rund 10 Minuten überbacken.

Kürbis-Ricotta-Gnocchi

ca. 750 g mehliger Kürbis mit Schale
oder
300 g sehr trockenes Kürbispüree,
Seiten 111/112
250 g Ricotta
120–150 g geriebener Parmesan
1 Freilandei
Meersalz
Pfeffer aus der Mühle
Muskatnuss
150–200 g Dinkelvollkornmehl

grob geriebener Parmesan
natives Olivenöl extra

1 Den Kürbis ungeschält auf einem Backblech im Backofen bei 170 Grad rund 50 Minuten garen, bis er weich ist. Das Fleisch auskratzen und mit dem Handmixer oder im Mixerglas pürieren. Für die Gnocchi benötigt man ca. 300 g trockenes Püree. Bei einer wässrigen Sorte muss man das Püree vor der Verarbeitung in einem mit einem Mull-/Baumwolltuch ausgelegten Sieb über Nacht gut abtropfen lassen.

2 Kürbispüree, Ricotta, Parmesan und Ei verrühren, würzen. So viel Mehl einkneten, dass der Teig nicht mehr klebt. Den Teig in 3 bis 4 Portionen teilen, Rollen von ca. 2 cm Durchmesser drehen, in 2 bis 3 cm lange Stücke schneiden, mit einer Gabel leicht flach drücken. Oder den Teig mit 2 Teelöffeln portionieren.

3 Die Gnocchi in reichlich Salzwasser portionsweise garen, bis sie an die Oberfläche steigen. Mit einem Schaumlöffel herausnehmen und warm stellen. Gnocchi kurz vor dem Servieren mit Parmesan bestreuen und mit Olivenöl beträufeln.

Penne mit Kürbis
und Cima di Rapa

300 g Penne oder andere Teigwaren

2 EL Olivenöl extra nativ
1 kleine Zwiebel
1–2 Knoblauchzehen
1 grüner Peperoncino/Pfefferschote
400 g Kürbis
wenig Gemüsebrühe
250 g Cima di Rapa (Stengelkohl)
Meersalz
Pfeffer aus der Mühle
2–4 EL geriebener Käse, zum Beispiel Pecorino, nach Belieben
Mandarinenöl oder Olivenöl extra nativ zum Beträufeln

1 Die Penne gemäß Packungsbeschrieb al dente kochen.

2 Die Zwiebel und die Knoblauchzehen schälen und fein hacken. Das Kürbisfleisch klein würfeln. Beim Cima di Rapa den untersten Teil abschneiden, das Kraut samt Stängel und Blütenansatz in Streifen schneiden.

3 Zwiebeln, Knoblauch und Peperoncino im Olivenöl andünsten, den Kürbis kurz mitdünsten. Wenig Gemüsebrühe angießen, köcheln lassen, bis der Kürbis fast gar ist. Cima di Rapa beifügen, nochmals 3 bis 5 Minuten köcheln lassen. Mit Salz und Pfeffer abschmecken.

4 Die Penne zum Gemüse geben, nochmals erhitzen. In vorgewärmten Tellern anrichten. Mit dem Mandarinen- oder Olivenöl beträufeln, mit Reibkäse bestreuen.

Bild

Spaghetti-Kürbis aus dem Ofen

2 mittelgroße Spaghetti-Kürbisse
4 EL natives Olivenöl extra
Meersalz oder Kräutermeersalz
Pfeffer aus der Mühle
reichlich frische Rosmarinnadeln
2–3 Knoblauchzehen

1 Die beiden Kürbisse der Länge nach halbieren und entkernen. Das Kürbisfleisch mit Olivenöl einpinseln, mit Salz und Pfeffer würzen. Die Knoblauchzehen schälen und in Scheiben schneiden, zusammen mit dem Rosmarin auf die Kürbisse verteilen. Auf ein mit Backpapier belegtes Blech legen.

2 Die Kürbishälften im vorgeheizten Backofen bei 220 Grad 30 bis 45 Minuten backen, je nach Größe der Kürbisse. Mit einer Gabel prüfen, ob die «Spaghetti» weich sind.

Tipp Das Kürbisfleisch mit der Gabel zu Spaghetti aufwickeln und mit Olivenöl beträufelt als Vorspeise oder lauwarm mit einer Vinaigrette als Salat servieren. Oder mit einem Fleischgericht servieren.

Kürbis-Kohl-Gemüse aus dem Wok

3–4 EL natives Olivenöl extra
1 mittelgroße Zwiebel
1 Knoblauchzehe
1 roter Peperoncino/Pfefferschote
400 g fruchtiges Kürbisfleisch
5–6 Wirz-/Wirsingblätter
400 g Pfälzer Rüben
1 dl/100 ml Gemüsebrühe
2 EL Sojasauce
wenig Zitronensaft
1 Prise Zimtpulver
1 Prise Ingwerpulver
Meersalz

1 Hand voll geröstete Erdnüsse oder gegarte Kichererbsen

1 Die Zwiebel und die Knoblauchzehe schälen und fein hacken. Den Peperoncino ganz lassen und in Ringe schneiden oder längs aufschneiden, entkernen und in Streifchen schneiden. Das Kürbisfleisch in Stäbchen schneiden. Die Wirzblätter in Streifen schneiden. Die Pfälzer Rüben putzen (schälen) und in Stäbchen schneiden.

2 Zwiebeln, Knoblauch, Peperoncini, Kürbis, Kohl und Pfälzer Rüben im Wok oder in einer weiten Bratpfanne im Olivenöl bei starker Hitze einige Minuten rührbraten. Die Gemüsebrühe und die Sojasauce angießen, einige Minuten köcheln lassen. Mit Zitronensaft, Zimt, Ingwer und Meersalz abschmecken. Die Erdnüsse oder die Kichererbsen darüber streuen.

Tipp Mit Reis, Fleisch oder Fisch servieren.

Bild

Gratin von Penne und Kürbisbolognese

250 g glatte oder gerillte Penne/Federn

2 EL natives Olivenöl extra
1 mittelgroße Zwiebel
2 Knoblauchzehen
250 g fette toskanische Schweinswurst oder Luganighe oder gehacktes Schweinefleisch
500 g fruchtiges Kürbisfleisch
300 g Pelati aus der Dose
2,5 dl/250 ml Nudelkochwasser oder Gemüsebrühe
Pfeffer aus der Mühle
Meersalz
1 Zweig frischer oder
1/2 TL getrockneter Thymian
1/2 Bund glatte Petersilie
2 EL Pinienkerne
4–6 EL geriebener Käse
8 frische oder getrocknete Lorbeerblätter
natives Olivenöl extra zum Beträufeln

1 Die Penne in reichlich Salzwasser al dente kochen, abgießen, 1/4 Liter Kochwasser auffangen.

2 Die Zwiebel und die Knoblauchzehen schälen und fein hacken. Bei den Pelati den Stielansatz entfernen, grob hacken. Das Kürbisfleisch klein würfeln. Die Schweinswurst schälen und zerkleinern. Die Kräuter grob hacken.

3 Zwiebeln, Knoblauch und Fleisch im Olivenöl anbraten, Kürbis beifügen und kurz mitdünsten. Tomaten und Kräuter beifügen, würzen. Die Flüssigkeit angießen, bei kleiner Hitze 8 bis 12 Minuten köcheln lassen. Der Kürbis darf etwas zerfallen. Die Pinienkerne unterrühren.

4 Den Backofen auf 220 Grad vorheizen. Die Gratinform einfetten.

5 Kürbisragout, Penne und die Hälfte des Käses mischen, in die Gratinform verteilen. Den restlichen Käse darüber streuen, mit den Lorbeerblättern belegen. Mit Olivenöl beträufeln.

6 Das Gratin im vorgeheizten Backofen bei 220 Grad 10 bis 15 Minuten überbacken.

Tipp Mit Blattsalat servieren.

Hackfleisch-Kürbis-Kugeln

Fleischkugeln
400 Rinderhackfleisch
100–150 g mehliges Kürbisfleisch
1 grüner Peperoncino/Pfefferschote
1 kleine Zwiebel
50 g geriebener Parmesan
1 großes Freilandei
1 EL fein gehackter Rosmarin
1 EL fein gehackte Petersilie
Meersalz
Pfeffer aus der Mühle

Tomatensauce
4 EL natives Olivenöl extra
1 große Zwiebel
4 Knoblauchzehen
1 roter Peperoncino/Pfefferschote
1 EL Tomatenpüree
1 TL Oreganopulver
700 g Pelati aus der Dose
1 Hand voll entsteinte schwarze Oliven
1/2 dl/50 ml Rotwein
Meersalz
Pfeffer aus der Mühle
2–3 Zweiglein Basilikum

1 Für die Fleischkugeln den Kürbis auf der Bircher-Rohkostreibe fein reiben, gut ausdrücken. Oder den Kürbis in der Küchenmaschine reiben. Den Peperoncino längs aufschneiden, nach Belieben entkernen, fein hacken. Die Zwiebel schälen und fein hacken. Sämtliche Zutaten für die Fleischkugeln miteinander vermengen, mit Salz und Pfeffer abschmecken.

2 Für die Tomatensauce die Zwiebel und die Knoblauchzehen schälen und fein hacken. Den Peperoncino längs aufschneiden, nach Belieben entkernen, klein hacken. Bei den Pelati den Stielansatz entfernen, die Früchte grob hacken. Zwiebeln, Knoblauch und Peperoncini im Olivenöl andünsten, Tomatenpüree und Oregano kurz mitdünsten. Die Pelati unterrühren, den Rotwein angießen. Die Sauce bei kleiner Hitze 30 Minuten köcheln lassen. Mit Salz und Pfeffer abschmecken.

3 Aus der Fleischmasse Kugeln von 3 bis 4 cm Durchmesser formen. Die Fleischkugeln zur Tomatensauce geben, bei kleiner Hitze zugedeckt rund 10 Minuten ziehen lassen. Die Basilikumblätter in feine Streifen schneiden und unterrühren.

Kürbis-Curry mit Kichererbsen und Lamm

2–3 EL natives Olivenöl extra
2 kleine Zwiebeln
2 scharfe rote Peperoncini/ Pfefferschoten
2 grüne Peperoni/Paprikaschoten
500 g fruchtiges Kürbisfleisch
milder bis scharfer Curry, nach Belieben
ev. 1 Beutel grüne Currypaste
1 dl/100 ml Kokosnussmilch (Asienladen, Großverteiler)
wenig Gemüsebrühe
250 g gekochte Kichererbsen oder
125 g getrocknete Kichererbsen oder Petersilie
400 g Lammfilet
Meersalz
Pfeffer aus der Mühle
1/2 Bund Koriandergrün

1 Die getrockneten Kichererbsen über Nacht in Wasser einlegen. Das Einweichwasser am nächsten Tag weggießen. Die Erbsen mit reichlich frischem Wasser aufsetzen, bei kleiner Hitze 50 bis 60 Minuten weich garen.

2 Die Zwiebeln schälen und fein hacken. Das Kürbisfleisch würfeln. Die Peperoni halbieren, den Stielansatz und die Kerne entfernen, die Fruchthälften in 2 cm große Quadrate oder in Streifen schneiden. Die Peperoncini längs aufschneiden, entkernen und in Streifchen schneiden.

3 Zwiebeln, Peperoni und Peperoncini im Olivenöl andünsten, Kürbis beifügen und mitdünsten, mit Curry würzen. Kokosnussmilch und wenig Gemüsebrühe angießen, das Ganze bei kleiner Hitze knackig garen, 8 bis 10 Minuten.

4 Das Lammfilet würfeln oder in Streifen schneiden, mit Salz und Pfeffer leicht würzen, in einer Bratpfanne in wenig Olivenöl scharf anbraten, zum Gemüseragout geben. Mit Petersilie oder Koriander bestreut servieren.

Omelett mit Kürbis-Sprossen-Füllung

Omelettteig
4 Freilandeier
3 dl/300 ml Milch oder
halb Milch/halb Wasser
1 TL Meersalz
200 g Dinkelweißmehl/ Mehltype 405 oder
200 g Buchweizenmehl
Olivenöl zum Braten

Füllung
2 EL natives Olivenöl extra
1 kleiner roter Peperoncino/Pfefferschote
250 g fruchtiges Kürbisfleisch
200 g weiße Sojasprossen
wenig Gemüsebrühe oder Weißwein
Meersalz oder Gemüsebrühepulver
Pfeffer aus der Mühle
1 Prise Ingwerpulver
1 Prise Currypulver

8–12 Scampi/Langustinen, nach Belieben
Olivenöl zum Braten

1 Für die Omeletts Eier, Milch und Salz verquirlen. Das Mehl dazugeben, zu einem glatten Teig rühren. 30 Minuten quellen lassen.

2 Den Peperoncino längs aufschneiden und entkernen, in Streifchen schneiden. Das Kürbisfleisch würfeln.

3 Aus dem Teig in einer nicht klebenden Bratpfanne in wenig Olivenöl 4 Omeletts backen, warm stellen.

4 Peperoncini mit dem Kürbis im Olivenöl dünsten, rund 4 Minuten. Sojasprossen kurz mitdünsten. Wenig Gemüsebrühe oder Weißwein angießen, mit Salz, Pfeffer, Ingwerpulver und Curry würzen, köcheln lassen, bis der Kürbis gar ist.

5 Die Scampi im Olivenöl braten.

6 Kürbisgemüse und Scampi auf eine Hälfte der Omeletts verteilen, zweimal falten.

Pouletschenkel marokkanische Art

4 Pouletschenkel/Hähnchenkeulen
Senf, Kräutermeersalz,
Pfeffer aus der Mühle
Thymian- und Paprikapulver
2–3 EL natives Olivenöl extra
2–3 Zwiebeln, 250 g
2 Knoblauchzehen
1 Zweig Stangensellerie
1–2 Rosmarinzweiglein
300 g Pelati mit Saft
1,5 dl/150 ml Gemüsebrühe
600 g fruchtiges Kürbisfleisch
100 g schwarze Oliven
Gemüsebrühe
Pfeffer aus der Mühle
1 EL geriebener Ingwer
1 TL fein geschnittene Pfefferminze

1 Aus Senf, Salz und Gewürzen eine Marinade zubereiten. Die Pouletschenkel mit der Marinade einstreichen, im Kühlschrank eine Stunde marinieren.

2 Die Zwiebeln schälen und fein hacken. Die Knoblauchzehen schälen. Den Stangensellerie in Scheiben schneiden. Bei den Pelati den Stielansatz entfernen, die Früchte grob hacken. Den Kürbis würfeln.

3 Die Pouletschenkel in einem Brattopf im Olivenöl beidseitig je 5 Minuten braten. Zwiebeln, Stangensellerie und Knoblauchzehen beifügen und kurz dünsten. Rosmarin, Pelati und Gemüsebrühe dazugeben, aufkochen, bei kleiner Hitze rund 30 Minuten köcheln lassen. Kürbis und Oliven dazugeben, köcheln lassen, bis der Kürbis weich ist. Je nach Flüssigkeitsstand wenig Gemüsebrühe angießen. Würzen.

Kalbsleber venezianische Art

2 EL natives Olivenöl extra
500 g Kalbsleber
Meersalz
Pfeffer aus der Mühle

Gemüse
2 EL natives Olivenöl extra
1 Zwiebel
2–3 Zweiglein Salbei
500 g fruchtiges Kürbisfleisch
500 g Rosenkohl
½ dl/50 ml trockener Weißwein
wenig Gemüsebrühe
Pfeffer aus der Mühle
Kräutermeersalz
wenig abgeriebene Schale einer Bio-Zitrone
fein gehackte Petersilie

1 Die Zwiebel schälen und in feine Scheiben schneiden. Das Kürbisfleisch würfeln. Den Rosenkohl putzen, je nach Größe halbieren. Die Salbeiblättchen abzupfen.

2 Den Rosenkohl im Dampf kurz vorgaren, etwa 5 Minuten.

3 Salbei und Zwiebeln im Olivenöl andünsten, Kürbis beifügen und 3 bis 5 Minuten mitdünsten. Rosenkohl beifügen. Weißwein und Gemüsebrühe angießen, bei kleiner Hitze knackig garen. Mit Salz, Pfeffer und Zitronenschale abschmecken.

4 Die Kalbsleber in Streifen schneiden, im Olivenöl bei starker Hitze kurz braten, mit Salz und Pfeffer würzen.

5 Die Kalbsleber mit Kürbis und Rosenkohl vermengen. Anrichten. Nach Belieben mit Petersilie garnieren.

Bild

Schwertfisch in der Kürbiskruste

4 Schwertfischscheiben, je ca. 200 g
Zitronensaft
Meersalz
Pfeffer aus der Mühle
2 Freilandeier
ca. 300 g mehliges Kürbisfleisch
2 EL grob gehackte glattblättrige Petersilie
Meersalz
Pfeffer aus der Mühle
natives Olivenöl extra zum Braten
Limonenöl oder natives Olivenöl extra zum Beträufeln

1 Die Fischstücke mit Zitronensaft beträufeln, 15 Minuten marinieren. Die Fischscheiben mit Küchenpapier trocken tupfen, mit Salz und Pfeffer würzen, leicht einreiben.

2 Den Kürbis auf der Röstiraffel oder in der Küchenmaschine raspeln.

3 Die Eier verquirlen, das Kürbisfleisch und die Petersilie zufügen, mit Salz und Pfeffer würzen.

4 In einer Bratpfanne das Olivenöl erhitzen. Die Fischscheiben in der Kürbis-Ei-Masse wenden, vorsichtig in die Bratpfanne legen, bei mittlerer Hitze auf beiden Seite je 3 bis 4 Minuten braten, je nach Dicke der Scheiben. Mit Limonen- oder Olivenöl beträufeln.

Variante Für dieses Rezept eignen sich auch andere Fischarten mit festem Fleisch, z. B. Seeteufel, Thunfisch usw.

Ragout
mit Farfalle und Krevetten

300 g Farfalle (Krawättli/
Schmetterlingsnudeln)

2 EL natives Olivenöl extra
2 Schalotten oder
1 kleine Zwiebel
400 g fruchtiges Kürbisfleisch
1 roter Peperoncino/Pfefferschote
Meersalz
Pfeffer aus der Mühle
2 EL Pinienkerne
200 g rohe Krevetten/Garnelen
2–3 EL Ricotta

8 ungeschälte Riesenkrevetten/
-garnelen für die Garnitur
2–3 EL natives Olivenöl extra
1 Bund Rucola

1 Die Schalotten schälen und fein hacken. Das Kürbisfleisch klein würfeln. Den Peperoncino längs aufschneiden, entkernen und in Streifchen schneiden.

2 Schalotten, Kürbis und Peperoncini im Olivenöl andünsten, mit Salz und Pfeffer würzen. Pinienkerne beifügen, bei kleiner Hitze 6 bis 8 Minuten dünsten, eventuell wenig Wasser oder Gemüsebrühe angießen. Die Krevetten beifügen, nochmals 1 bis 2 Minuten dünsten. Den Ricotta unterrühren.

3 Die Riesenkrevetten in einer Bratpfanne in wenig Olivenöl rund 4 Minuten braten.

4 Die Teigwaren in reichlich Salzwasser al dente kochen. Abgießen.

5 Die Teigwaren zum Kürbisragout geben, vermengen. Mit Olivenöl und Pfeffer abschmecken. Anrichten. Mit der fein geschnittenen Rucola und den Riesenkrevetten garnieren.

Kürbis-Lauch-Quiche
mit Sojasprossen

für ein Kuchenblech von 28 cm Durchmesser
für 2–3 Personen als Hauptmahlzeit
für 4–6 Personen als Vorspeise

250 g Blätterteig oder geriebener Teig

Belag
2 EL natives Olivenöl extra
200 g Lauch
250 g mehliges Kürbisfleisch
150 g Sojasprossen
Kräutermeersalz
Pfeffer aus der Mühle
Curry nach Belieben

Guss
2 Freilandeier
1,5 dl/150 g Rahm/süße Sahne
50 g geriebener Parmesan
Pfeffer aus der Mühle

1 Den Lauch putzen, längs halbieren und in Streifen schneiden. Das Kürbisfleisch auf der Röstiraffel grob raspeln.

2 Lauch, Kürbis und Sojasprossen im Olivenöl 6 bis 8 Minuten dünsten, mit Kräutersalz, Pfeffer und nach Belieben mit Curry abschmecken. Abkühlen lassen.

3 Den Backofen auf 220 Grad vorheizen.

4 Den Teig rund ausrollen und in die Form legen. Mit einer Gabel einige Male einstechen.

5 Den Guss zubereiten, mit dem Gemüse vermengen, mit Pfeffer abschmecken. Die Gemüsemasse auf den Teigboden verteilen.

6 Die Quiche im vorgeheizten Backofen bei 220 Grad auf dem zweituntersten Einschub rund 30 Minuten backen.

Tipp Die Quiche ist zusammen mit einem Blattsalat eine komplette Mahlzeit.

Kürbis-Pie provençale
mit Rosmarin und Thymian

für ein Kuchenblech von 26 cm Durchmesser
für 2–3 Personen als Hauptmahlzeit
für 4–6 Personen als Vorspiese

250 g Vollkornblätterteig oder
250 g geriebener Kuchenteig

2 EL natives Olivenöl extra
500 g mehliges Kürbisfleisch
wenig gehackter grüner Peperoncino/ Pfefferschote, nach Belieben
1 EL fein gehackte Rosmarinnadeln
1 Zweiglein frischer Thymian, Blättchen abgezupft
Kräutermeersalz
Pfeffer aus der Mühle

Guss
3 Freilandeier
1,2 dl/120 g Rahm/süße Sahne
120 g geriebener Käse, z. B. Parmesan oder Sbrinz
Paprikapulver
geriebene Muskatnuss
Pfeffer aus der Mühle
Meersalz

1 Das Kürbisfleisch klein würfeln, zusammen mit den Peperoncini und den Kräutern im Olivenöl einige Minuten dünsten. Würzen. Abkühlen lassen.

2 Den Backofen auf 180 Grad vorheizen.

3 Den Teig rund ausrollen, in das eingefettete Kuchenblech legen. Mit einer Gabel ein paar Mal einstechen.

4 Das Kürbisgemüse auf den Teigboden verteilen, den Guss darüber gießen.

5 Die Kürbis-Pie im vorgeheizten Backofen bei 180 Grad auf dem zweituntersten Einschub rund 30 Minuten backen.

Mediterrane

Kürbis-Ziegenkäse-Quiche

für ein Kuchenblech von 26–28 cm Durchmesser
für 2–3 Personen als Hauptmahlzeit
für 4–6 Personen als Vorspeise

250 g Blätterteig oder geriebener Teig

Füllung
150 g Ziegenfrischkäse
2 Freilandeier
1 dl/100 ml Weißwein oder Rahm/süße Sahne
2 EL natives Olivenöl extra
500 g gut abgetropftes mehliges Kürbispüree, Seiten 111/112
100 g geriebener Greyerzer Käse oder Pecorino
3 EL Vollkornmehl
wenig fein gehackter roter Peperoncino/Chilischote
2–4 fein gehackte getrocknete Tomaten
1/2 Bund frischer Thymian, gehackt
1 Zweiglein Rosmarin, Nadeln abgestreift und fein gehackt
1 Bio-Zitrone, abgeriebene Schale
Kräutermeersalz
Pfeffer aus der Mühle
geriebene Muskatnuss
Paprikapulver

schwarze Oliven
Rosmarinzweiglein oder Olivenblätter

1 Den Teig rund ausrollen und in das Blech legen. Mit einer Gabel ein paar Mal einstechen.

2 Den Backofen auf 180 Grad vorheizen.

3 Für die Füllung Ziegenfrischkäse, Eier, Weißwein oder Rahm, Kürbispüree sowie Olivenöl verrühren. Greyerzer Käse, Mehl, Peperoncini, Tomaten, Kräuter und Zitronenschale unterrühren. Würzen. Die Kürbismasse auf den Teigboden verteilen.

4 Die Quiche im vorgeheizten Backofen bei 180 Grad auf dem zweituntersten Einschub rund 40 Minuten backen. Mit Oliven und Rosmarin garnieren.

Bild

Kürbis-Käse-Schnitten

für ein rechteckiges Backblech
für 6 Personen als Hauptmahlzeit

2 große Freilandeier
2 EL Crème fraîche
150 g geriebener Käse, z. B. Greyerzer Käse
2 TL grobkörniger Senf
2 EL natives Olivenöl extra
150 g Vollkornmehl
30 g Maismehl
1/2 TL phosphatfreies Backpulver
600 g mehliges Kürbisfleisch
1 kleine Zwiebel
3 Knoblauchzehen
1 rote Peperoni/Paprikaschote
2–3 Zweiglein Basilikum
1/2 Bund Petersilie
1/2 TL Meersalz
Pfeffer aus der Mühle
1 Prise Cayennepfeffer

1 Den Backofen auf 220 Grad vorheizen.

2 Das Kürbisfleisch auf der Röstiraffel grob raspeln. Die Zwiebel und die Knoblauchzehen schälen und fein hacken. Die Peperoni halbieren, den Stielansatz und die Kerne entfernen, die Fruchthälften klein würfeln. Die Basilikumblätter in feine Streifen schneiden. Petersilie fein hacken.

3 Eier, Crème fraîche, Käse, Senf und Olivenöl in einer Schüssel verrühren. Mehl, Maismehl sowie Backpulver mischen, mit der Käsemischung vermengen. Kürbisfleisch, Zwiebeln, Knoblauch, Peperoni und Kräuter unterrühren. Mit Salz, Pfeffer sowie Cayennepfeffer abschmecken.

4 Die Kürbismasse auf einem mit Backpapier belegten rechteckigen Blech ausstreichen.

5 Den Kürbiskuchen im vorgeheizten Backofen bei 220 Grad 30 bis 35 Minuten backen. Vor dem Anschneiden auskühlen lassen (im warmen Zustand zerfällt der Kuchen). Den Kürbiskuchen in Rechtecke schneiden. Mit Salat servieren.

Tipp Der Kuchen eignet sich auch als Vorspeise oder Zwischenverpflegung.

Pikante Kürbiswähe

für ein Kuchenblech von 28 cm Durchmesser
für 4 Personen als Hauptmahlzeit
für 8 Personen als Vorspeise

250–300 g geriebener Kuchenteig

800 g Kürbisfleisch
Kräutermeersalz

Guss
3 Freilandeier
1 dl/100 g Rahm/süße Sahne
200 g Sauerrahm/saure Sahne oder Crème fraîche
Kräutermeersalz
Pfeffer aus der Mühle
1 TL Curry
1 Thymianzweiglein, Blättchen gezupft
1 Rosmarinzweiglein, Nadeln fein gehackt

3 EL geriebene Haselnüsse oder Paniermehl
2 EL Kürbiskerne

1 Den Kürbis auf der Röstiraffel raspeln, mit Kräutersalz würzen.

2 Den Backofen auf 220 Grad vorheizen.

3 Den Guss zubereiten, die Kräuter unterrühren. Den Kürbis dazugeben, gut vermengen.

4 Den Teig auf Blechgröße rund ausrollen, in die Form legen. Die Haselnüsse oder das Paniermehl auf den Teigboden streuen. Die Kürbismasse darauf verteilen. Die Kürbiskerne darüber streuen.

5 Den Kürbiskuchen im vorgeheizten Backofen bei 220 Grad auf dem zweituntersten Einschub rund 40 Minuten backen.

Variante Den geraspelten Kürbis zusammen mit 2 durchgepressten Knoblauchzehen in wenig Olivenöl 3 bis 5 Minuten dünsten, abkühlen lassen und mit dem Guss vermengen.

Kürbisbrot «Cortaccio»

für eine Cake-/Kastenform von 26 cm Länge

600 g Dinkelvollkornmehl
100 g Dinkelruchmehl/Mehltype 1050
2 TL Meersalz
300 g Kürbisfleisch
1 Hefewürfel
ca. 2 dl/200 ml lauwarmes Wasser
1 EL natives Olivenöl extra
einige fein gehackte Rosmarinnadeln
fein gehackte schwarze Oliven

1 Das Kürbisfleisch auf der Bircher-Rohkostreibe oder in der Küchenmaschine fein reiben.

2 Mehl, Salz und Kürbis in einer Teigschüssel mischen. Die Hefe im lauwarmen Wasser auflösen, zusammen mit dem Olivenöl zum Mehl geben, das Ganze zusammenfügen und auf der Arbeitsfläche zu einem geschmeidigen Teig kneten, rund 10 Minuten. Den Brotteig in die Schüssel legen und bei Zimmertemperatur zugedeckt auf das doppelte Volumen aufgehen lassen, 30 bis 60 Minuten.

3 Den Backofen auf 220 Grad vorheizen. Die Cakeform gut einfetten.

4 Den Teig nochmals kneten, Rosmarin und Oliven einarbeiten. Einen länglichen Laib formen, in die Form legen. Nochmals 15 Minuten gehen lassen.

5 Das Kürbisbrot im vorgeheizten Backofen auf zweituntersten Einschub 40 bis 45 Minuten backen. Nadelprobe machen.

Zum Rezept Dieses Rezept wurde uns von der Familie Seibold von der Azienda Cortaccio zur Verfügung gestellt. Sie sind im Valle Verzasca zu Hause, wo sie auf ihrem Biohof nebst vielen Gemüsen auch Kürbis anbauen. Das Kürbisbrot bleibt relativ lange feucht und kann deshalb gut aufbewahrt werden.

Pikante Kürbis-Mais-Muffins

für 12 Muffins

3 Freilandeier
200 g Crème fraîche
4 EL natives Olivenöl extra
1 TL fein gehackte Salbeiblätter
1 TL fein gehackte Rosmarinnadeln
1 EL fein gehackte Petersilie
250 g abgetropftes Kürbispüree, Seiten 111/112
350 g feiner Maisgrieß
75 g Dinkelvollkornmehl
2 TL phosphatfreies Backpulver
1 TL Meersalz
1 Hand voll gehackte schwarze Oliven, nach Belieben
80 g Speckwürfelchen
1 kleine, fein gehackte Zwiebel
1 Bio-Zitrone, abgeriebene Schale
Pfeffer aus der Mühle

1 Den Backofen auf 220 Grad vorheizen.

2 Die Förmchen mit Butter einstreichen.

3 Eier, Crème fraîche und Olivenöl gut verrühren. Kräuter und Kürbispüree unterrühren. Maisgrieß, Mehl, Backpulver und Salz vermengen, unter die Kürbismasse rühren. Oliven, Speckwürfelchen, Zwiebeln sowie Zitronenschalen unterrühren, mit Pfeffer abschmecken. Den Teig in die vorbereiteten Förmchen füllen.

4 Muffins im vorgeheizten Backofen bei 220 Grad auf mittlerem Einschub 25 bis 30 Minuten backen. Nadelprobe machen.

Tipp Die Muffins noch lauwarm zu Salat oder zum Aperitif servieren. Sie können auch als Brotersatz zu einer Mahlzeit serviert werden.

Backförmchen Muffins in Papierförmchen backen. Für eine schöne Form 3 Papierförmchen ineinander legen.

Kürbissorte Bei Verwendung eines eher wässrigen Kürbisses das Püree gut abtropfen lassen.

Bild

Kürbispizzateig

für 4 Pizzas

350 g Dinkelruchmehl/Mehltype 1050
1 TL Meersalz
1 Hefewürfel (42 g)
1 TL flüssiger Honig
1 EL natives Olivenöl extra
350 g abgetropftes Kürbispüree, Seiten 111/112

1 Das Mehl und das Salz in einer Schüssel mischen. Die Hefe mit dem Honig verrühren, zusammen mit dem Olivenöl und dem Kürbispüree zum Mehl geben, das Ganze zusammenfügen und den Teig auf der Arbeitsfläche kneten, rund 10 Minuten. Oder den Teig in der Küchenmaschine kneten.

2 Den Teig in eine Schüssel legen, zugedeckt bei Zimmertemperatur 30 Minuten gehen lassen.

3 Den Teig nochmals kneten, vierteln und Rondellen ausrollen. Nach Belieben belegen.

Kürbistorte mit Schokolade

für eine Springform von 26 cm Durchmesser

3 Freilandeier
4 EL Akazienhonig
1 EL Cointreau oder Grand Marnier
180 g weiche Butter
300 g fruchtiges Kürbisfleisch
180 g Dinkelruchmehl/Mehltype 1050 oder Dinkelvollkornmehl
2 TL phosphatfreies Backpulver
1 TL Zimtpulver
1 Prise Meersalz
1 Bio-Orange, abgeriebene Schale
100 g dunkle Schokolade

Belag
2 EL Pinienkerne
2 EL feiner Vollrohrzucker

1 Das Kürbisfleisch auf der Bircher-Rohkostreibe oder in der Küchenmaschine fein reiben (von Hand ausdrücken). Die Schokolade ebenfalls fein reiben. Die Eier trennen, das Eiweiß zu steifem Schnee schlagen.

2 Den Backofen auf 220 Grad vorheizen.

3 Den Boden und den Rand der Springform mit Butter einfetten. Den Boden mit Weizengrieß oder geriebenen Mandeln bestreuen.

4 Mehl, Backpulver, Zimt, Salz, Orangenschalen sowie Schokolade mischen.

5 Eigelb, Honig sowie Cointreau mit dem Schneebesen oder mit dem Handmixer luftig aufschlagen. Butter und Kürbis unterrühren. Das Mehlgemisch und den Eischnee abwechslungsweise unterziehen. Den Teig in die Form füllen und glatt streichen. Die Pinienkerne und den Zucker darüber streuen.

6 Kürbistorte im vorgeheizten Backofen bei 220 Grad auf zweitunterstem Einschub 30 bis 35 Minuten backen. Nadelprobe machen. Die noch warme Torte mit Puderzucker bestäuben. Vor dem Anschneiden einen Tag ruhen lassen.

Kürbis-Tarte

für eine Tarte von 28 cm Durchmesser oder
8 Tartelettes

250 g Vollkornblätterteig
150 g gehackte Baumnüsse/Walnüsse

Füllung
3 Freilandeier
2 Eigelbe von Freilandeiern
50 g feiner Vollrohrzucker
1 dl/100 ml Ahornsirup
500 g Kürbispüree, Seiten 111/112
1,8 dl/180 g Rahm/süße Sahne
2 EL Maisstärke
1/2 TL Zimtpulver
1/2 TL Ingwerpulver oder frisch geriebene Ingwerwurzel

Ahornsirup zum Beträufeln
Kürbiskerne für die Garnitur

1 Den Backofen auf 180 Grad vorheizen.

2 Für die Füllung Eier, Eigelbe, Zucker und Ahornsirup verquirlen. Kürbispüree, Rahm, Maisstärke und Gewürze unterrühren.

3 Den Teig auf Blechgröße ausrollen, in die Form legen, mit einer Gabel einige Mal einstechen. Für Portionenförmchen den Teig dünn ausrollen, Rondellen in der entsprechenden Größe ausstechen und in die Förmchen legen. Die Nüsse auf den Teigboden verteilen. Die Kürbisfüllung in die Form/Förmchen gießen.

4 Die Tarte im vorgeheizten Backofen bei 180 Grad auf mittlerem Einschub rund 45 Minuten backen. Tartelettes rund 30 Minuten backen.

5 Die noch warme Tarte nach Belieben mit dem Ahornsirup beträufeln und mit den Kürbiskernen bestreuen.

Würzige Pumpkin-Pie

für 8 Pieförmchen

250 g Mürbeteig

Füllung
3 Freilandeier
1,8 dl/180 g Rahm/süße Sahne
1/2 dl/50 ml Milch
2 EL Kirsch
4 EL flüssiger Honig
300 g Kürbispüree, Seiten 111/112
1 TL Zimtpulver
1 Msp Nelkenpulver
1/2 TL fein geriebener Ingwerwurzel
1 Bio-Orange, abgeriebene Schale

1 Den Backofen auf 180 Grad vorheizen.

2 Die Förmchen einbuttern. Den Teig dünn ausrollen, 8 Rondellen ausstechen, in die Förmchen legen.

3 Eier, Rahm, Milch, Kirsch und Agavendicksaft verrühren, das Kürbispüree und die Gewürze unterrühren.

4 Die Kürbismasse in die Förmchen gießen.

5 Pies im vorgeheizten Backofen bei 180 Grad auf dem zweituntersten Einschub rund 30 Minuten backen. Nadelprobe machen. Lauwarm servieren.

Bild

Süße Kürbispie mit Marroni

für ein Kuchenblech von 26 cm Durchmesser
für 8 Portionen

250 g Blätterteig
200 g grob gehackte Kastanien aus dem Glas (Reformhaus)

Füllung
4 Freilandeier
1,8 dl/180 g Rahm/süße Sahne
150 g Birnendicksaft
400 g Kürbispüree aus einer mehligen Sorte, Seiten 111/112
1 TL Zimtpulver
je 1 Prise Kardamompulver, Nelkenpulver, Meersalz
1 kleines Stück Ingwer
150 g Kastanien aus dem Glas (Reformhaus)

1 Den Backofen auf 200 Grad vorheizen.

2 Den Blätterteig rund ausrollen und in ein eingefettetes Backblech legen. Mit einer Gabel mehrmals einstechen. Die grob gehackten Kastanien auf den Teigboden verteilen.

3 Eier, Rahm und Birnendicksaft gut verrühren. Kürbispüree und Gewürze unterrühren. Den Ingwer schälen und auf der Bircher-Rohkostreibe dazu reiben. Die Kürbismasse in die Form gießen. Mit den ganzen Kastanien belegen.

4 Die Kürbispie im vorgeheizten Backofen bei 200 Grad 45 bis 50 Minuten backen.

Tipp Den Kuchen mit Schlagrahm/Schlagsahne garnieren und mit Zimtzucker bestreuen.

Kürbis-Dattel-Muffins

für 12 Muffins

150 g weiche Butter
150 g Vollrohrzucker
2 Freilandeier
180 g Dinkelvollkornmehl
150 g geriebene Mandeln
1 TL phosphatfreies Backpulver
1/2 TL Vanillepulver
1 TL Zimtpulver
1/2 Msp Ingwerpulver
80 g entsteinte, gehackte Datteln
abgeriebene Schale einer Bio-Orange
230 g fruchtiges Kürbisfleisch

1 Das Kürbisfleisch auf der Bircher-Rohkostreibe fein reiben. Die Backförmchen mit Butter einfetten.

2 Die Butter mit dem Zucker luftig aufschlagen, nach und nach die verquirlten Eier dazugeben. Die restlichen Zutaten – ohne den Kürbis – vermengen, unter die Buttermischung rühren. Das geriebene Kürbisfleisch dazugeben, vermengen. Den Teig in die vorbereiteten Backförmchen füllen.

3 Die Muffins im vorgeheizten Backofen bei 180 Grad auf mittlerem Einschub 25 bis 30 Minuten backen. Nadelprobe machen. Die Muffins aus den Förmchen nehmen, mit Puderzucker bestäuben.

Bild

Kürbiskrapfen

350–400 g fruchtiges Kürbisfleisch
3 EL Akazienhonig oder Ahornsirup
1 Zitrone, Saft
1 Orange, Saft
1/2 TL Zimtpulver
1/2 TL Ingwerpulver
1 EL Cointreau

Ausbackteig
80 g Vollkorn- oder
Dinkelruchmehl/Mehltype 1050
1 Prise Meersalz
1/2 TL Zimtpulver
1 Prise Vanillepulver
1,25 dl/125 ml Apfelsaft oder helles Bier
1/2 EL neutrales Öl
1 Freilandei

Olivenöl zum Frittieren

1 Das Kürbisfleich in ca. 15 mm große Würfel schneiden, im Dampf knackig garen, 4 bis 6 Minuten. Die Kürbiswürfel dürfen nicht zerfallen.

2 Akazienhonig, Zitronen- und Orangensaft, Gewürze und Cointreau in einer Schüssel verrühren. Die Kürbiswürfel zur Marinade geben, gut vermengen, 3 Stunden marinieren. Ab und zu schütteln.

3 Für den Teig Mehl und Gewürze mischen. Apfelsaft, Öl und Eigelb dazugeben, zu einem glatten Teig rühren. 30 Minuten ruhen lassen. Das Eiweiß zu Schnee schlagen und unterziehen.

4 Die Kürbiswürfel in einem Sieb abtropfen lassen.

5 Das Frittieröl erhitzen. Die Kürbiswürfel portionsweise durch den Ausbackteig ziehen, einen nach dem andern in das Öl gleiten lassen, 3 bis 4 Minuten frittieren. Die Krapfen mit einem Schaumlöffel herausnehmen, auf Küchenpapier abtropfen lassen.

Tipp Mit Puderzucker bestäuben oder mit Zimtzucker bestreuen oder mit Akazienhonig beträufeln.

Kürbis-Quark-Parfait
mit Orangen

6 Portionen

3 Eigelbe von Freilandeiern
3 EL Akazienhonig
1 EL Grand Marnier
1 Bio-Orange, abgeriebene Schale
1/2 TL Ingwerpulver
100 g Vollmilchquark
120 g trockenes Kürbispüree,
Seiten 111/112
1,8 dl/180 g Rahm/süße Sahne
Orangenfilets für die Garnitur
Pfefferminze für die Garnitur

1 Eigelbe, Honig und Grand Marnier mit dem Schneebesen oder mit dem Handmixer luftig aufschlagen. Sämtliche Zutaten – ohne den Rahm – dazugeben und glatt rühren. Den Rahm steif schlagen und unterziehen.

2 Die Kürbismasse in Portionenförmchen füllen, im Tiefkühler fest werden lassen, 2 bis 3 Stunden.

3 Die Förmchen in heißes Wasser tauchen, das Parfait auf Glasteller stürzen. Mit Orangenfilets und Pfefferminze garnieren.

Kürbisparfait mit Zimt und Ingwer

1/2 l Milch
1 TL Zimtpulver
1 Msp Ingwerpulver
4 Freilandeier
4 EL Akazienhonig
200 g süßes Kürbispüree, Seiten 111/112
1 Zitrone, Saft
1/2 l/500 g Rahm/süße Sahne

1 Die Milch mit dem Zimt und dem Ingwer aufkochen.

2 Die Eier mit dem Honig luftig aufschlagen, die heiße Milch unter ständigem Rühren zur Eiermasse geben, abkühlen lassen, ab und zu rühren. Das Kürbispüree und den Zitronensaft unterrühren. Den Rahm steif schlagen und unterziehen.

3 Die Parfaitmasse in einer geeigneten Tiefkühldose im Tiefkühler fest werden lassen.

4 Von der Parfaitmasse mit dem Eisportionierer Kugeln abstechen und in hohen Gläsern oder Dessertschalen anrichten.

Index

Adressen

Kürbismärkte/Kürbisausstellungen

Großer Spreewaldhafen Lübbenau
Dammstraße 77a
03222 Lübbenau / Spreewald
Tel. 0 35 42 / 22 25
www.kuerbismarkt.de
mail@spreewaldexpress.de
1. Freitag und Samstag im Oktober Spreewälder Kürbismarkt und Lübbenauer Bockbierfest

Institut für Kunst und Handwerk e.V.
Am Klostersee 12b
14797 Lehnin
Tel. 0 33 82 / 73 41 00
www.liw-lehnin.de, liw.lehnin@t-online.de
letztes Wochenende im September Internationales Kürbisfest

Kürbispyramide, Gerd Mossner
Im Himmel 15
26180 Rastede
Tel. 0 44 02 / 513 59
www.kuerbis.net, info@kuerbis.net
Besichtigung nach Voranmeldung Mitte August bis Ende Oktober Kürbisgarten und Kürbispyramiden

Fam. Bender, Ringstr. 41
35410 Hungen – Villingen
Tel. 0 64 02 / 79 21
www.kunstundkuerbis.de, mailto@kunstundkuerbis.de
Mitte September Kunst und Kürbistag

Hof Nixberg Pflanzencenter
Hof Nixberg
41352 Korschenbroich-Lüttenglehn
Tel. 0 21 82 / 5 08 10
www.hof-nixberg.de, info@hof-nixberg.de
Mitte bis Ende September Große Zierkürbisausstellung

Pumpkin Island
Kohnacker, Hof Spix
41542 Nievenheim / Dormagen
www.kuerbisausstellung.com
info@kuerbisausstellung.com
Anfang September bis Ende Oktober täglich Ausstellung «Unsere große Kürbisfarm»

Hof Schäfer, Dingden-Berg
Borkener Straße 12
46499 Hamminkeln
Tel. 0 28 56 / 4 63
www.hof-schaefer.de, info@hof-schaefer.de
3. Wochenende im September Kürbisausstellung

Verkehrsverein Neuenkirchen
Villa Hecking
Alphons-Hecking-Platz
48485 Neuenkirchen
Tel. 0 59 73 / 54 54
www.neuenkirchen.de, verkehrsverein@neuenkirchen.de
Ende September, Anfang Oktober Neuenkirchener Kürbisfestival

FLOVEG GmbH / Abt. Kürbis
Zur Bauernsiedlung 5
50354 Hürth
Tel. 0 22 33 / 949 94 31
www.kuerbis-company.de, amay@kuerbis-company.de
Alles rund um den Kürbis

Monschau-Touristik GmbH
Stadtstraße 16
52156 Monschau
Tel. 0 24 72 / 804 80
www.monschau.de, touristik@monschau.de
letztes Wochenende im Oktober Happy Halloween

Krieger's Gärtnerhof
Schloßstraße 2
52379 Langerwehe
Tel. 0 24 23 / 15 30
www.biokrieger.de, info@biokrieger.de
letztes Wochenende im September Meroder Kürbismarkt

Goldgrund, Steffen Heckelmann
Sportfeldstraße 7
65597 Hünfelden-Nauheim
Tel. 0178 / 787 29 11
www.goldgrund.de, info@goldgrund.de
Ende September Nauheimer Kürbiswelten – Kürbis (er-)leben

Pauls Bauernhof
Rathausstraße 5
65719 Hofheim-Wallau
Tel. 0 61 22 / 137 61
www.pauls-bauernhof.de, info@pauls-bauernhof.de
Wettbewerb und Prämierung größter Kürbis Hessens

Biolandhof Bodemer
Königstraße 31/1
71139 Ehningen
Tel. 0 70 34 / 75 02
www.bodemer.info, mail@bodemer.info
1. und 2. Wochenende im September (Do – So) Kürbisfest

Jucker Farmart AG
Dorfstraße 4
CH-8607 Seegräben
Tel. (+)41 44 / 934 34 84
www.juckerfarmart.ch
Ende August bis Anfang November weltgrößte Kürbisausstellung in **71640 Ludwigsburg** im Rahmen des Blühenden Barocks, www.blueba.de, info@blueba.de

Wally und Ulrich Loock
Sickertshofen
85247 Schwabhausen
Tel. 0 81 38 / 925 22
www.kuerbis-paradies.de, W.Loock@web.de
letztes Wochenende im September Kürbisfest «Kunst & Kürbis»

Dank

Dass die Kürbisse in den letzten Jahren auf so großes Interesse gestossen sind, ist vor allem dem Engagement vieler Naturliebhaber zu verdanken. Viele haben sich Schritt für Schritt in die Kürbiskunde eingearbeitet und unermüdlich Sorte um Sorte angebaut. Sie haben ihre Eigenschaften geprüft, ihren Geschmack getestet und ihre Verwendung kennen gelernt. Beim Schreiben dieses Buches durfte ich auf die Unterstützung vieler Kürbisfreunde zählen. Sie haben mich an ihren Erfahrungen partizipieren lassen und mir auch Kürbisse zur Verfügung gestellt. Allen Beteiligten herzlichen Dank: Toni und Elsbeth Mathis, Landwirte, Bottmingen; Alois Umbricht, Landwirt, Untersiggenthal; Beat und Martin Jucker, Jucker Farmart, Seegräben; Eva Sprecher und Yvonne Steiner für die redaktionelle Unterstützung und das Korrekturlesen sowie Severino Dahint für die sorgfältige Anfertigung eines Großteils der Kürbisaufnahmen.
Einen ganz besonderen Dank verdient Gerold Steiner aus Zeiningen; ich durfte von seinen Erfahrungen großzügig profitieren. Er hat damit wesentlich zum guten Gelingen dieses Buches beigetragen. Ein herzliches Dankeschön geht auch an meinen Sohn Nicolas. Ich habe mit ihm zusammen die Kürbiswelt entdecken dürfen.

Michel Brancucci

Herzlichen Dank meinen Freunden und der Familie Seibold von der Azienda Cortaccio im Verzascatal für die vielen Anregungen und Tipps und die Unterstützung bei der Realisierung dieses Buches. Ein Dankeschön auch allen kritischen Testessern.

Erica Bänziger

Bildnachweis

Foodfotos: Andreas Thumm, Freiburg i. B.
Cover: Bildagentur Baumann AG, Würenlingen
H. P. Rieder, Basel: S. 17 (Koloquinte)
Editions Rustica, Paris: S. 57 (Winter Luxury), S. 65 (Whangaparoa Crown), S. 72 (Arikara), S. 85 (Potiron d'Alençon), S. 98 (Tahitian), S. 105 (Poire à poudre), S. 105 (Plate de Corse)
C. und J. Rüegsegger, Andelfingen: S. 86 (Atlantic Giant)
Jucker Farmart AG, Seegräben (Harry Hangartner und Felix Eidenbenz): S. 106, 108, 109
Armin Coray, Basel (Zeichnung S. 172)
Michel Brancucci und Severino Dahint, Naturhistorisches Museum Basel: alle übrigen Bilder